북한 왜 이럴까?

도표로 정리한 북한 이슈

NANAM
나남출판

북한 왜 이럴까?

도표로 정리한 북한 이슈

2023년 3월 8일 발행
2023년 3월 8일 1쇄

지은이   안희창
발행자   조완희
발행처   나남출판사
주소   10881 경기도 파주시 회동길 193, 4층(문발동)
전화   (031) 955-4601(代)
FAX   (031) 955-4555
등록   제 406-2020-000055호(2020.5.15)
홈페이지   http://www.nanam.net
전자우편   post@nanam.net

ISBN 979-11-92275-13-0
ISBN 979-11-971279-4-6 (세트)

책값은 뒤표지에 있습니다.

* 이 책은 관훈클럽정신영기금의 도움을 받아 저술 출판되었습니다.

북한 왜 이럴까?

도표로 정리한 북한 이슈

안희창 지음

NANAM
나남출판

'조선민주주의인민공화국'(북한). 한반도의 북녘을 80년 가까이 통치하고 있는 이 체제는 우리에게 '하나'인 것 같으면서도 '두 개'이고, '두 개'인 것처럼 보이다가도 '한 개'로 다가왔다. 1945년 남북 분단 이후 한반도를 수놓아 온 '전쟁과 평화', '적과 동포'라는 '빛과 그림자'의 이중주(二重奏)는 어떤 때는 비극으로, 어떤 때는 희극으로 그 엄연한 실체를 드러내곤 했다. 남북의 지도자들이 빚어온 이 비극과 희극은 그 생명력이 워낙 질겨 2023년 1월 현재까지도 공연되고 있다.

비록 관객의 호응도는 점차 떨어져 가고 있지만, 북한 이슈는 남·북·미·중 지도층의 이해관계와 절묘하게 맞아떨어지는 순간 다른 모든 이슈들을 단번에 집어삼킬 수 있는 파괴력이 있다. 1972년 〈7·4 공동성명〉은 1953년 휴전 후 성사된 첫 남북대화라는 점에서 온 국민의 이목을 사로잡았다. 또 화기애애했던 2018년의 판문점 남북 정상회담, 싸늘한 냉기가 돌았던 2019년 하노이 미북 정상회담 등은 모두 우리 사회의 다른 이슈들을 빨아들이는 블랙홀이었다.

지금까지 남북이 보여 준 '빛과 그림자의 이중주' 실례는 무수히 많다. 어느 날은 맑게 개었다가, 어느 날은 천둥우박이 쏟아진다. 먼저 문재인 정부 시절 양측이 주고받은 말이 떠오른다. 2018년 4월 27일 판문점 남북 정상회담 당시 문재인 대통령은 김정은 국무위원장에게 "북측에 '길동무가 좋으면 먼 길도 가깝다'는 속담이 있다"면서 "김 위원장과 나는 이제 이 세상에서 둘도 없는 좋은 길동무가 됐다"고 따뜻한 인사의 말을 전했다. 김정은 위원장도 "문 대통령의 과감한 결단력과 의지, 역사적인 상봉과 합의를 위해 많은 노력을 기울이신 북과 남의 모든 분들께 진심으로 감사를 드린다"고 화답했다.

그러나 1년 4개월 후인 2019년 8월 상황은 정반대로 흘렀다. 문 대통령이 광복절 경축사에서 남북경협을 토대로 한 '평화경제' 구상을 발표하자, 북한은 조국평화통일위원회(조평통)를 통해 '삶은 소대가리가 웃을 노릇'이라고 막말을 퍼부은 것이다. 몇 달 전 문재인 정부의 조언을 받고 하노이에서 미국과의 정상회담에 임했으나, 아무런 소득을 보지 못한 데 대한 북한의 화풀이였다.

필자는 1982년부터 2015년까지 32년간 신문기자로 근무했다. 〈중앙일보〉 사회부 기자로 출발해 정치부, 국제부에 있다가 1992년부터 〈조선일보〉 북한부에서 2년 근무한 후 다시 〈중앙일보〉에서 외교안보와 남북관계 분야를 전담했다. 주로 외교부와 통일부를 오랫동안 출입했고, 국방부는 2004년 논설위원 이후 10여 년간 커버했다. 남북 고향방문단 상호 방문, 소련 붕괴, 〈남북 기본합의서〉 체결, 북한의 핵 개발, 김일성 사망, 북한의 대규모 아사(餓死), 북한의 강릉 잠수함 침투, 남북 정상회담, 개성공단 설치, 김정일 사망 등 굵직굵직한 사건들을 취재, 보도했다.

이 과정에서 북한을 세 번 방문하는 경험도 쌓았다. 첫 번째는 1990
년 10월 평양에서 열렸던 제 2차 남북 고위급회담 취재였다. 당시 강영
훈 국무총리를 수석대표로 하는 남한 대표단을 수행하며 취재했다. 대
표단에는 이동복 국가안전기획부장(현 국가정보원장) 특별보좌관(국회
의원·북한민주화포럼 대표 역임)과 임동원 외교안보연구원장(통일부장
관·국정원장 역임) 등이 참가했다.

두 번째는 2002년 6월에 있었던 기독교계 대북 지원단체인 한민족복
지재단의 방북 행사 취재였다. 한민족복지재단은 교인 300여 명과 함께
평양 봉수교회와 칠골교회에서 남북 연합예배를 드리기 위해 전세기편
으로 평양에 들어갔으나, 남북 간 입장 차이로 행사를 치르지 못했다.

필자는 1990년 10월 16일부터 19일까지 평양에서 열린 제 2차 남북
고위급회담을 취재했다. 사진은 당시 연형묵 북한총리가 16일 저녁
남측 대표단과 수행원을 위해 주최한 만찬이 열린 인민문화궁전
입구에서 연 총리와 악수하는 필자.

1990년 10월 평양에서 열린
제 2차 남북 고위급회담을
취재 중이던 필자가 10월 18일
노동신문사를 방문하여 신문사
간부와 포즈를 취하고 있다.

　세 번째는 〈중앙일보〉와 '한국통일포럼'(회장 백영철 건국대 교수)이
2003년 평양에서 개최한 '제 6차 남북 해외학자 통일회의' 취재였다.
남한에서는 문정인 연세대 교수, 북한에서는 박영철 조국통일연구원
부원장, 해외에서는 이홍영 미국 버클리대 교수와 박한식 미국 조지아
대 교수가 각각 주제발표를 했다.

　이렇게 신문기자로서 20여 년간 북한문제를 지켜보면서 느낀 소회
는 두 가지다. 우선 북한이라는 체제는 이해하기 어렵다는 점이다. 북
한과 관련해 그동안 주위 분들로부터 심심치 않게 들은 말이 있다. "북
한, 왜 저러는 거야?" 김일성을 '어버이 수령'으로 부르면서 우상화할
때, 권력이 아버지에서 아들로 세습될 때, 남한 근로자 등이 탑승한 남
한 국적 여객기를 폭파할 때 이런 말을 들었다. 이런 질문에 필자도 답
답하기는 마찬가지였다. 다른 사람들보다 《김일성 저작집》, 《김정일

선집》, 〈로동신문〉 등 북한 관련 자료를 더 읽고 북한 사람들을 더 만났다 하더라도 이런 북한의 독특한 행태를 설명하기란 어려웠다. '독재체제를 유지하기 위하여', '노동당의 목적을 달성하기 위하여' 등 나름의 '해답'은 제시했으나 들어맞는 '정답'은 찾지 못했다. 아마 그 '정답'은 통일이 된 후 관련 문서나 증언을 확인해야 찾을 수 있지 않을까 생각된다.

다음으로 북한은 본질적으로 남한이 다루기 힘든 대상이라는 것이다. 그 이유는 첫째, 남한이 대북관계에서 '상황의 이중성'이라는 덫에 걸려 있다는 점이다. 북한은 체제상으로는 대결관계에 있으나, 민족으로는 동포다. 북한이 남한에 대해 각종 테러를 자행하고 핵무기를 개발해도, 굶어 죽는다거나 큰 재해를 당하면 지원하는 대상이 북한이다. 김영삼 정부 이후 인도적 차원에서 막대한 규모의 식량과 비료 등을 북한에 제공했으나, 북한은 자신들의 구미에 맞지 않으면 남북 연락사무소를 폭파하거나 대남 독설을 퍼부었다. 그럼에도 북한이 큰 홍수 피해를 본 장면이 언론에 보도되면 남한 사회에서는 북한에 대한 인도적 지원이 화두로 등장한다. 이런 사정으로 북한에 대해 실효적인 정책을 지속적으로 추구하기가 어려운 것이다.

둘째, 북한체제의 성격이 매우 집요하다는 점이다. 북한은 한번 목표를 세우면 끈질기게 추구하고 이 과정에서 수단과 방법을 가리지 않는다. 1980년대 초부터 본격 추진되어 40여 년 만에 완성된 핵무기 개발이 단적인 사례이다. '핵무기를 개발할 의사와 능력도 없다'고 하더니, 결국 만들어낸 것이다. 1990년대 초반 남북 당국 간 회담에서 제기했던 '국가안전기획부'(국가정보원)나 〈국가보안법〉 폐지를 지금도 주장하고 있는 것도 같은 맥락에서 볼 수 있다.

　북한의 핵무기 고도화 및 핵위협과 이에 맞선 국제사회의 제재로 남북관계, 미북관계가 악화일로다. 이런 상황에서는 북한문제나 남북관계에 관해 저술을 하거나 논문을 쓰는 데 상당한 제약이 있을 수밖에 없다. 그럼에도 이 책을 쓰게 된 배경은 세 가지다. 첫째, 필자가 외교안보 기자로 일하면서 가졌던 '필요성'의 차원이다. 외교·안보와 남북관계 분야는 다루어야 할 대상이 넓고도 깊다. 분단 후 남북한 역사 70년과 북한과 미국, 북한과 중국 관계 등에서 파생된 사건들의 이야기는 그 끝을 알 수 없을 정도다. 그래서 신문기사를 작성할 때, 어떤 분야에 대해 일목요연하게 정리된 자료집이 있었으면 하는 생각을 좀처럼 떨칠 수 없었다. 예를 들어 북한이 당규약이나 헌법을 개정했다고 발표했을 때, 남북한이 통일방안을 제시했을 때, 북한이 핵실험을 했을 때, 2019년 김정은이 '사회주의의 전면적 발전'을 내놓았을 때 참고할 수 있는 자료가 있었으면 하는 필요성이었다.

　둘째, 대학원에서 박사과정을 밟으면서 겪었던 것인데, 바로 북한 연구를 위한 가이드용 참고 자료에 대한 '필요성'이다. 신문은 주로 매일 벌어지는 시사적인 내용을 다룬다. 반면 박사과정은 어떤 주제에 관해 가설을 세우고 기존의 이론 및 자료를 통해 이를 논증하여 결론을 유도하는 작업이다. 때문에 김일성·김정일 어록을 비롯해 북한 발간 자료 확보 및 독해가 중요하다. 그런데 이 분야가 매우 방대하고 '북한식 논리전개'가 우리에게는 익숙하지 않아 북한 문헌 독해가 쉽지 않다. 대학원에서 코스워크(*coursework*)가 끝나고 치르는 졸업시험에 "김일성의 '5·25 교시'에 관해 설명하라"는 문제가 나와 필자가 당황했던 적이 있었다. 북한 정치사에 대한 학문적 지식이 없으면 답하기 어려운 문제다. 이 책에서 '북한체제'라는 장(章)을 통해 '김일성의 5·25 교시'를 포함한 '북한의 과도기론'을 다룬 것은 이런 배경에서다.

셋째, 대학원에서 강의할 때의 경험이다. 필자는 2017년부터 2019년까지 3년간 동국대학교·연세대학교의 행정대학원과 동국대학교 대학원 북한학과에서 '북한체제', '남북관계' 등을 주제로 강의를 했다. 학생들이 제출한 리포트나 간단한 필기시험의 답안지를 보면 현안에 대한 논리 전개는 잘 하는데, 어떤 사안의 역사적 맥락이나 구체적 팩트(facts)에서 빈틈이 있었다. 그래서 이들에게 도움을 줄 수 있으면서 손쉽게 접할 수 있는 자료집이 필요하다는 생각을 갖게 됐다. 일반적으로 책은 독자에게 지혜나 감동을 주거나, '효용성'이 있어야 한다는 말이 있다. 이 책이 '효용성' 측면에서 독자들에게 도움이 되길 바란다.

필자는 이 같은 발간 취지에 부합하기 위해 다루어야 할 외교안보와 북한 분야를 크게 ① 남북·미북 관계 70년의 빛과 그림자 ② 북한체제, 사회주의인가 인민민주주의인가 ③ 북한의 통치이데올로기 변천 ④ 북한 경제 변천사 ⑤ 당규약에 숨겨진 조선로동당의 실체 ⑥ 당과 인민의 연결고리, 국가기구 ⑦ 북한군, 정치군인 대 야전군인 등 7가지로 나누었고, 보론으로 북한체제의 원형인 '사회주의'의 연혁에 대해 고찰해 보았다.

이 책은 방대한 자료를 바탕으로 한 정통 북한 연구서도 아니고, 남북관계를 개선하거나 북한 핵문제를 해결하기 위한 방안을 담은 전략적 탐구서도 아니다. 다만 이 책은 북한체제의 특징, 남북관계 역사, 북한 핵문제, 마르크스를 비롯한 고전 사회주의 이론 등의 분야에서 하나의 초석을 까는 기초공사라고 여기고 싶다. 기초가 튼튼해야 건물이 튼튼하듯이, 대북정책 수립에서도 기초가 견실해야 탄탄한 전략이 나올 수 있을 것으로 본다. 언제부터인가 한국 사회를 분열시키는 가장 큰 주제는 북한에 대한 인식과 안보 대응 문제라고 느껴진다. 북한의 핵위협, 북한에 대한 지원, 한반도 평화 유지 방식 등을 둘러싸고 우리 사회가 좀처럼 접점을 찾지 못하고 있다. 그래도 언젠가는 접점을 찾을 것으로 믿는다. 이 책이 이런 측면에서도 조금이나마 기여했으면 하는 게 필자의 바람이다.

책을 내면서 그동안 각종 도움을 주신 분들에게 감사의 뜻을 표하지 않을 수 없다. 먼저 바쁜 시간을 쪼개 졸고를 읽어 주고 귀중한 조언을 해주신 최대석 이화여대 명예교수, 김영수 서강대 명예교수, 임을출 경남대 교수와 이기동 국가안보전략연구원 수석연구위원에게 마음으로부터 감사를 드린다. 이분들의 지적으로 많은 오류가 수정됐고, 목차와 제목을 지을 때도 많은 도움을 받았다. 필자의 잦은 질문에도 성심성의껏 설명해 준 이동복 전 국가안전기획부 특보와 탈북민 출신 현인애 박사의 배려는 잊을 수 없다.

필자가 기자와 연구원 생활을 하면서 물심양면으로 신세를 진 외교안보 분야의 교수, 당국자, 언론인들이 많다. 필자가 〈중앙일보〉에서 근무할 때 운영되던 '한반도 포럼'을 이끈 백영철 회장과 장달중 서울대 명예교수를 비롯한 포럼 회원들의 배려와 격려에 마음으로부터 감사의 뜻을 전한다. 필자는 2014년 동국대학교에서 〈김정일 시대 사회통제 연구〉라는 제목의 논문으로 박사학위를 받았다. 필자를 학문적으로 눈 뜨게 해주신 지도교수 고유환 교수를 비롯한 박순성 교수, 김용현

교수에게 심심한 사의를 표한다.

필자는 2015년 퇴직한 후 당시 통일연구원장이던 최진욱 박사의 배려로 통일연구원에서 객원연구위원으로 근무할 수 있는 행운을 얻었다. 3년간 통일연구원에 있으면서 실력과 인품을 겸비한 많은 연구위원들과 교류를 하는 소중한 경험을 얻었다. 이 자리를 빌려 최진욱 박사를 비롯한 통일연구원의 선후배 연구위원들에게 고마움을 표시하지 않을 수 없다. 통일부·외교부·국방부의 많은 선후배 당국자들을 비롯해 1990년대 초반 김일성 사망 등 격동기에 통일부를 함께 출입하면서 서로 내공을 쌓아 간 〈동아일보〉 박제균 기자(전 논설주간)를 비롯한 통일부 출입기자들에게 감사드린다. 〈중앙일보〉에 근무하는 동안 따뜻한 격려와 값진 고언을 해주신 홍석현 회장을 비롯한 〈중앙일보〉 선후배들의 은혜에 감사드린다.

2022년은 필자의 결혼 40주년이 되는 해였다. 긴 세월 동안 바쁘다는 핑계로 제대로 챙겨 주지 못한 아내 김명훈에게 미안한 마음을 금할 수 없다. 앞으로는 잘해 주리라 다짐하면서 이 책을 아내에게 바친다. 끝으로 책을 세련되고 감칠맛 나게 만들어준 이필숙 실장, 민광호 부장, 최하나 부원을 비롯한 나남 편집진들에게 고마움을 표한다.

2023년 1월

안희창

북한 경제 변천사

남북 · 미북관계
70년의 '빛과 그림자'

미국과 중국이 참전한 6 · 25전쟁에서 승패가 나지 않고 정전체제가 성립된 지 2023년으로 70년이 된다. 그동안 남북관계에서나, 미북관계에서나 수많은 사건이 발생했고, 수많은 제의와 수많은 협상이 벌어졌다. 정상 간 회담이라는 '빛'과 무력충돌이라는 '그림자'가 교차했지만, 결국 정전체제는 그대로 유지되고 있다. 최근 들어서는 북한의 핵무장으로 정전체제는 더욱 요지부동해지는 형국이다. 70년이라는 긴 세월이 흘렀는데도 이런 상황이라면 남북관계나 미북관계 모두 '인간의 영역'을 떠나 '신의 영역'으로 들어간 것이 아닌가 하는 생각도 든다.

1장에서는 향후 남북관계와 미북관계에 대해 무엇을 예측하거나, 문제 해결을 위한 대안을 제시하기보다는 그동안 남북관계와 미북관계에서 벌어졌던 사건들을 크게 몇 개의 범주로 나누어 그 의미와 특징을 알아보면서 역사적 변천 과정을 검토하려 한다. 첫째, 북한 핵문제의 전개 과정과 이에 대한 남북한과 미국의 대응, 둘째, 그동안 남북한이 제시한 통일방안과 그에 대한 서로의 대응, 셋째, 휴전협정의 평화협정으로의 전환에 대한 남북한의 대응이 그것이다.

1993년 처음 발생한 북한 핵문제는 30년의 세월이 흘렀지만 해결되기는커녕 더욱 악화되고 있다. 2007년 · 2018년 남북 정상회담과 2018년 · 2019년 미북 정상회담에서는 북핵문제와 관련하여 어떤 논의가 있었는지를 검토하고, 1993년의 1차 위기와 2002년의 2차 위기는 어떤 요인으로 발생했고, 어떻게 합의됐다가 무산됐는지 알아본다. 북한은 초기 "우리에게는 핵무기가 없으며 그것을 만들 의사도 능력도 없다"는 김일성의 언급처럼 핵개발을 부인했다가 현재는 노골적으로 핵위협을 국제사회에 가하고 있다. 이런 점에서 먼저 핵무기 개발에 대한 북한의 입장 변화를 정리한다. 또한 북핵문제는 줄곧 한국 사회의 국론을 분열시켜 왔다. 처음에는 '북한의 핵개발은 협상용'이라는 주장과 '북한은 처음부터 핵무기를 보유하려 했다'는 주장이 첨예하게 맞섰고, 현재는 북핵 해결방안을 놓고 '강경론과 대화론'이 대치하고 있다. 그 실상을 살펴본다.

1954년 제네바 평화회담 이후 남북이 상호 제시했던 통일방안들에서 뚜렷한 특징은 양측의 경제력 우열이 반영됐다는 점이다. 북한이 남한보다 경제력이 우세했던 1960년대, 북한은 '자유 총선거' · '모든 분야에서의 교류 실시' 등을 주장했고, 남한은 이런 제의에 대응하지 않았다. 그러나 남한의 경제력이 북한을 훨씬 앞선 1980년대 이후에는 상황이 반대로 바뀌었다. 남한은 경제교류와 협력에, 북한은 연방제, 군축에 각각 방점을 둔 통일방안을 제시해 왔다.

정전협정의 평화협정으로의 전환과 관련하여 북한은 1974년 이래 미국과의 양자협상을 통한 해결을, 한국은 남북 간이나, 남 · 북 · 미 · 중 4자 회담 등을 각각 주장하고 있다. 평화협정 체결을 둘러싼 남북 간 입장과 제의 내용을 알아본다.

01

—

북핵 개발을 바라보는 두 가지 시선

1993년 3월에 처음 발생한 북한의 핵무기 개발 사태는 2023년으로 30년의 세월이 흘렀다. 그동안 이 사태를 해결하기 위해 남·북·미를 비롯한 관련국들 간에 다양한 형태의 협상이 벌어졌다. 미북 양자회담, 남북 양자회담, 6자회담 등을 수십 차례 열어 이 문제를 풀려고 했으나, 2023년 1월 현재까지도 실패한 상태다. 그동안 미국은 유엔(UN)을 중심으로 북한에 대한 제재를 강화하고 있으나, 북한은 이에 아랑곳하지 않고 핵무기와 이를 운반하는 미사일 능력을 가공할 수준으로 높이고 있다. 2019년 2월 말 하노이에서 미북 정상 간 핵담판이 결렬된 이후 관련국들은 협상의 계기를 좀처럼 찾지 못하고 있다.

이번 절에서는 북한의 핵무기 개발을 국내·외 전문가들은 어떤 시각에서 보아왔는지를 두 개의 관점에서 정리한다. 첫째, 북한의 초기 핵개발 움직임이 핵무기를 끝내 보유하겠다는 의지를 갖고 추진된 것인지, 아니면 미국과의 관계개선 등을 위한 협상용이었는지의 여부다.

둘째, 북한이 핵개발이 진전되어도 미국 등 국제사회와의 협상이 잘

▌북한 핵개발을 바라보는 두 가지 시선

'북한 핵개발은 협상용'	• 초기엔 핵무기 보유 의도 없음 • 핵협상에서 미국과 타협되면 포기 - 〈9·19 공동성명〉, 〈2·13 합의〉 등
'북한 핵개발은 보유용'	• 초기부터 핵무기 보유 의도 • 북한의 협상 참가는 시간 끌기 - '우라늄 고농축' 번복

되면 핵무기 보유를 포기할 의사가 있었는지, 아니면 협상에 관계없이 핵무기를 기필코 보유하려고 했는지의 여부다. 즉, 북한의 핵개발을 '협상론'과 '보유론'의 관점에서 살펴본다.

첫 번째 관점과 관련하여 '협상론'은 북한이 실제로 핵무기를 보유하기 위해서가 아니라, 미국으로부터 체제 안전을 보장받으려고 핵개발 움직임을 보였다고 간주한다. 임동원 전 통일부장관은 2008년에 펴낸 회고록 《피스메이커》에서 1991년 〈한반도 비핵화 공동선언〉 채택 상황을 언급하면서 "북한은 미국과의 적대관계를 해소하여 안전을 보장받고 정치경제적 관계를 개선하는 데 핵문제를 지렛대로 사용하고자 한 것"이라며 "핵카드를 외교협상용으로 사용하려는 북한의 입장은 확고했으며, 그 후에도 이러한 입장을 일관되게 유지했다"고 말했다. 다만 북한전문가 중 일부는 애초에 북한이 핵개발에 뛰어든 동기에는 협상 수단 마련도 있었으나, 후에 보유로 돌아선 것이라고 주장했다. 고유환 동국대 명예교수는 2016년 4월 한 세미나에서 "1990년대까지 북한의 핵개발 전략이 핵보유와 핵협상의 이중 목적을 가졌다면, 2000년대에 들어서면서 북한은 핵보유 쪽으로 방향을 정한 것 같다"고 주장했다. 즉, 2001년 출범한 미국의 조지 W. 부시 미국 정부가 북한을 '악의 축'

이라고 규정하고, 핵 선제공격 대상에 북한을 포함시키는 등 대북 강경 정책을 추진하자 이에 반발, 핵무기 보유를 결심했다는 것이다.1

반면, '보유론'은 북한의 핵개발은 처음부터 핵무기를 보유하기 위한 차원에서 이루어진 것이라고 본다. 강인덕 전 통일부장관은 "북한은 핵을 갖기 위해 개발하는 것이지 협상용으로 개발하는 게 아니다"라고 강조했다. 그는 2013년 8월 9일 〈문화일보〉와의 인터뷰에서 이같이 밝히면서 "김일성이 1968년 흥남에서 현지지도를 하면서 '미 제국주의자들이 세계 도처에서 분쟁을 일으키고 있다. 이거 중단시키는 건 미 본토에 핵을 떨어뜨리는 것밖에 없다. 동무들 우리가 합시다'라고 했다"고 전했다. 김태효 대통령 국가안보실 1차장은 2013년 2월 17일 〈중앙SUNDAY〉와의 인터뷰에서 "북한은 핵개발에 올인하기 시작한 1980년대 말부터 25년간 단 하루도 핵개발을 멈춘 적이 없다"면서 "'북한 핵은 협상용이다. 실체가 없는데 과장된 것이고 우라늄 핵개발도 미국의 날조다. 남북대화를 재개하라. 도와주면 북도 바뀔 것이다'며 국민을 기만하고 호도해 온 사람들이 아직도 버젓이 행세하고 있다"고 비판했다.

두 번째 관점과 관련하여, 협상론은 북한이 핵무기 개발을 본격적으로 추진했으나 미국 등 국제사회와의 협상이 잘 풀리면 핵무기 보유를 포기하려고 했다고 보는 관점이다. 정세현 전 통일부장관은 2017년 8월 20일 〈한겨레〉와의 인터뷰에서 "북한은 미국이 '수교를 해준다, 또

---

1 '북한 이슈 정리'라는 책의 성격상 각주 처리는 일반적인 표기 원칙에 따라 정리하지 못했다. 독자 여러분의 너른 양해를 구한다.

경제지원을 해준다'는 말에 현혹돼서 비핵화를 약속했는데 매번 그게 안 지켜지니까 미국을 믿을 수 없다고 해서 핵문제가 이렇게 악화된 것"이라며 "미국이 정전협정을 평화협정으로 바꿔 주고 수교로 가면 해결 가능하다고 본다"고 밝혔다. 즉, 미국과의 관계 정상화, 평화협정 체결을 통한 체제보장, 경제지원 등 북한의 요구를 미국이 수용하면 협상으로 북한의 핵무기 개발 계획을 저지할 수 있다는 것이다.

이런 입장을 가진 이들은 2007년의 〈2·13 합의〉와 〈10·3 합의〉가 북한 핵신고에 대한 검증 문제로 그 이행이 무산된 것이나, 2019년 하노이 미북 정상회담이 결렬된 데 대해, 미국이 좀 더 대국적이고 전향적인 대응을 하지 못한 점을 아쉬워하고 있다. 〈2·13 합의〉와 〈10·3 합의〉 이행 무산을 두고, 이 합의를 주도했던 송민순 전 외교부장관은 자신의 회고록 《빙하는 움직인다》에서 이렇게 밝혔다.

북한 핵신고 검증회담이 좌초된 책임의 바탕에는 기본적으로 생존에 집착하여 언제나 먼저 받고 뒤에 주겠다는 북한의 속성이 작용했다. 그런데 북한과 협상하는 데 의욕이 없는 미국의 강경파와 이들의 주장에 동조한 한국 정부와 일본 아소 내각이 무게를 더한 것도 원인이 된 것으로 보였다.

이는 2008년 북핵협상이 결렬된 배경 중의 하나는 미국의 강경파에 있으며, 당시 이명박 정부도 제대로 대처를 못 했다는 점을 의식한 발언으로 보인다.

북한이 협상을 통해 핵문제를 해결하려고 했다고 보는 협상론 측은 앞으로도 북핵문제를 풀기 위해서는 협상밖에 없다는 입장을 견지하고 있다. 문정인 연세대 명예교수는 2017년 6월 14일 〈연합뉴스〉와의 인터뷰에서 "북한의 핵과 미사일 능력이 강화됐으니 교류를 끊고 압박을 강화한다는 주장은 파국적 종말로 이어질 가능성이 크다"면서 "그러니 지금의 상황을 인정한 상태에서 북한의 대량파괴무기 동결부터 단계적으로 나가기 위해 북한과 대화해야 한다"고 말했다. [2]

반면 '보유론'은 핵무기를 보유하려는 것이 북한의 궁극적 의도였기 때문에 북한이 핵무기를 제조할 시간을 벌기 위해 협상에 참여했다고 본다. 핵무기 개발이 완료되기 전에는 미국의 군사력에 대항할 수 없고, 후원국인 중국의 국력도 미국에 비해 훨씬 약할 때에는 협상에 참가했으나, 이는 위장용에 불과했다는 것이다.

1994년 미북 〈제네바 합의〉 이후 6자회담까지 북한 사찰 총책임자였던 올리 하이노넨 전 국제원자력기구(IAEA, International Atomic Energy Agency) 사무차장은 2018년 5월 17일 〈중앙일보〉와의 회견에서 "북한은 〈제네바 합의〉에 서명하자마자 두 가지 중대 위반을 했다"면서, "하나는 우라늄 농축을 시작한 것이고, 다른 하나는 영변 핵시설에서 플루토늄을 반출해 별도 시설에서 가공한 뒤 현재와 같은 핵 능력을 개발한 것"이라고 밝혔다. 그는 "〈제네바 합의〉에 따른 북한에 대한 사찰은 북한이 허용하는 영변의 핵시설에 국한됐기 때문에 영변 내 비밀시설이나, 다른 지역의 핵시설에서 우라늄 농축을 하면 알 길이 없다"고도 밝혔다. 2003년 1월 제네바 합의가 붕괴된 지 불과 3년 만인

---

2 문정인 명예교수는 동시에 "북한도 우리가 처한 객관적 입장을 무시하고 민족공조 지상주의로 나가는 것이 현실적으로 가능하지 않다는 것을 알아야 한다"고 지적했다.

2006년 10월에 북한이 핵실험을 할 수 있었던 것은 영변 이외의 다른 곳에서 계속 핵개발을 했기 때문이라고 그는 분석했다.

북한의 협상 참여를 '시간 끌기'로 보는 보유론은 북핵협상 실패의 책임이 미국보다는 북한에 더 있다고 판단한다. 이들은 그 대표적 사례로 북한이 우라늄 농축에 대한 입장을 번복했던 것을 든다. 북한은 2002년 10월 미국이 제기한 우라늄 농축 의혹을 부인했다가 2009년 6월 우라늄 농축을 선언했다.

북한은 2003년 핵확산금지조약(NPT, Nuclear Non-Proliferation Treaty) 탈퇴 성명에서 "우리는 핵무기전파방지조약에서 탈퇴하지만 핵무기를 만들 의사는 없으며 현 단계에서 우리의 핵활동은 오직 전력 생산을 비롯한 평화적 목적에 국한될 것"이라고 밝혔다. 그러나 불과 2년 만에 핵보유 선언을 하고, 1년 후인 2006년 10월에 1차 핵실험을 했다. 이는 북한의 NPT 탈퇴 성명이 위장이었음을 알 수 있게 하는 대목이다.

김태우 전 통일연구원장은 2011년 〈핵그림자 전략과 3축 체제〉라는 논문에서 "북한은 제네바 핵합의에도 불구하고 농축 프로그램을 위해 파키스탄과의 비밀거래를 해왔다"면서 "북한의 입장에서 보면 합의란 언제나 '핵개발의 2보 진전을 위한 1보 후퇴'였다"고 말했다. 자칭궈(賈慶國) 중국 베이징대 국제관계학원 교수는 2018년 2월 5일 〈동아일보〉와의 인터뷰에서 '북한이 평창올림픽에 참가한 의도'에 대한 물음에 "북한의 평창 올림픽 참가는 핵·미사일 개발 등 그들(북한)이 하고 싶은 일을 하기 위한 시간을 벌려는 것"이라고 밝혔다.

2023년 1월 현재 북한은 한국·미국·일본을 상대로, 다양한 핵탄두를 탑재할 수 있는 여러 종류의 미사일을 마음먹은 대로 발사하는 도발을 감행하고 있다. 2022년 11월 2일에는 하루 동안 미사일 25발을 발사하였으며, 그 중 1발은 동해 쪽 북방한계선을 넘어 우리 영해 인근에 떨어졌다. 대륙간탄도미사일(ICBM, Intercontinental Ballistic Missile)인 '화성-17형'도 2022년 2월부터 여러 차례 시험발사를 거쳤으며, 11월 18일 김정은의 지휘하에 이루어진 6차 시험발사에서는 대기권 재진입을 제외하고 사거리 확보(1만 5천km) 등 모든 부문에서 성공 단계에 진입한 것으로 알려지고 있다. 또 전술 핵탄두를 탑재한 신형 단거리 미사일을 전방 포병부대에 배치하고, 김정은이 9월 25일부터 10월 9일까지 전술핵 훈련 7차례를 모두 직접 지휘했다.

　북한이 핵전력과 운영 능력을 이 정도로 갖추었다면 지난 30년 동안 북한 핵문제를 두고 한국 사회 내부에서 논란이 있었더라도, 이제는 우리 사회가 논쟁보다는 대안 마련에 신경을 곤두세워야 할 때가 온 것이다. 지난 30년간 남북한과 미국이 어떠한 오판을 해도 한반도에서 '파국'이 벌어지지는 않았다. 이는 '긴장이 아무리 고조되더라도 평화의 끈을 결코 놓아서는 안 된다'는 관련국들의 의지가 반영되었기 때문이라고 본다. 그러나 이것이 영원히 가지 않는다는 사실은 지금까지의 인류 역사가 보여 주고 있다.

02

핵무기에 대한 북한의 입장

북한의 최고지도자인 김일성·김정일·김정은과 핵협상 대표들은 지난 30여 년 동안 핵무기 개발과 관련된 언급을 무수히 해왔다. 이를 시대별로 분석하면, 핵무기 개발을 둘러싼 북한의 입장은 대개 세 단계를 거쳤다.[3] 첫 단계는 1980년대 말 북한의 핵활동이 국제 이슈가 된 이후 북한이 핵보유 선언을 한 2005년 2월 이전으로, 핵개발 자체를 부인하던 시기다. 두 번째 단계는 2005년 '핵보유 선언' 이후로, 핵무기를 제조하기는 했지만 이는 재래식이든 핵무기이든 미국의 공격을 억제하기 위한 자위용이라고 주장하던 시기다. 세 번째 단계는 2022년 4월 이후로 한국과 미국에 대한 핵공격을 시사한 시기다.

첫 번째 단계에서의 대표적 언급은 김일성의 1992년 신년사이다.

---

3 핵무기와 관련된 북한 당국자들의 발언은 뒤섞인 경우도 있어 이 같은 분류가 100% 정확하지는 않다. 다만 북한 최고지도자의 발언과 외무성 성명, 최고인민회의 결정 등을 기준으로 큰 흐름에서 분류한 것이다.

1980년대 말~2005년	• 핵무기 개발 부인 - 협상 참여 - 비공식 핵개발 표명
2005~2022년	• 핵 보유 선언 및 1차 실험 - 자위적 핵 억제력 - 협상 참여 • '핵보유 법령' 제정(2013) - '자위적 핵 억제력' 내용 구체화 - 협상 종료
2022년 4월~	• 대남 · 대미 선제 핵공격 시사 • '핵무력 정책' 법제화 - 선제 핵공격 5대 조건 제시

우리는 핵무기를 개발할 의사도 능력도 없으며 공정성이 보장되는 조건에서는 핵사찰을 받아드릴 용의가 있다는 것을 여러 차례 천명한 바 있다. 우리는 한다면 하는 것이고 안 한다면 안 하는 것이지 결코 빈말은 하지 않는다.

김일성은 1994년 미국 〈CNN〉 방송과의 회견에서도 "지금 미국이 핵문제를 걸고 우리에 대한 압력소동을 벌이고 있으나 그것은 아무런 근거도 없다"면서 "우리에게는 핵무기가 없으며 그것을 만들 의사도 능력도 없다"고 말했다.

북한은 이 같은 태도를 2003년 1월 북한이 NPT에서 탈퇴할 때까지도 유지했다. 북한은 NPT 탈퇴 정부성명에서 "우리는 핵무기전파방지조약에서 탈퇴하지만 핵무기를 만들 의사는 없으며 현 단계에서 우리의 핵활동은 오직 전력생산을 비롯한 평화적 목적에 국한될 것"이라고 밝혔다. '핵무기를 만들 의사가 없다'는 말은 국제사회와의 협상 가능성을 시사한 대목이다.

하지만 2003년 10월부터 북한은 핵문제에 대한 언급을 다소 바꾸기 시작했다. "자위적 핵억제력을 강화하는 데 더욱 박차를 가하겠다", "재처리해서 얻은 플루토늄을 무기화했다"는 발언 등이 북한 외무성 대변인 등을 통해 흘러나왔다. 즉, 첫 번째 단계 후반에 북한은 한편으로는 한국을 비롯해 미국, 일본 등과 양자회담이나 다자회담(6자회담)에 참가하면서도, 다른 한편으로는 회담 대표 등을 통해 자신들이 핵무기를 보유하겠다는 주장을 편 것이다.

두 번째 단계는 핵무기를 만들기는 했지만 자위용(억지력)이지 선제공격용은 아니라고 주장한 시기다. 북한은 2005년 2월 10일 외무성 성명을 통해 '핵무기를 보유했다'고 선언했다. 성명은 "우리는 이미 부쉬 행정부의 증대되는 대조선 고립압살 정책에 맞서 핵무기전파방지조약에서 단호히 탈퇴하였고 자위를 위해 핵무기를 만들었다"면서도 "우리의 핵무기는 어디까지나 자위적 핵 억제력으로 남아 있을 것"임을 천명했다. 즉, 미국이 북한을 (재래식으로든 핵으로든) 공격하지 못하게 억지력으로서 핵무기를 만들었다고 주장한 것이다.

1차 핵실험을 실시하겠다고 발표한 2006년 10월 3일 외무성 성명도 "조선민주주의인민공화국은 절대로 핵무기를 먼저 사용하지 않을 것이며 핵무기를 통한 위협과 핵 이전을 철저히 불허할 것"이라고 밝혔다. 그러면서 미국이 자신들과 수교를 하는 등 대북 적대시 정책을 폐기하면 핵무기를 내려놓을 수 있다는 입장을 견지했다. 북한이 2005년 2월 핵보유 선언을 한 후에도 같은 해 9월 남·북·미·일·중·러 간 6자회담에서 〈9 · 19 공동성명〉에 합의하고 2007년 〈10 · 3합의〉까지 간 것이 그 사례였다(〈9 · 19 공동성명〉과 〈10 · 3합의〉는 6절 참조).

북한은 이어 2013년 4월 1일 〈자위적 핵보유국의 지위를 더욱 공고히 할 데 대하여〉라는 제목의 법령을 제정, 2005년 핵보유 선언 시 밝힌 '자위적 핵 억제력'의 의미를 보다 구체화했다. 이 법령 2조는 "조선민주주의인민공화국의 핵무력은 세계의 비핵화가 실현될 때까지 우리 공화국에 대한 침략과 공격을 억제 · 격퇴하고 침략의 본거지들에 대한 섬멸적인 보복타격을 가하는 데 복무한다"고 되어 있다. 즉, 적국의 외부 공격을 억제하고 이것이 실패했을 때 보복, 격퇴하는 게 핵무기의 용도라고 밝힌 것이다. '적국의 공격'에는 재래식 공격도 해당된다. 한편 북한은 이 법령 전에 〈중앙통신〉 등을 통해 "침략자들의 본거지에 대한 핵 선제타격 권리"를 거론한 적이 있었으나, 이 법령으로 '핵 선제타격' 주장은 거두어들인 것으로 분석됐다.

세 번째 단계는 북한이 미국과 한국을 대상으로 핵무기를 선제 사용할 수 있음을 시사한 시기다. 김정은은 2022년 4월 25일 항일 빨치산 결성 90주년 열병식 연설에서 "우리 핵무력의 기본 사명은 전쟁을 억제함에 있지만 이 땅에서 우리가 결코 바라지 않는 상황이 조성되는 경우에까지 우리의 핵이 전쟁 방지라는 하나의 사명에만 속박돼 있을 수는 없다"고 밝혔다. 이어 "어떤 세력이든 우리 국가의 근본 이익을 침탈하려 든다면 우리 핵무력은 의외의 자기의 둘째가는 사명을 결단코 결행하지 않을 수 없을 것"이라며 "공화국의 핵무력은 언제든지 자기의 책임적인 사명과 특유의 억제력을 가동할 수 있게 철저히 준비돼 있어야 한다"고 강조했다. '우리 국가의 근본이익'이라는 표현은 체제 존립을 위한 포괄적 개념이다. 북한은 그동안 주한미군 주둔, 한미 연합훈련, 대북 제재, 최고존엄 모욕 등을 근본이익과 연관해서 거부감을 표명해 왔다. 따라서 북한은 평시에도 이런 근본이익이 침탈됐다는 미명하에 핵 선제공격을 할 수 있는 가능성을 국제사회에 던진 것이다.

북한은 이어 같은 해 9월 8일 열린 최고인민회의 14기 7차 회의에서 채택한 〈조선민주주의인민공화국 핵무력 정책에 대하여〉라는 법령을 통해 핵무기 사용의 5대 조건을 제시했다. 이에 따르면 ① 북한에 대한 핵무기 또는 대량살상무기 공격, ② 국가 지도부나 핵무력 지휘기구에 대한 핵 및 비핵 공격, ③ 중요 전략적 대상들에 대한 치명적인 군사적 공격 등이 감행됐거나 임박한 경우, ④ 유사시 전쟁의 주도권을 장악하기 위한 작전상 필요 제기, ⑤ 기타 국가 존립과 인민생명 안전에 파국적 위기를 초래한 경우 등이다. 이는 북한 외부에서 재래식 공격이 임박했다는 징후가 보이면 핵을 사용하겠다는 초강경 입장을 천명한 것이다. 이와 관련하여 김정은은 "(이 법은) 우리의 핵을 놓고 더는 흥정할 수 없게 불퇴의 선을 그어 놓은 중대한 의의가 있다"며 "핵무력은 곧 조국과 인민의 운명이고 영원한 존엄이라는 것이 우리의 확고부동한 입장"이라고 강조했다. 김정은은 "우리가 먼저 핵포기, 비핵화를 하는 일은 없으며 그를 위한 그 어떤 협상도, 그 공정(과정)에서 서로 맞바꿀 흥정물도 없다"고 말했다.

북한은 2022년 11월 20일 "조선로동당의 엄숙한 선언"이라는 제목의 정론(正論)을 통해서도 핵 선제타격을 시사했다. 〈노동신문〉은 "이 행성 최강의 대륙간탄도미사일 보유국, 이 말이 안고 있는 무게는 실로 거대하다"며 "그것은 핵 선제타격권이 미국의 독점물이 아니라는 것을, 우리 국가가 미국의 핵 패권에 맞설 수 있는 실질적 힘을 만장약한 (가득 채워 넣은) 명실상부한 핵 강국임을 세계 앞에 뚜렷이 실증하는 가슴 벅찬 호칭인 것"이라고 강조했다. 핵무기를 '전쟁 방지용'으로만 사용하는 것이 아니라 필요할 경우 선제타격하겠다는 뜻도 담고 있다.

한편 북한은 남한에 대해서도 이중성을 보였다. 북한은 '핵무기를 남한에 대해서는 사용하지 않는다'는 취지의 발언을 여러 차례 했다. 2016년 2월 〈노동신문〉은 "같은 동포인 남조선 인민들에게 핵폭탄을 떨구겠다고 위협한 적은 한 번도 없다"고 밝혔다. 2018년 2월 〈조선중앙통신〉도 "우리의 국가 핵무력은 조선반도 평화와 안전을 보장하는 민족공동의 전략자산으로서 결코 동족을 겨냥한 것이 아니다"라고 주장했다. 그러나 2022년 4월 25일 김정은의 연설에서는, "어떤 세력이든 우리 국가의 근본 이익을 침탈하려 들 경우"라는 전제를 달기는 했으나 '남한도 핵 선제타격 대상에 포함될 수 있다'는 태도를 보였다.

03

두 차례의 미북 핵회담

2018년 6월 12일 싱가포르에서 열린 트럼프-김정은 간 미북 1차 정상
회담에서는 4개 항의 공동선언이 채택됐다. 그 중 북한 핵문제에 관한
조항은 3항으로 다음과 같다. "조선민주주의인민공화국은 2018년 4월
27일에 채택된 〈판문점 선언〉을 재확인하면서 조선반도의 완전한 비
핵화를 향하여 노력할 것을 확약하였다." 두 달 전 문재인-김정은 간
남북 정상회담에서 채택된 〈판문점 선언〉의 "완전한 비핵화를 통한 핵
없는 한반도 실현"이라는 문구와 거의 똑같았다.

북한 핵문제가 원래 미북관계의 영역이기 때문에 문재인-김정은 남
북 정상회담에서 구체적 비핵화 방안이 없었던 것을 나름대로 이해하
고, 1차 미북 정상회담을 지켜봤던 한국과 미국의 많은 전문가들(주로
보수진영)은 비판의 목소리를 높였다. 그 내용은 다음과 같이 정리할
수 있다. 첫째, '비핵화'의 주체가 '북한'이라는 표현이 없었다는 점이
다. 2005년 〈9·19 공동성명〉에서는 비핵화의 주체가 북한이라는 점,
즉 북한이 이미 보유한 핵무기와 앞으로 핵무기를 개발할 수 있는 프로

▌ 미북회담 비교

1차 싱가포르 회담(2018)	2차 하노이 회담(2019)

• 새로운 미북관계 수립
 	
• 미북, 조선반도에서 항구적이며
  공고한 평화체제 구축 위한 공동 노력
 	
• 북, 〈판문점 선언〉 재확인하면서
  조선반도의 완전한 비핵화 노력 확약
 	
• 미북, 전쟁포로 및 행방불명자
  유골 발굴 진행과 이미 발굴 확인된
  유골들의 즉시 송환 확약
	• 북한 입장
	  - 영변 핵시설 일부 폐기와 대북 제재
	    일부 (5건) 해제
	
	• 미국 입장
	  - 핵무기 · 미사일 폐기
	  - 영변과 영변 외 지역 핵시설 · 핵물질
	    신고 및 폐기
	    ⇒ 결렬

그램을 모두 포기해야 한다는 점을 분명히 밝혔다. 둘째, 북한의 비핵화와 관련한 시간표가 없다는 점이다. 2007년 〈2·13 합의〉에서는 (영변 핵시설 동결과 대북 중유 제공) 등의 초기 조치들을 60일 이내에 이행하도록 했다. 셋째, 북한의 비핵화와 관련해 '완전하고 검증가능하고 돌이킬 수 없는 핵폐기(CVID, Complete · Verifiable · Irreversible · Dismantlement)'라는 표현이 없다는 점이다. 〈9·19 공동성명〉에서는 전문에 "6자회담의 목표가 한반도의 검증 가능한 비핵화를 평화적인 방법으로 달성하는 것"이라고 명기했다. 또 〈2·13 합의〉에서는 "조선민주주의공화국은 국제원자력기구와의 합의에 따라 모든 필요한 감시 및 검증 활동을 수행하기 위해 IAEA 요원을 복귀토록 초청한다"고 규정했다. 미북 공동선언이 이런 허술함을 보인 데 더해 트럼프 미국 대통령이 기자회견에서 한미 연합훈련 중단 의사를 밝히자 보수진영 전문가 사이에서는 '한미동맹은 해체의 길로 갈 것', '북한 비핵화는 물

건너 간 것' 등의 비관적인 견해가 속출했다.

그러나 문재인 정부와 진보진영 전문가들은 긍정적으로 평가했다. 이들의 평가는 문재인 당시 대통령이 발표한 입장문에 잘 나타나 있다.

6·12 센토사 합의는 지구상의 마지막 냉전을 해체한 세계사적 사건으로 기록될 것입니다. 미국과 남·북한이 함께 거둔 위대한 승리이고, 평화를 염원하는 세계인들의 진보입니다. 낡고 익숙한 현실에 안주하지 않고 과감하게 새로운 변화를 선택해준 트럼프 대통령과 김정은 위원장, 두 지도자의 용기와 결단에 높은 찬사를 보냅니다. 이번 합의를 바탕으로, 우리는 새로운 길을 갈 것입니다. 전쟁과 갈등의 어두운 시간을 뒤로하고, 평화와 협력의 새 역사를 써갈 것입니다. 그 길에 북한과 동행할 것입니다. 이제 시작이고 앞으로도 숱한 어려움이 있겠지만 다시는 뒤돌아가지 않을 것이며 이 담대한 여정을 결코 포기하지 않을 것입니다.

이 입장문에는 당시 문재인 정부의 김정은 체제에 대한 인식, 북한 핵문제에 대한 입장이 보수진영과 얼마나 다른지 실감나게 드러나 있다. 'CVID가 빠졌다', '북한 핵폐기의 시한이 없다'는 등 보수진영의 비판은 아랑곳하지 않겠다는 문재인 정부의 의지가 담겨 있다. 문재인 정부는 2018년 싱가포르 미북 정상회담 공동선언을 계기로 4·27 남북 정상회담에서 합의한 대로 동해선 및 경의선 철도와 도로의 연결, 남북 공동연락사무소의 개성공단 내 설치 등 남북 경제협력에 매진하겠다는 의지를 표명했다. '개성공단 재개 → 금강산 관광 재개 → 식량·비료 지원'의 흐름으로 이어지는 대북 사업을 본격적으로 추진할 태세를 갖추었다.

　그러나 문재인 정부의 이런 계획은 미국과 북한이 다음 해인 2019년 2월 28일 하노이에서 열린 2차 정상회담에서 북한 핵문제를 놓고 합의를 보지 못함으로써 무산됐다. 북한은 영변 핵시설의 폐기를 제안하면서 미국에 대북제재 5건을 해제해 달라고 요청했다. 그러나 미국은 핵무기・미사일의 폐기와 영변 핵시설 및 영변 이외의 핵시설(우라늄 농축시설) 폐기를 요청했으나 북한이 이를 거부했고, 결국 회담이 결렬에 이르게 된 것이다.

　결렬 후 북한과 미국은 북한의 핵폐기와 미국의 대북제재 해제를 두고 서로 다른 입장을 내놓았다. 북한은 "우리가 요구하는 것은 전면적인 제재 해제가 아니고, 일부 해제"라며 "구체적으로는 유엔 재제 결의 11건 가운데 2016~2017년 채택된 5건 중 민수(民需) 경제와 인민 생활에 지장을 주는 항목들만 먼저 해제하라는 것"이라고 주장했다. 특히 북한은 "원래 유엔 제재는 제재 대상국이 제재를 당하게 된 행동을 하지 않으면 해제하게 돼있다"면서 "북한은 15개월 동안 핵・미사일 실험을 계속 중단하고 있는데 유엔 제재들이 전혀 해제될 조짐이 보이지 않고 있고, 영변의 핵시설마저도 폐기한다고 했는데도 미국이 제재해제를 거부하는 것은 이해할 수 없다"고 주장했다. 그러나 미국은 영변 핵시설 이외의 모종의 장소에서 북한이 우라늄 농축시설을 가동했다는 증거를 제시하면서, 이를 폐기하고 핵무기와 미사일도 폐기해야 제재를 해제할 수 있다는 입장을 밝혀 정상회담이 파국을 맞은 것이다.

04

'한반도 비핵화'를 둘러싼 논란

북한의 핵무기 개발, 보유를 방지하기 위해 30여 년 동안 벌어졌던 남·북·미 협상에서는 여러 가지 '주장'과 '합의'가 나왔다. 이 중에서 지금도 논란을 빚고 있는 부분이 있다. '한반도 비핵화', '조선반도 비핵화', '조선반도 비핵지대화'라는 개념을 둘러싼 혼선이 그것이다. 2018년 남북 정상회담과 미북 정상회담을 거치면서 이들 개념들이 본래의 의미에 부합하지 않는 여러 의미로 사용돼 개념상의 혼란을 불러일으키고 있다. 대표적인 사례가 2021년 5월 "북한이 말하는 '조선반도 비핵지대화'와 우리 정부가 말하는 '한반도 비핵화'는 별 차이가 없다"는 당시 정의용 외교부장관의 발언이다. '조선반도 비핵지대화'와 '한반도 비핵화'는 그동안 다르게 써 온 개념인데, 정 장관이 이런 발언을 함으로써 여러 가지 논란을 빚은 것이다. '비핵지대화'는 '핵 보유국'으로 하여금 특정 지역 안에서 핵을 배치하거나 사용하지 못하게 한다는 의미이다. 반면 '비핵화'는 '비핵국가 간에 핵무기를 제조, 생산, 배치, 사용 등을 하지 않는다'는 의미이다. 따라서 '한반도 비핵화'는 당사자

▌한반도 비핵화를 바라보는 남북한 입장 변화

남한	북한
• 북한과 '한반도 비핵화' 합의(1991. 12.) - 사실상 '북한의 비핵화'로 해석 • 문재인 정부 - '북한의 비핵화' 사실상 사문화 • 윤석열 정부 - '북한의 비핵화'로 복귀	• '조선반도 비핵지대 창설' 제의(1986) - 북한: '핵무기 시험 · 생산 · 저장 · 반입 중지' 등 - 미국: '남조선에 대한 핵무기 반입 중지' 등 • 남한과 '조선반도 비핵화' 합의(1991. 12.) • '비핵지대'에 토대 둔 '비핵화' 주장 - 외교부 성명 (2005. 3. 31, 2008. 8. 26.) - 정부 성명 (2016. 7. 6.)

인 남한과 북한이 핵무기를 제조, 생산, 배치, 사용하지 않는다는 뜻이다. 이번 절에서는 '한반도 비핵화' 등의 개념들이 어떤 배경에서 제기되었으며 어떻게 변화해 왔는지를 알아본다.

먼저 북한의 입장부터 살펴본다. 1950년대 중반, 미국은 대만해협 1차 위기(대만과 중국 간 군사적 대치)를 전후해 오키나와를 비롯한 아시아 지역에 핵무기를 배치하기 시작했다. 1958년 주한미군에도 핵무기가 반입됐다. 이런 미국의 움직임에 대한 대책으로 소련과 중국은 아시아에 '비핵지대'를 설치할 것을 국제사회에 요구했다. 아시아 지역에 반입된 미군 핵무기를 철수해야 한다는 것이다. 북한은 여기에 동조하면서 '조선반도 비핵지대'를 주장하기 시작했다. 특히 한국과 미국의 합동 군사훈련인 '팀 스피리트(Team Spirit)' 훈련이 1976년 시작되자 이를 핵무기 관련 훈련이라고 본 북한은 '조선반도 비핵지대'를 더욱 강력하게 주장했다.

북한은 1986년 6월 23일 정부 성명으로 〈조선반도에서 비핵지대, 평화지대를 창설할 데 대한 제안〉을 발표했다. 이 제안의 주요 내용은 세 가지다. 첫째, 북한은 핵무기의 시험, 생산 및 저장, 반입을 하지 않고, 핵기지를 포함한 외국 군사기지의 설치를 허용하지 않으며, 외국의 핵무기들이 자국 영토·영공·영해를 통과하는 것을 허용하지 않는다. 둘째, 미국은 남한에 새 핵무기를 더 이상 반입하지 않고, 이미 반입한 핵무기들을 단계적으로 축소해 나가면서 완전 철수한다. 셋째, 남한 정부와 미국 정부가 비핵·평화지대 창설에 대한 제의와 관련해 협상이 필요하다면 언제든지 응하겠다. 이 같은 북한의 의도는 자신도 핵무기를 만들지 않겠으니, 미국은 남한 내 핵무기를 철수하라는 것이다.

북한은 1990년대 초 동유럽 사회주의 국가들의 붕괴, 소련·중국의 남한과의 수교, 경제난으로 체제위기에 몰리자 이를 돌파하기 위한 대응책의 하나로 '조선반도 비핵지대'를 협상카드화했다. 북한의 '조선반도 비핵지대'는 핵무기의 시험, 생산, 저장, 반입 금지와 더불어 외국군의 핵무기 기지 설치, 핵무기 통과도 모두 허용하지 않는 엄격한 형태였다. 특히 한국에 대한 미국의 '핵우산 제공 금지'가 핵심이었다.

당시 북한 입장에서 보면 자신들은 핵무기를 보유하지 못하고 있는데, 남한에 대한 미국의 핵우산 제공은 가동되는 불공평한 상황이 이어지고 있었다. 그래서 북한은 1991년 12월 남한과의 제5차 남북 고위급회담에서 초반에 '조선반도 비핵지대'를 관철하려고 시도했다. 그러나 불가침선언에 급급했던 북한으로서는 '조선반도 비핵지대'에 반대하는 남한의 힘의 우위를 이겨낼 수 없었다. 여기서 한미가 주한미군의 핵무기를 철수하겠다는 제의를 해오자 북한은 '조선반도 비핵지대'를 거두어들이고 남한의 요구인 〈한반도 비핵화 공동선언〉에 합의했던 것이다. 〈한반도 비핵화 공동선언〉에는 '핵무기 반입 금지', '핵무기 통과 금지', '외국군의 핵무기 기지 설치 금지' 등은 포함되지 않았다. 1항은 "남과 북은 핵무기의 시험, 제조, 생산, 접수, 보유, 저장, 배비, 사용을 하지 않는다", 3항은 "남과 북은 핵 재처리시설과 우라늄 농축시설을 보유하지 아니한다"고 되어 있다.

2002년 10월 조지 W. 부시 정부가 북한이 '1994년 제네바 핵합의 이후에도 우라늄 비밀 농축을 했다'고 문제를 제기하자 북한은 이에 반발하며 2003년 1월 NPT에서 탈퇴했다. 북한은 이후 핵개발을 가속화했고, 그 결과 2005년 2월 10일 외무성 성명을 통해 6자회담 무기한 중단과 '핵 보유'를 선언했다. 이를 계기로 북한은 기존의 '조선반도 비핵지대화' 대신 '조선반도 비핵화'(남한식 표현으로는 '한반도 비핵화') 라는 용어를 구사하기 시작했다. 북한 외무성의 2005년 3월 31일 자 성명이 대표적이다. 자신들도 미국과 같이 '핵보유 국가'가 됐으니 상호 핵위협을 청산하는 차원에서 '조선반도 비핵화'를 추진하자고 나온 것이다.

문제는 '상호 핵위협 청산'을 어떻게 달성할 것이냐에 있었다. 북한은 여전히 한국 내 미군 핵무기 철수, 한반도 및 주변에서 핵무기가 동원될 수 있는 일체의 군사 연습 중지 등을 주장했다. 이 같은 북한의 입장은 2008년 8월 26일 외무성 성명에서 보다 분명하게 나타났다. 당시 북한이 중국에 제출한 '핵신고서'에 대한 검증을 놓고 미북 간 갈등이 있었다. 그런데 북한은 이때 외무성 성명에서 "우리가 말하는 검증은 남조선과 그 주변에 미국의 핵무기가 없으며, 새로 반입되거나 통과하지도 않는다는 것을 확인하는 것"이라고 주장했다. 즉, 북한은 겉으로

는 '조선반도 비핵화' 운운했지만, 본심은 '조선반도 비핵지대'였던 것이다. 4

이런 북한의 입장은 2016년 7월 6일 북한 정부대변인 성명에 제시된 '조선반도 비핵화 5대 조건'에도 나타나 있다. 5대 조건은 ① 남한 내 모든 미군 핵무기 공개, ② 남한 내 모든 핵무기·핵기지 철폐와 검증, ③ 미국의 핵전력의 한반도 및 인근에 전개 중단, ④ 북한에 대한 핵위협 중단 및 대북 불사용 확약, ⑤ 남한 내 핵사용권을 가진 미군철수 선포다. 성명의 제목에는 '비핵화'라는 표현이 붙었지만, '남한 내 핵기지 철폐', '미군 핵전력 한반도 전개 중단' 등을 포함시킴으로써 사실상 '비핵지대'를 주장한 것이다. 특히 북한의 핵 공격에서 한국을 보호하는 핵우산을 제공하는 주한미군의 철수까지 포함된 이러한 제안은 한·미로서는 수용할 수 없는 것이었다. 이런 점에서 북한이 주장하는 '조선반도 비핵화'는 1992년 발효된 〈한반도 비핵화에 관한 공동선언〉과는 현격한 차이가 있는 것이다.

이번엔 남한의 입장을 살펴본다. 1989년 9월 프랑스 위성 스팟 2호가 북한 영변의 핵시설을 촬영하여 공개한 이후, 한국과 미국은 북한의 핵개발 여부를 예의주시하기 시작했다. 국제원자력기구(IAEA)는 북한에게 전면적인 안전조치협정을 IAEA와 체결할 것을 권고했다. 그러나 북한은 IAEA에 '북한에 대한 핵 불사용'을 명시하라고 요구했다.

---

4 북한은 1992년 2월 남한과 〈한반도 비핵화 공동선언〉을 발표했으나, 불과 두 달 후인 4월에 열린 '핵통제공동위원회' 첫 회의에서부터 '조선반도 비핵지대'를 다시 주장했다고, 당시 우리 측 협상대표였던 이동복 전 안전기획부 특보가 필자에게 2022년 7월 4일 설명했다.

양자 간 협상은 진전되지 못하고, 북한의 핵무기 개발 여부가 국제사회의 근심거리로 등장했다. 그러다 이 사안은 1991년 12월 〈남북 기본합의서〉 체결 과정에서 해결된다. 남한은 체제위기로 남한과의 기본합의서 타결을 바라는 북한을 다각적으로 설득하여 〈한반도 비핵화에 관한 공동선언〉의 합의를 이끌어낸 것이다.

당시 북한은 〈한반도 비핵화 공동선언〉 채택과 관련하여 두 가지 조건을 제시했다. 첫째는 남쪽에서 미국 핵무기가 완전히 철수되었는지 확인해야 한다는 것이었고, 둘째는 한미 '팀 스피리트 훈련'이 중단돼야 한다는 것이었다. 노태우 정부는 미국과 협의한 끝에 북한의 두 가지 조건을 수용했다. 특히 첫째 조건은 노태우 대통령이 1991년 12월 18일 천명한 "이 시각 우리나라의 어디에도 단 하나의 핵무기도 존재하지 않는다"라는 핵부재 선언을 통해 해결됐다. 그 결과 남북한은 1991년 12월 31일 〈한반도 비핵화 공동선언〉 채택에 합의했고, 북한은 1992년 1월 30일 IAEA와 핵안전조치협정을 채택하고 5월부터 IAEA의 임시 핵사찰을 수용했다.

〈한반도 비핵화 공동선언〉에 대한 남한의 기본 시각은 '남한 정부가 재처리시설과 농축시설을 보유하지 않기로 선언했고 미군 핵무기도 철수했으니, 이제는 북한이 핵개발을 중지하면 공동선언은 이행된다'는 것이었다. 즉, 표현은 '한반도 비핵화 선언'이었으나, 실상은 '북한의 비핵화'였다. 다만 당시 '한반도'라는 용어를 넣은 것은 '남북한이 향후에도 핵무기를 보유하지 않겠다'는 차원으로 알려지고 있다. 이런 남한 정부의 입장은 박근혜 정부 시절까지 이어져 왔다. 노무현 정부 시절 6자회담 수석대표였던 송민순 전 외교부장관은 그의 회고록 《빙하는 움직인다》에서 다음과 같이 밝혔다.

> 한국 정부는 당연히 비핵화의 대상을 '북한의 핵'으로 국한시키려 했다. 그러나 북한과 중국은 물론 미국도 '한반도 비핵화'로 설정하고자 했다. 한국의 잠재적 핵무장 능력을 함께 통제해야 한다는 5개국의 공통 이익이 작용한 것이다. 나는 남북 간에는 1992년의 〈한반도 비핵화에 관한 공동선언〉이 있는데, 북한의 핵개발로 인해서 이 선언이 무너지고 있는 만큼 6자회담에서는 '북한'의 핵포기에 집중할 것을 요구했다. … 협상의 본질적 진전에 방해가 되지 않도록 하기 위해 '한반도 비핵화'냐 '북한 비핵화'냐를 쟁점으로 삼지 않았다.

그러나 문재인 정부 들어 '한반도 비핵화'라는 개념은 모호해졌다. 문재인 정부 외교안보 고위당국자들로부터 상충하는 발언이 나왔기 때문이다. 2019년 1월 당시 조명균 통일부장관은 국회에서 "북한이 계속해서 주장하고 있는 조선반도 비핵화와 우리가 목표로 하는 북한의 비핵화하고는 차이가 있다", "한반도 비핵화의 궁극적인 목표는 북한의 비핵화"라고 말했다. 북한이 말하는 '조선반도 비핵화'와 남한을 포함한 국제사회가 요구하는 '북한 비핵화'가 서로 다른 개념이라는 것이다. 그러나 2021년 5월 당시 정의용 외교부장관은 기자 브리핑에서 "북한이 말하는 '조선반도 비핵지대화'와 우리 정부가 말하는 '한반도 비핵화'는 별 차이가 없다"고 말했다. 이에 앞서 문재인 대통령도 2021년 1월 신년 기자회견에서 "김정은 북한 국무위원장은 국제사회가 요구하는 비핵화와 (본인의) 비핵화가 전혀 차이가 없다는 점을 분명히

했다"고 말했다.

문 정부가 '한반도 비핵화'라는 용어를 쓰는 것이 '북한의 비핵화'에 반발하는 북한을 협상장으로 끌어내기 위한 전략 차원에서인지, 아니면 북한의 의중을 알면서도 사실상 여기에 동의한 것인지는 분명하지 않다. 그러나 이렇게 외교안보 고위당국자들의 발언이 서로 다른 데다, 2016년 7월 북한이 발표한 '조선반도 비핵화 5대 조건'의 내용을 감안하면 '한반도 비핵화'에 관한 문 정부 이전의 정부 입장, 즉 '북한의 비핵화'라는 개념은 사실상 사문화됐다고 볼 수 있다.

2022년 5월 출범한 윤석열 정부는 〈한반도 비핵화 공동선언〉을 좀 더 명시적으로 '북한의 비핵화'로 간주했다. 이는 윤석열 대통령의 취임사에서 잘 나타난다. 그는 "일시적으로 전쟁을 회피하는 취약한 평화가 아니라 자유와 번영을 꽃피우는 지속 가능한 평화를 추구해야 한다"며 "북한 핵에 대해서도 평화적 해결을 위해 대화의 문을 열어 놓겠다"고 말했다. 이어 "북한이 핵개발을 중단하고 실질적인 비핵화로 전환한다면 국제사회와 협력해 북한 경제와 주민들의 삶의 질을 획기적으로 개선할 수 있는 담대한 계획을 준비하겠다"고 밝혔다. 5월 말 조바이든 미국 대통령과의 정상회담에선 모두발언을 통해 "우리는 '북한의 완전한 비핵화'라는 공동 목표를 재확인했다"며 보다 분명한 입장을 밝혔다. 다만 한미 정상 공동성명에서는 '한반도 비핵화'를 사용했다. 이에 대해 대통령실 관계자는 "미국과 사안을 조율하는데 워낙 시간이 촉박해 일단 기존 표현을 사용하기로 했다"고 해명했다. 앞으로 한·미가 어떤 입장을 보일지 주목된다.

05
—
〈10 · 4 선언〉과 〈판문점 선언〉 비교

1993년 3월 1차 북한 핵 위기가 발생한 이후 남북 정상회담은 세 번 열렸다. 그 중 2000년 김대중-김정일 정상회담은 1994년의 제네바 합의가 이행되는 시점에 열려 북한 핵문제가 이슈가 되지 못했다. 반면 2007년 노무현-김정일 정상회담은 2006년 10월 북한이 1차 핵실험을 한 이후 열려 북핵문제가 어떻게 다루어질지 큰 관심을 끌었다. 2018년 4월의 문재인-김정은 정상회담도 2017년 11월 북한이 핵무력 완성을 선언한 이후 열려 마찬가지였다. 이번 절에서는 이 두 번의 남북 정상회담에서 북한 핵문제가 어떻게 논의되었는지와 그 성과를 둘러싼 논란을 비교, 정리한다.

노무현-김정일 정상회담에서 나온 〈10 · 4 공동선언〉은 북한 핵문제에 대해 이렇게 규정했다.

남과 북은 한반도 핵문제 해결을 위해 6자회담 〈9 · 19 공동성명〉과 〈2 · 13 합의〉가 순조롭게 이행되도록 공동으로 노력하기로 하였다.

〈10·4 공동선언〉	• '남과 북은 한반도 핵문제 해결을 위해 6자회담 〈9·19 공동성명〉과 〈2·13 합의〉가 순조롭게 이행되도록 공동으로 노력하기로 하였다.'
〈판문점 선언〉	• '남과 북은 완전한 비핵화를 통해 핵 없는 한반도를 실현한다는 공동의 목표를 확인하였다.' - '남과 북은 북측이 취하고 있는 주동적인 조치들이 한반도 비핵화를 위해 대단히 의의 있고 중대한 조치라는 데 인식을 같이하고 앞으로 각기 자기의 책임과 역할을 다하기로 하였다.' - '남과 북은 한반도 비핵화를 위한 국제사회의 지지와 협력을 위해 적극 노력하기로 하였다.'

합의문에 포함된 8개 조항 중 4항에서 한 문장으로 서술된 부분이다. 4항에서도 '항구적인 평화체제 구축'과 '종전선언'에 관한 내용에 이어 서술됐다. 그러자 국내 보수층을 중심으로 '북한의 핵실험 이후 국가안보의 결정적 위험요인으로 등장한 북한 핵문제를 소홀히 다루었다'는 비판이 제기됐다. 노무현 정부 출범 후 북한에 대해 막대한 경제지원을 했음에도 북한이 핵실험을 했는데, 이에 대한 문제제기가 없고, 북한 핵개발을 어떻게 해서라도 중지시키겠다는 정부의 의지가 보이지 않았다는 것이다. 김정일 위원장으로부터 구체적인 비핵화 발언을 얻어내지 못한 점, '북한 핵' 대신 '한반도 핵문제'라고 표현한 점이 그런 사례라고 비판했다. 또 핵문제 해결은 요원한데, 핵문제가 해결될 때쯤에서야 논의해야 할 '평화체제'가 먼저 거론됐다는 것도 비판의 대상이었다.

그러나 노무현 정부는 이를 반박하면서 다음과 같은 논리를 제시했다.

당시 남북 정상회담을 앞두고 북한 핵문제에 대한 6자회담이 상당한 성과를 거두고 있었다. 북한이 영변 핵시설의 불능화와 모든 핵 프로그램에 대한 신고에 동의하고 국제원자력기구의 요원이 복귀하며, 북한에 대해 경제적 지원을 하는 〈2·13 합의〉와 〈10·3 합의〉가 이루어졌다. '미북 관계 정상화 워킹그룹' 등 북한 핵문제 해결을 위한 5개 워킹그룹도 조직됐다. 원래 북한 핵문제는 북한이 미국으로부터 안전보장을 받아야 해결될 수 있는 그 성격상, 남북 간 회담 보다는 북미관계나 다자회담에서 다루어져야 할 사안이다. 한마디로 북한 핵문제가 6자회담에서 잘 해결되어 가고 있기 때문에 남북 정상회담에서 전면적으로 다룰 상황이 아니다. 이런 상황에서 북한의 지도자 김정일이 〈한반도 비핵화 선언〉을 앞으로 지켜야 할 원칙'이라고 회담 석상에서 언급하고, 공동선언에서 '남북이 한반도 비핵화를 위해 공동 노력한다'고 합의한 것은 남북 간 관계 진전이 북한 핵문제 해결에 기여하는 선순환의 사례를 만든 것이다.

한마디로 '북한 핵문제는 원래 미국과 북한이 해결해야 할 과제인데다, 현재 북한과 미국 간 협상이 잘 되고 있는 상황에서 그 정도 문안을 만들었으면 잘 된 것'이라는 주장이다.

문재인-김정은 정상회담에서 나온 〈판문점 선언〉은 〈10·4 공동선언〉보다는 북한 핵 관련 언급이 많았다. 우선 〈10·4 선언〉에는 '한반도 핵문제'라는 표현이 한 번 나오는데, 〈판문점 선언〉에서는 '한반도 비핵화'라는 표현이 세 번 나온다(관련 내용 표 참조). 특히 이런 선언에 남북한의 최고지도자가 서명했다는 측면에서 〈판문점 선언〉은 북한 핵문제 해결에서 진전을 본 것이라는 평가가 나왔다. 보수 진영에서도

'현 정부가 북한 핵문제 해결을 위한 대화의 장을 만들어낸 건 높이 평가해야 한다', '김정은 위원장이 서명한 것은 의미 있는 일'이라는 긍정적 평이 나오기도 했다.

그러나 전체적인 맥락에서는 비판할 여지가 많다는 게 보수진영의 입장이었다. 북한이 2017년 '핵무력 완성'을 선포한 후 열린 회담인데도 '완전한 비핵화'를 공동 목표로 확인했다고만 했을 뿐, 북한의 핵폐기를 위한 이행방안은 전혀 포함되지 않았다는 것이다. 27년 전인 1990년에 남북 간에 합의된 〈한반도의 비핵화에 관한 공동선언〉에서도 "핵무기의 시험, 제조, 생산, 접수, 보유, 저장, 배비, 사용을 하지 않는다"라고 명시되어 있었는데, 이런 내용이 하나도 없다는 것이다. "각기 자기의 책임과 역할을 다한다"는 부분도 문제라고 보수 측은 비판했다. 한반도에서 핵무기를 지닌 곳은 북한뿐인데, 이번 선언은 한국에도 비핵화를 위한 책임과 역할을 부여함으로써 북한이 남한에게 '미국의 대남 핵우산 제공과 전략무기 전개는 폐기돼야 한다'고 주장할 수 있는 여지를 남겼다는 것이다.

결국 〈판문점 선언〉 다음 해에 열린 미북 하노이 정상회담의 결과, 보수진영의 관측이 북한의 진의였음이 밝혀졌다. 북한은 영변의 핵시설 폐기 카드로 대북 제재를 해제하려고만 했지, 우라늄 농축을 통한 핵무기 제조를 포기하지 않는 등 '한반도 비핵화' 의지는 미약하다는 점을 드러냈기 때문이다.

06

—

두 차례의 북핵 위기

북한의 핵개발이 본격적으로 국제적인 이슈가 된 것은 프랑스 위성 스 팟 2호가 촬영한 영변의 핵시설이 공개된 1989년 9월 이후다. 이 위성 사진에는 북한이 1986년부터 운영해 온 5MWe 원자로뿐만 아니라 당 시 건설 중이었던 200MWe 원자로, 재처리시설도 포함되어 있었다. 미국을 비롯한 국제사회는 북한이 5MWe 원자로에서 사용한 핵연료 를 재처리할 경우 무기급 플루토늄을 추출할 수 있다고 보고 우려를 표 명했다. 이에 국제원자력기구(IAEA)는 북한에 핵안전조치협정을 체 결한 후 사찰을 받으라고 요구했다. 그러나 북한은 자국에 대한 핵보 유국의 핵 불사용 보장, 한미 팀스피리트 훈련 중지 등을 요구하면서 사찰을 거부했다. 이에 따라 북한과 미국을 비롯한 국제사회와의 갈등 이 수면 위로 떠올랐다.

그런데 북한의 핵개발 문제는 당시 남북 간에 벌어진 고위급회담을 통해 해결의 가닥이 잡혔다. 남북한은 1991년 12월 〈남북 기본합의 서〉에 서명한 데 이어, 같은 해 12월 31일 〈한반도의 비핵화에 관한 공동선언〉을 채택했다. 특히 한·미가 1992년 1월 7일 팀스피리트 훈련 중지를 발표하자, 이날 북한은 IAEA 사찰 수용을 발표했다. 이에 따라 IAEA는 같은 해 5월 25일부터 1993년 2월 6일까지 6차례에 걸쳐 북한 핵시설에 대한 임시사찰을 실시했다. 그런데 여기서 문제가 생겼다. 북한은 5MWe 원자로에서 나온 폐연료봉을 1회 재처리해 소량(80~90g)의 플루토늄을 추출했다고 IAEA에 신고했다. 하지만 IAEA는 임시사찰 결과 북한이 세 번 재처리했으며 추출량도 kg 단위라고 판단하고, 미신고시설 2곳에 대한 특별사찰을 실시하겠다고 북한에 통보했다. 이에 북한은 미신고시설 2곳은 군사기지이므로 사찰에 응할 수 없다고 반발했다. 북한은 같은 해 3월 8일 준전시상태를 선포하고, 12

■ 북핵 1·2차 위기 비교

	1차 위기	2차 위기
원인	• IAEA의 대북 특별사찰 요구와 북한의 NPT 탈퇴 (1993. 2~3.)	• 미국의 북 우라늄 농축 문제 제기와 북한의 NPT 탈퇴 (2002. 10~2003. 1.)
협상 과정	• 미국의 북폭 검토와 카터-김일성 회담으로 전쟁 위기 해소 (1994. 5~6.) • 미북 간 제네바 합의 (1994. 10.) - 북한에 2000MWe 경수로 제공 - 미북 정치·경제관계 완전 정상화	• 6자회담 통한 〈9·19 공동성명〉 (2005. 9.) • 'BDA 사태'로 〈9·19 공동성명〉 이행 차질 • 6자 간 〈2·13 합의〉, 〈10·3 합의〉(2007) - '핵신고, 불능화'까지 합의 • 북한의 핵신고 검증합의서 채택 실패 - 〈10·3 합의〉 이행 차질(2008) • 북한, 우라늄 농축 공식 선언 - 〈10·3 합의〉 완전 무산 (2009. 6.)

일에는 NPT에서 탈퇴(실제로는 90일 후)하겠다는 성명을 발표했다. 이로써 1차 북한 핵 위기가 발생했다.

북한이 NPT에서 탈퇴하겠다는 선언을 했으나, 미국과 북한은 같은 해 6월 고위급회담과 실무회담을 열고, 북한의 NPT 탈퇴 효력을 임시 정지시킨 후 북한 핵시설에 대한 사찰을 재개하기로 합의했다. 그러나 북한이 시료 채취를 거부하여 사찰이 제대로 이루어지지 않자 유엔안전보장이사회는 북한에 대한 추가사찰 수락을 촉구하는 의장 성명을 채택했다. 북한은 이에 반발하며 5MWe 원자로 가동을 중지하고 폐연료봉을 임의로 인출했고, IAEA는 대북제재 결의안을 채택했다. 이에 북한이 6월 13일 IAEA 탈퇴를 선언하면서 IAEA의 대북제재는 "선전포고로 간주할 것"이라고 반발했고, 미국은 영변 핵시설에 대한 폭격을 검토하며 긴장이 최고조에 이르렀다.

이때 지미 카터 전 미국 대통령이 북한을 방문하여 6월 16일 김일성 주석과 회담을 갖고 ① 북한이 핵활동을 동결하고 IAEA 사찰관 잔류를 허용하며, ② 국제사회가 북한에 경수로 발전소를 지원한다는 데 합의함으로써 위기가 해소됐다. 그 후 북한과 미국은 몇 차례의 고위급 회담을 거쳐, 1994년 10월 21일 제네바 3단계 2차 회담에서 북한 핵문제를 최종 해결하는 기본합의문을 채택했다. 〈제네바 합의〉의 주요 내용은 다음과 같다.

- 북한에 2003년까지 총 2,000MWe(200만KWe)의 경수로 발전소 제공
- 양측은 정치적, 경제적 관계의 완전 정상화 추구
- 양측은 한반도 비핵화, 평화와 안전을 위해 노력

• 양측은 국제적 핵비확산 체제 강화 위해 노력

그럭저럭 이행되던 이 합의는 2001년 미국에서 조지 W. 부시 정부가 출범하면서 위기에 봉착했다. 부시 정부 취임 첫 해인 2001년에는 미북관계에서 특별한 갈등이 없었다. 다만 〈제네바 합의〉에 따라 북한에 건설 중인 경수로발전소에서도 핵무기의 원료가 되는 플루토늄이 추출될 수 있다면서, 〈제네바 합의〉에 매우 부정적인 인식을 갖고 있었다. 그러다 2001년 9월 오사마 빈 라덴에 의한 '9·11 테러'로 큰 충격을 받은 부시 정부는 북한에 대해서도 강경한 입장으로 돌아섰다.

부시 대통령은 2002년 1월 연두교서에서 북한을 이란·이라크와 함께 '악의 축'으로 규정했고, 같은 해 3월에 나온 미국 국방부의 〈핵태세 검토보고서〉는 북한을 핵 선제사용 가능 대상국에 포함시켰다. 특히 2002년 10월에는 켈리 국무부차관보를 북한에 보내 증거를 제시하며 '우라늄 비밀 농축' 여부를 따졌다. 이에 북한은 우라늄 농축을 사실상 시인했고, 이에 미국 등이 대북 중유공급을 중단하자, 2003년 1월 10일 NPT 탈퇴를 선언했다. 이로써 2차 북한 핵 위기가 발생했다.

그러나 미국과 북한은 곧 협상에 돌입했다. 조만간 벌어질 이라크와의 전쟁을 감안할 때 북한과 또 다른 전선을 만드는 것은 미국에게도 큰 부담이었고, 북한은 1991년 쿠웨이트를 침공한 이라크와의 전쟁에서 미국이 보여 준 가공할 군사력을 두려워했기 때문이다. 당시 국력에서 미국에 열세를 보였던 중국은 한반도에서 위기가 고조될 경우, 중국의 근대화에 결정적인 걸림돌이 될 것으로 보고 북한을 강하게 설득하여 6자(남·북·미·일·중·러) 회담이라는 협상 틀에 북한이 참가하도록 했다. 그런데 북한은 한편으로는 협상에 참여하면서도, 다른 한편으로는 '핵무기를 보유했다'는 의사를 여러 번 표명하는 이중 전략을 구사해 6자회담의 전망을 불투명하게 만들었다.

2003년 8월 말 시작된 6자회담은 우여곡절 끝에 2005년 9월 4차 2단계 회담에서 〈9·19 공동성명〉을 도출했으며, 북한 핵문제에 관해 상당히 진전된 합의를 이루었다. 북한은 "모든 핵무기와 현존하는 핵계획을 포기하고 조속한 시일 내에 NPT과 IAEA의 안전조치에 복귀"할 것을 약속했다. 미국은 핵무기나 재래식 무기로 북한을 공격 또는 침공할 의사가 없음을 확인했다. 미국 등 나머지 5개국은 '적절한 시기'에 북한에 대한 경수로 제공 문제에 대해 논의하는 데 동의했다.

그러나 이 합의는 오래가지 못했다. 미국이 마카오에 있는 '방코델타아시아(BDA) 은행'이 북한의 위조달러 돈세탁에 관여했다면서 9월 20일 이 은행을 '우선적 자금세탁 우려대상'으로 지정했고, 이로 인해 자금이 동결된 북한은 격렬하게 반발했다. 그러나 북한은 2003년 NPT 탈퇴 때와 마찬가지로 '협상'과 '강경'의 이중 전략을 구사했다. 북한은 6자회담과 미국과의 양자회담을 통해 BDA 문제와 북핵문제 해결을 도모하는 동시에 2006년 10월 9일 1차 핵실험을 단행했다. 이에 대해 2006년 11월 중간선거에서 패배한 부시 정부는 북한에 강경 대응을 취하기보다는 협상하는 쪽으로 돌아섰다.

그 결과 2007년 1월 베를린 미북 실무접촉을 통해 BDA 문제가 해결된 후 2월 13일 6자회담 5차 3단계 회담에서 〈9·19 공동성명〉의 초기 이행을 위한 〈2·13 합의〉가 도출됐다. 북한은 재처리시설을 포함한 영변 핵시설을 폐쇄·봉인하고 IAEA 요원의 복귀를 허용하며, 미국은 북한을 테러리스트 지원국 지정으로부터 해제하기 위한 과정을 개시한다는 것 등이 〈2·13 합의〉의 주요 내용이다.

이어 같은 해 10월 3일에는 북한의 핵신고와 핵 시설 불능화 등 〈9·19 공동성명〉 이행을 위한 2단계 합의(〈10·3 합의〉)가 도출됐다. 〈10·3 합의〉에 따라 북한 핵문제 해결과 관련하여 긍정적인 조치들이 이어졌다. 북한은 2007년 5월 영변 원자로 가동일지를 6자회담 의장국인 중국에 제출했고, 미국은 식량 50만 톤 제공을 발표했다. 11월에는 미국의 불능화팀이 북한에 들어가 불능화 조치에 착수했다. 다만 2007년 12월 31일까지였던 북한의 핵신고 마감일은 지켜지지 못했다. 그러나 2008년에는 뉴욕 필하모닉의 평양 연주(2월), 영변 원자로 냉각탑 폭파(6월), 북한에 대한 테러지원국 지정 해제(10월) 등 긍정적인 조치들이 이때 취해졌다.

하지만 마지막 관문인 북한의 핵신고에 대한 검증을 넘어서지 못했다. 미국과 북한은 2008년 10월 11일 북한 핵 검증방법에 대해 합의한 것으로 미국 국무부가 발표했다. 그 주요 내용은 '전문가(사찰관)들은 신고된 모든 시설에 접근할 수 있으며 신고하지 않은 시설에 대해서는 상호 동의하에 접근한다', '샘플링과 실증적으로 규명해 내는 과학적인 절차에 대해서도 합의가 이뤄졌다' 등이었다. 그러나 같은 해 11월 12일 북한 외무성은 "검증 방법은 ① 현장 방문, ② 문건 확인, ③ 기술자들과의 인터뷰로 한정한다"면서 샘플 채취에 대해선 언급이 없었다. 미국 국무부가 북한과 완전합의도 없이 모호한 발표를 한 것인지, 북한이 합의를 어긴 것인지 알 수 없다. 다만 북한은 2008년 8월 26일 외무성 성명에서 "검증에 대해 말한다면 〈9·19 공동성명〉에 따라 전 조선반도를 비핵화하는 최종단계에서 6자 모두가 함께 받아야 할 의무"
라고 주장했다. 즉, 검증은 시설 불능화 단계(2단계)가 아니라 비핵화
단계(3단계)에서 논의해야 한다는 게 북한의 입장이었다.

6자회담 관련국 수석대표들은 12월 8일부터 10일까지 검증방법을
다시 논의했으나, 결국 합의점을 찾지 못해 미국이 12월 12일 대북 중
유지원 중단을 발표했다. 다음 해인 2009년 북한은 외무성 성명 등을
통해 '핵무기 포기 불가능' 입장을 고수하다가 5월 25일 2차 핵실험을
단행했다. 이어 같은 해 6월 13일 외무성 성명을 통해 우라늄 농축 작
업 착수를 공식으로 선언했다. 이로써 〈2·13 합의〉와 〈10·3 합
의〉는 완전히 무산됐고, 북한은 핵무기 고도화로 질주한 것이다.

07

대북對北 적대시 정책이란 무엇인가

1993년 3월 12일 북한의 NPT 탈퇴 선언으로 발생한 1차 북한 핵 위기 이후, 미국에 대해 북한지도자나 당국자들이 입에 달고 다니는 용어가 있다. '대북 적대시 정책의 철회'다. 그런데 특이한 것은 '대북 적대시 정책'이 구체적으로 어떤 것을 의미하는지 북한이 종합적으로, 명료하게 밝힌 적이 없다는 점이다. 이와 관련, 2000년대 초반 북한 핵문제 해결을 위한 6자회담의 미국 측 수석대표로서 북한과 오랫동안 핵협상을 한 크리스토퍼 힐 전 미 국무부 동아시아태평양 담당 차관보는 2021년 10월 〈미국의 소리〉(VOA, Voice of America) 방송에 나와 다음과 같이 말했다.

북한은 (미북 협상에서) 적대시 정책을 수없이 언급하면서도 분명한 뜻을 밝히지 않았다. 북한은 '(미국의) 적대시 정책 때문에 (미국과) 대화해 봐야 소용없다'고 말했지만 (미국이) 끝내야 할 적대시 정책이 무엇인지 정의한 적이 없다.

■ 대북 적대시 정책의 개념과 내용

개념	내용
• '북한의 제도를 붕괴시키려는 모든 외부세력의 정책 · 발언'	• 미군의 한국 주둔 • 한미 연합군사훈련 • 북한에 대한 경제 · 금융제재 테러지원국 지정 • 북한은 '악의 축'이라는 미국 대통령 발언 • 한국의 미사일 사거리 확대 등

　그동안 북한이 밝힌 대북 적대시 정책의 내용을 감안하면, 이는 '북한의 제도를 붕괴시키려는 미국 · 유엔 · 남한 등 모든 외부세력의 정책 및 발언'으로 정리할 수 있다. 김정일 · 김정은 등 최고지도자에서부터 외무성 국장에 이르기까지 수많은 북한 당국자가 나서 '대북 적대시 정책'이라고 주장한 사례는 수십 가지에 이른다. 이 중 대표적인 사례들을 선정하면, 주한미군과 한반도에 배치된 미국의 전략자산, 한미 연합훈련, 대북 경제 · 금융제재, 북한에 대한 테러지원국 지정 등을 들 수 있다. 북한이 '악의 축'이라는 조지 W. 부시 미국 대통령 발언, 북한 등 7개국을 핵 선제사용 가능 대상국으로 지정한 미국 국방부 발표 등도 북한에게는 심각한 수준에 달하는 미국의 '대북 적대시 정책'이다. 2021년 5월 미국이 '한미 미사일지침'을 종료하며 한국의 미사일 사거리 제한을 풀어 준 미국의 결정도 대북 적대시 정책에 포함됐다.

　북한은 이같이 다양한 종류의 대북 적대시 정책들을 다채롭게 묶어 미국과의 협상에서 그때그때 협상카드로 활용해 왔다. 북한은 '미국이 대북 적대시 정책을 포기해야 북한이 양보할 수 있다'는 메시지를 끊임없이 외부세계에 전파했다. 그런데 이 '대북 적대시 정책'의 실체와 범위가 모호하니 미국의 협상가들은 초기에는 의아해 하다가 점차 그 본질을 파악하기 시작했다. 조셉 디트라니 전 미국 6자회담 차석대표는 2019년 11월 〈미국의 소리〉 방송에서 "북한은 협상에서 진전을 보지 못할 때, 그리고 미국, 한국, 일본 등과의 관계가 만족스럽지 않을 때 적대시 정책이라는 용어를 사용하다가 막상 원하는 것을 얻고 진전이 이뤄지면 그 말을 하지 않는다"고 지적했다.

북한은 2019년 3월 미국과의 하노이 정상회담에서 핵담판이 결렬된 이후 '대북 적대시 정책의 철회'를 더욱 강조하고 있다. 김정은 국무위원장은 2019년 4월 최고인민회의 시정연설에서 "미국이 올바른 자세를 가지고 우리와 공유할 수 있는 방법론을 찾은 조건에서 제3차 조미 수뇌회담을 하자고 한다면 우리로서도 한 번은 더 해볼 용의가 있다"면서 "그러나 지금 이 자리에서 생각해 보면 그 무슨 제재해제 문제 때문에 목이 말라 미국과의 수뇌회담에 집착할 필요가 없다는 생각을 하게 된다"고 말했다. 이어 "적대세력들의 제재해제 문제 따위에는 이제 더는 집착하지 않을 것이며 나는 우리의 힘으로 부흥의 앞길을 열 것"이라고 말했다.

김여정 노동당 제1부부장은 2020년 7월 10일 발표한 담화에서 "'비핵화 조치 대 제재해제'라는 지난 기간 조미 협상의 기본 주제가 이제는 '적대시 철회 대 조미협상 재개'의 틀로 고쳐져야 한다"고 말했다. 미국이 요구하는 '비핵화'는 이제 더 이상 논의하지 않고, 미국이 대북 적대시 정책을 철회해야 미국과의 협상에 나서겠다는 입장을 표명한 것이다.

그러면 북한은 어떤 조건이 충족되어야 '대북 적대시 정책 철회'라는 말을 꺼내지 않을까. 5 북한이 거론하는 대북 적대시 정책들이 모두 철회되어야 그런 말을 하지 않을까. 아니면 결정적으로 한두 개만 얻어내면 그런 말을 하지 않을까. 한국과 미국의 전문가들이 내놓은 분석을 종합하면 북한의 궁극적 목적은 크게 두 가지로 나뉜다. 하나는 주한미군의 철수이다. 북한에게 가장 큰 위협은 '자유롭고 풍요로운 한국'과 휴전선을 맞대고 있는 것이어서 이를 제거하고 싶은데, 이를 가로막는 결정적 장애물이 주한미군이기 때문이다. 따라서 주한미군이 철수되기 전에는 북한이 계속 '대북 적대시 정책 철회'를 주장할 것이라는 관측이다. 다른 하나는 '한미 연합훈련 중지'와 '정전협정의 평화협정으로의 전환'이다. 수십 년에 걸친 미국에 대한 북한의 요구를 압축하면 이 두 가지로 정리되기 때문이다. 그런데 북한의 이 같은 요구는 북한이 현재 핵무기를 보유하고 있다는 점에서 한국과 미국에 의해 수용될 가능성은 거의 없다. 따라서 이 사안을 둘러싼 한·미와 북한의 대치는 끊임없이 지속될 것으로 보인다.

---

5 김정일 국방위원장의 비공식 대변인으로 알려진 김명철은 2005년 대북 적대시 정책이 철회되려면 미국이 다음과 같은 6개 항을 실천해야 한다고 주장했다. ① 휴전협정을 평화협정으로 전환한다, ② 북한과 외교관계를 체결한다, ③ 북한을 테러지원국 명단에서 제외한다, ④ 대북 경제제재를 해제하고 북한의 경제활동을 방해하지 않는다, ⑤ 핵공격 부대의 한국 배치를 중지하고 대북 공격 태세를 해제한다, ⑥ 남북 간의 화해와 협력을 방해하지 않는다.

08

주한미군 철수에 대한 북한 입장

1953년 정전협정 체결 이후 지금까지 주한미군에 대한 북한의 입장은 '철수'와 '주둔 용인'을 되풀이했다. 북한의 기본적인 입장은 철수이나, 북한의 안보환경에 영향을 미칠 사태가 발생하면 주둔 용인이라는 입장도 보인 것이다. 북한은 6·25전쟁의 정전협정이 체결된 후인 1954년 제네바에서 열린 평화회담에서 '6개월 기한 내에 조선 지역으로부터 일체 외국 무력이 철거해야 한다'고 주장했다. '일체 외국 무력'에는 당연히 미군이 포함된다. 1958년 북한에 주둔 중인 중국군의 철수가 완료되자 북한은 그 이후 '주한미군 철수'로 용어를 수정했다. 1960년 8월 김일성은 남북 간에 평화협정 체결을 제안하면서도 선(先) 미군 철수를 요구했다. 북한은 1980년대 말까지 전면적 철수든, 단계적 철수든 주한미군 철수를 요구했다.

그러나 북한은 격변의 대내외 정세에 직면한 1980년대 말부터 주한미군에 대한 입장을 수정했다. 소련을 비롯한 동유럽 사회주의 국가들이 붕괴하고, 소련과 중국이 남한과 수교를 맺으며 북한의 경제난은

주한미군 철수를 둘러싼 북한 입장 변화

1953. 7~	• 주한미군 즉각 철수 혹은 단계적 철수 주장
1992. 1.	• 김용순 당비서, 캔터 미 국무차관에게 주한미군 '평화유지군'으로 주둔 희망 전달
1993. 4.	• 김일성, 남측에 '조국의 통일을 위한 전민족대단결 10대 강령 및 4대 요구 조건' 제안 - 대남(對南) 4대 요구 조건에 '미군 철수 의지 표명' 포함
2000. 6.	• 김정일 위원장, 김대중 대통령에게 '통일 후에도 평화유지군으로서 주한미군 주둔 용인' 전달
2004. 9.	• 인민군 판문점 대표부, 유엔사 해체 및 주한미군 철수 요구
2018. 3.	• 김정은, '주한미군 훈련 이해' 의사 표명(남한 언론 보도)
2021. 8.	• 김여정, 주한미군 철수 요구

체제위기 수준으로 심각해졌다. 따라서 체제유지를 위해서는 현실적으로 유일 초강대국으로 부상한 미국은 물론이고, 남한과도 관계 개선을 할 필요가 생겼다.

김일성은 1991년 12월 '남북 간 불가침'이 포함된 〈남북 기본합의서〉가 채택된 지 한 달여 만인 1992년 1월 김용순 당비서를 미국에 보내 '주한미군 용인' 입장을 전달케 했다. 김용순 비서는 아놀드 캔터 미국 국무부 정무차관에게 '미국과의 관계 개선을 희망하며, 주한미군이 계속 주둔하되 북한에 적대적인 군대가 아니라 평화유지군 같은 역할을 해주길 바란다'는 요지의 북한 입장을 전달했다. 그러나 김일성은 1993년 최고인민회의 제 9기 제 5차 회의에서 '조국의 통일을 위한 전민족대단결 10대 강령 및 4대 요구 조건'을 제시하면서, 4대 요구 조건에 '미군 철수 의지 표명'이 포함될 것을 남한 정부에 요구했다. 그러나 1994년 강석주 외무성 제 1부상이 미북 간 제네바 협상에서, 1996년에

는 이종혁 아태 평화위원회 부위원장이 미국 조지아대 세미나에서 각
각 김용순 비서와 유사한 주장을 해 당시 북한의 진의는 불투명해 보였
다.

그러다 '주한미군 주둔 인정'이라는 북한의 입장은 2000년 남북 정상
회담에서 보다 분명해졌다. 김정일 국방위원장은 김대중 대통령에게
다음과 같이 말했다.

김 대통령께서는 동북아의 평화와 안정을 위해 통일 후에도 미군이 계속
주둔해야 한다고 주장하시는데, 사실 제 생각에도 미군 주둔이 나쁠 건
없습니다. 다만 미군의 지위와 역할이 변경돼야 한다는 겁니다. 주한 미
군은 공화국에 대한 적대적 군대가 아니라 조선반도의 평화를 유지하는
군대로서 주둔하는 것이 바람직합니다. 이미 1992년에 우리는 김용순 비
서를 미국에 보내 이러한 뜻을 미국 정부에 공식적으로 전달한 바 있어
요. 너무 반미로만 나가 민족이익을 침해하게 해서는 안 되는 겁니다. 우
리 역시 과거의 적대관계를 청산하고 미국과 관계정상화를 이루는 일을
중요한 과제로 생각하고 있어요. 미국과 관계정상화가 된다면 미국이 우
려하는 모든 안보 문제를 해소할 수 있습니다. 그러니까 하루라도 빨리
정전협정을 평화협정으로 전환하자는 겁니다.

김 위원장 발언의 요체는 주한미군이 한반도의 평화유지군으로 성
격을 바꾸면 남한 주둔을 용인하겠다는 것이다. 이는 당시 한반도의
안보질서를 혁명적으로 바꿀 만한 요인으로 받아들여졌다. 그러나 남
북 정상회담이 끝난 후 북한은 곧 언론매체 등을 통해 주한미군 철수를

요구했다. 2004년 9월 15일 북한 인민군 판문점 대표부가 유엔사령부 해체 및 주한미군 철수를 요구하는 담화를 발표했다. 2005년에는 북한 웹사이트 '우리민족끼리'가 미군의 즉각적인 철수를 요구하면서 '〈6·15 공동선언〉 이행 장애물' 등 7가지 철수 이유를 제시했다.

김정은 체제가 들어선 2012년 이후 상당 기간 북한은 주한미군에 대해 이렇다 할 언급을 하지 않았다. 그러다 2017년 남한에 문재인 정부가 들어서고 2018년 남북 정상회담, 미북 정상회담이 개최되자 주목할 만한 언급이 나왔다. 언론 보도이지만, 2018년 3월 평양을 방문하고 귀국한 정의용 당시 청와대 국가안보실장은 "김정은 국무위원장이 예년 수준으로 한미 훈련을 진행하는 것을 이해한다"고 말했다고 전했다. 이 당시 김정은을 평양에서 만난 마이크 폼페이오 당시 미 국무장관은 김정은이 자신에게 '중국으로부터 나를 지키려면 주한미군이 필요하다'는 요지의 발언을 했다고 2023년 1월 말 발간된 자신의 회고록에서 밝혔다.

하지만 북한은 2019년 하노이 미북 정상회담이 아무런 성과 없이 끝나자 다시 주한미군 철수로 돌아섰다. 2021년 1월 노동당 8차 대회에선 김정은이 직접 나서 "남조선 당국은 첨단 군사장비 반입과 미국과의 합동 군사연습을 중지해야 한다"고 말했다. 2021년 8월엔 김여정 부부장이 "조선반도에 평화가 깃들자면 미국이 남조선에 전개한 침략 무력과 전쟁 장비들부터 철거해야 한다"면서 "미군이 남조선에 주둔하는 한 정세를 악화시키는 화근은 제거되지 않을 것"이라며 주한미군 철수를 요구했다.

09

남한의 통일방안 1
북진통일론에서 평화통일 3원칙까지

6·25전쟁이 휴전 상태에 들어간 1953년부터 1960년대 말까지, 남한의 대북 통일전략은 비현실적이거나 회피적이었다. 이승만 정부의 첫 번째 통일전략은 1954년 제네바 평화회담**6**에서 나타났다. '유엔 감시 하 대한민국 헌법 절차에 따라 인구비례에 의한 남북한 자유 총선거'가 그것이다. 6·25전쟁 참전국 및 관련국 외무장관이 참석해 평화협정과 한반도 통일문제를 다룬 제네바 회담에서 한국과 유엔군 측은 이 방안을 비롯한 14개 항의 통일방안을 제시했다. 그러나 '자유선거는 북한과 남한에서 대한민국의 헌법 절차에 의거하여 실시해야 한다'는 2항이 논란이 됐다. 북한을 위시한 공산 측은 2항이 북한체제의 부인을 전제로 한 것이라면서 유엔군 측 통일방안을 수용할 수 없다고 나왔다.

---

6 제네바 평화회담은 6·25전쟁의 휴전협정에서 한반도문제를 평화적으로 해결하기 위해 3개월 내에 정치회담을 개최한다는 규정에 의거해 개최됐고, 1954년 4월 26일부터 제네바에서 남북한과 유엔군 측 15개국, 공산군 측 2개국 등 모두 19개국이 참가했다.

▌남한의 통일방안 변화 1

1953~1969	1970~1979(박정희 정부)

• 유엔감시 아래 대한민국 헌법에 따라 인구비례 의한 남북한 총선거
• '북진통일론'(이상 이승만 정부)
• 유엔 감시하 남북한 총선거(장면 정부)
• '선(先)건설, 후(後)통일'(박정희 정부)
	• '평화통일 구상' 제시(1970)
	  - 상호 체제 인정, 선의의 경쟁
	• '평화통일 3대 기본 원칙' 제시(1974)
	  - 상호불가침협정 체결
	  - 대화·교류 통한 신뢰 조성
	  - 인구비례 의한 남북한 자유총선거

제네바회담은 이 밖에도 중공군과 유엔군의 철수 문제 등을 둘러싸고 유엔군 측과 공산군 측 간의 견해가 팽팽히 맞서 합의에 이르지 못했다.

이승만 정부는 제네바회담이 결렬되자 '북진통일론'을 내세웠다. 한 예로 이 대통령은 1959년 6월 6일 특별성명을 통해 "우리는 기회만 주어진다면, 미국 병력의 원조 없이도 북한으로부터 공산주의자들을 몰아내고 통일을 할 수 있다"면서 "한국을 통일하는 유일한 길은 무력행사뿐"이라고 말했다. 북진통일론은 이 대통령의 대북 인식에서 기인했다. 그것은 '북한 땅은 소련의 사주를 받은 공산주의 세력에 의해 강점당했기 때문에 반드시 수복해야 할 미(未) 수복 지구이며, 김일성 집단은 평화통일의 대상자가 아니다'라는 인식이었다. 그러나 '북진통일론'은 힘이 뒷받침되지 않아 비현실적이라는 평가를 받았다. 한편 이승만 정부 후임인 장면 정부는 북진통일론은 폐기했으나, '유엔 감시하의 남북한 자유선거에 의한 통일' 기조는 유지했다.

1963년 출범한 박정희 정부의 초반 통일전략의 핵심은 '선(先)건설 후(後)통일'이었다. '유엔 감시하 남북한 총선거'라는 역대 정부의 통일전략을 계승하되, 남한의 국력을 상당히 키운 후 북한과 통일을 논의한다는 것이다. 박 대통령은 1966년 연두교서에서 "우리의 지상명제는 바로 조국통일"이라면서 "우리가 지향하는 조국 근대화야말로 남북통일을 위한 대전제요, 중간 목표"라고 말했다. 이런 차원에서 박정희 정부는 '불가침 조약' 등 북한이 파상공세를 펼치던 각종 대남 제의에 대응하지 않았다. 이와 함께 〈국가보안법〉과는 별도로 〈반공법〉을 제정해, 북한과 대화할 의사가 없음을 대내외에 천명했다.

1960년대 말과 1970년대 초 미국과 중국의 화해 움직임과 '닉슨 독트린'에 따른 아시아 지역에서의 미군 철수, 남북한 정권의 내부 사정(남한은 유신 단행, 북한은 국가주석 신설)으로 남북한은 잠시 대화 국면을 조성했다. 이 무렵 박정희 정부는 두 개의 대북 통일전략을 제시했다. 하나는 1970년 8·15 경축사를 통해 밝힌 '평화통일 구상' 선언이다. 이 선언은 남과 북이 서로를 인정하는 토대 위에서 '어느 체제가 한 민족에게 보다 안전하고 행복한 삶을 보장해 주는 체제인지를 민족 구성원들이 선택하도록 선의의 체제 경쟁을 하자'는 게 핵심이었다. 그이전에는 북한을 대화의 상대로 인정하지 않았으나, 이제부터는 북한 체제를 인정하고 대화의 상대로 삼겠다는 것이었다.

다른 하나는 1974년 8·15 경축사를 통해 밝힌 '평화통일 3대 기본원칙'이다. 박정희 정부는 이에 앞서 1973년 〈6·23 평화통일 외교정책〉을 천명했다. 〈6·23 선언〉의 내용은 ① 남북 간 상호 내정 불간섭과 상호불가침, ② 북한의 국제기구 참여 불반대, ③ 통일에 장애가 되지 않는다는 전제하에 남·북한이 함께 유엔에 가입, ④ 모든 국가에 문호를 개방하며 이념과 체제를 달리하는 국가들도 대한민국에 문호를 개방할 것 등 7개 항이다. 북한을 '국가'로서는 인정하지 않지만, '정치

실체'로서 인정하고 분단을 잠정적으로 합법화한 것이다. 1974년의 '평화통일 3대 기본 원칙'은 〈6·23 선언〉이라는 바탕 위에서 통일 원칙을 압축적으로 천명한 것으로, 이후 '단계론적 기능주의'에 입각한 남한 통일정책의 근간이 됐다. 그 내용은 ① 상호불가침협정을 체결하고, ② 다각적인 교류와 협력을 통해 상호 신뢰를 회복하며, ③ 이 바탕 위에서 공정한 선거 관리와 감시하에 토착인구 비례에 의한 남북한 자유총선거로 통일을 이룩한다는 것이다.

10

남한의 통일방안 2
국가 중심에서 민족공동체로

1980년 출범한 전두환 정부는 남북문제에 적극적으로 대처했다. 전 대통령은 1981년 연두회견을 통해 '남북한 당국 최고책임자 상호방문'을 제의했고, 1982년에는 역대 한국 정부의 통일방안을 집대성한 '민족화합 민주통일방안'을 제시했다. 이 방안은 남북 주민대표로 '민족통일협의회의'를 구성, 〈통일헌법〉을 제정하고 이 헌법에 따라 총선거를 실시, 통일국가를 이룩하자는 것이다. '민족통일협의회의'는 통일조국의 국호 및 대내외 정책의 기본방향, 총선거의 방법과 시기 등 통일과 관련된 모든 사안을 논의할 수 있다. 이 통일방안은 통일의 원칙으로 민족자결・민주적 절차・평화적 방법을 제시했다. 또 통일을 위한 남북관계 정상화를 위해 '남북한 기본관계에 관한 잠정협정'을 체결하자고 북한에 제의했다. 잠정협정에는 ① 호혜평등 원칙 준수 ② 상호 체제 인정 및 내정 불간섭 ③ 군사적 대치상태 해소 ④ 교류협력을 통한 사회개방 ⑤ 상호 상주 연락대표부 설치 등이 담겨 있다. 이 같은 내용의 '민족화합 민주통일' 방안은 두 가지 측면에서 의미가 있다. 첫째, 통

1982	1989~

• 민족화합 민주통일방안(전두환 정부)
 - 남북주민 대표로 '민족통일협의회의'
   구성, 〈통일헌법〉 제정
 - 〈통일헌법〉에 따른 총선거 실시
 - '남북한 기본 관계에 관한 잠정협정'
   체결
	• 한민족공동체 통일방안(노태우 정부)
	 - 남북대화 통한 신뢰회복
	 - 남북연합(남북 정상회의 · 각료회의 ·
	   평의회 · 공동사무처)
	 - 통일국가(자유 · 인권 · 행복이
	   보장되는 민주국가)
	• 민족공동체 통일방안(김영삼 정부)
	 - '화해협력단계 → 남북연합단계 →
	   통일국가 완성단계'라는
	   3단계 통일방안

일문제에서 유엔의 관여를 상당 부분 배제했다는 점이다. 둘째, 그동안 북한이 주장했지만 남한이 수용하지 않았던 '대민족회의' 같은 군중집회식 연석회의를 적극 수용했다는 점이다.

1988년 출범한 노태우 정부는 1989년 〈한민족공동체 통일방안〉을 제시했다. 이 통일방안의 기본적 관점은 그동안 정치와 이념을 토대로 '국가 중심의 통일'을 논의하던 데에서 탈피하여 '민족공동체'라는 개념을 활용했다는 것이다. 즉, '민족통일'을 거쳐 '국가통일'로 가자는 흐름이 담겨 있었다. 이 통일방안의 핵심은 '1민족, 1국가, 1체제, 1정부'를 통일의 궁극적인 목표로 두되, 통일 과정에서 과도적 통일체제로서 '남북연합'의 설립을 제안했다는 점이다. 남북연합 내에는 남북 정상회의, 남북각료회의(남북 정부대표로 구성), 남북평의회(남북 동수 국회의원으로 구성)와 공동사무처를 두고, 서울과 평양에는 남북 각기 상주 연락대표를 설치하고자 했다.

이 방안에 따르면, 대치상태에 있는 남북이 대화를 통해 신뢰를 회복해 가면서 '남북연합'을 거쳐 '통일국가'를 이루게 된다. 남북연합 단계에서 남북은 정상회담을 통해 〈민족공동체 헌장〉을 채택하고, 평의회회담을 통해 〈통일헌법〉을 마련한다. 또 남북은 교류협력을 심화시켜 '사회공동체', '문화공동체', '경제공동체'를 회복해 통합의 기반을 확보한 후, 여건이 되면 〈통일헌법〉에 따라 통일정부와 통일국회를 구성해 하나의 통일된 민족국가로 나아간다는 것이다. 통일국가는 민족구성원 모두가 주인이 되는 민족공동체이자 자유와 인권이 보장되는 민주국가이다. 〈한민족공동체 통일방안〉은 이처럼 국가통일을 맨 뒤에 두었다는 점에서 북한의 연방제와 차별점을 지닌다. 연방제는 연방정부부터 수립하자는 '선(先) 국가통일론'에 입각했기 때문이다.

김영삼 정부는 1994년 8·15 경축사를 통해 〈한민족공동체 건설을 위한 3단계 통일방안〉(〈민족공동체 통일방안〉)을 천명했다. 〈민족공동체통일방안〉은 〈한민족공동체 통일방안〉의 내용을 그대로 계승했다. 다만 통일에 이르는 과정을 '단계'로 명확히 하면서 남북연합에 도달하기 위해 필요한 '화해 및 신뢰 구축'을 '화해협력 단계'로 설정했다. 결국 이 방안은 '화해협력 단계 → 남북연합 단계 → 통일국가 완성 단계'의 3단계로 구성됐다. 이와 함께 1980년대 말 냉전 분위기 속에서 대한민국의 주도적 역할을 표방하기 위해 붙였던 '한민족'에서 '한'을 떼어 내 '민족'으로 바꾸었다.

11

북한의 통일방안 1
〈남북연방제〉에서 남조선혁명론으로

1953년 7월 정접협정이 체결되어 6·25전쟁이 끝난 이후 지금까지 북한의 통일전략을 크게 보면 '남북한 총선거 → 〈남북연방제〉 → 남조선혁명론 → 고려연방제 → 낮은 단계의 연방제'라는 궤적을 그려 왔다. 정전협정 체결 후 북한은 '전후(戰後) 복구 3개년계획'의 성공적인 추진과 1957년부터 시작된 제 1차 5개년계획의 획기적 성과로 경제력에서 남한에 앞섰다. 1950년대 말 재일(在日) 교포들이 북한으로 대거 이주한 것도 북한이 국력에서 남한보다 앞섰기 때문이었다. 이런 국력 우위를 바탕으로 북한은 통일문제에서도 남한에 대해 공세적으로, 자신만만하게 나왔다. 1956년 제 3차 당대회에서 북한은 '남북한 전체 국민의 총선거'에 의한 통일정부 수립을 제안했다. 인구수는 남한이 많았으나, 남한이 정치적으로 불안정하고, 경제적으로도 자신들보다 열세인 점을 감안하면 남한 내에서도 자신들을 지지하는 사람들이 많을 것이라고 북한 지도부는 판단했던 것이다.

'남북 총선거' 제의에 남한이 응답하지 않자, 북한은 1960년 8월 14

1953~1960	1961~1979
• '남북한 총선거 통한 통일정부 수립' (1956) • 〈남북연방제〉(1960)	• '남조선혁명론' 윤곽 제시(1961) - 미군 철수 · 남조선 정권 타도 • '남조선혁명론' 체계화(1964) - 김일성, '3대혁명 강화' 제시 • 〈조국통일 · 5대 강령〉 발표(1973)

일 〈남북연방제〉를 제의했다. 북한의 이 제안은 ① 외국의 간섭이 없는 자유총선거를 실시해야 하나, 남한이 이를 수용할 수 없다면 과도적 조치로 〈남북연방제〉를 실시하며, 이마저 남한이 수용할 수 없다면 '순수 경제위원회'라도 조직하고, ② 모든 분야에서 남북 교류를 실시하자는 것이 골자이다. 그리고 〈남북연방제〉를 위해서는 미군이 철수해야 한다는 조건을 붙였다. 이 〈남북연방제〉의 특징은 ① 통일의 최종적 단계가 아니라 과도기적 단계이며, ② '대한민국'이라는 국호를 사용할 수 있고, ③ '연방정부'가 아닌 합의체로서의 '최고민족위원회'를 거론했다는 점 등이다. 결국 북한의 〈남북연방제〉는 〈연방제〉라기보다는 사실상 〈국가연합〉에 가까운 제안이었다.

북한의 대남 통일전략은 남한에서 1961년 박정희 장군 주도의 5 · 16 혁명(쿠데타)이 일어나자 다른 방향으로 선회했다. 박정희 군사정부는 반공을 국시(國是)로 내걸고 미국과의 동맹을 강화하는 정책을 추진했다. 그러자 북한은 1961년 9월 노동당 제4차 당대회에서 〈남북연방제〉 등 '협상을 통한 평화통일론'을 포기하고, 이른바 '남조선혁명론'으로 돌아섰다. 김일성은 사업총화 보고를 통해 남조선혁명론의 성격을 '제국주의 침략세력과 봉건세력에 반대하는 민주주의 혁명'으로 규정하고 이를 위해서는 남한 내에 노동자와 농민의 이익을 대변하는 '혁명적 당'이 요구된다고 밝혔다. 제국주의 침략세력에 반대한다는 것은 주한미군 철수를, 봉건세력에 반대한다는 것은 토지개혁(지주 소유의 토지 무상몰수, 농민에게 무상배분) 등을 각각 의미한다. 또 '민주주의 혁명'은 남한의 현 '파쇼정권'을 붕괴시키고 노동자와 농민 등에 의한 연공(聯共) 정권을 수립한다는 것이다. 즉, 남한에 '합법적이고 혁명적인 당'을 만든 후 이를 토대로 합법·비합법, 폭력·비폭력 투쟁을 벌여, 주한미군 철수와 연공정권 수립을 달성하겠다는 것이다. 결국 제4차 당대회에서는 '주한미군 철수'와 '연공정권 수립'을 목표로 하는 '남조선 혁명'의 윤곽이 제시됐다고 볼 수 있다.

북한은 1964년 2월 27일 노동당 중앙위원회 제4기 8차 회의에서 '남조선혁명론'을 좀 더 체계화했다. 김일성은 이 회의에서 통일을 위해선 세 가지 혁명역량이 잘 준비되어야 한다면서 첫째는 북조선 혁명역량, 둘째는 남조선 혁명역량, 셋째는 국제적 혁명역량이라고 강조했다. '북조선 혁명론'은 이른바 '민주기지론'으로 북조선의 혁명역량을 강대하게 키워 그 힘으로 남한 지역에 혁명을 확산한다는 것이다. 6·25전쟁 도발이 그런 사례다. 반면 '남조선혁명론'은 남측 지역에 '혁명적 당'을 만든 후 이를 근거지로 '반제반봉건 민주주의 혁명'을 완수한 후 북한 정권과 합작해 통일을 이룬다는 것이다. 북한은 당중앙위 4기 8차 회의 직후인 1964년 3월 15일 통일혁명당 창당준비위원회를 구성하고, 남한 내 각계각층을 포섭하는 통일전선 전략을 추진하면서 남조선 혁명을 실행에 옮겼다. 북한은 남조선혁명을 지원하기 위한 차원에서 1968년 특수부대를 통한 청와대 습격 사건과 삼척·울진 침투 사건을 일으켰으나 실패했다. 1968년 8월 통일혁명당도 와해됐다. 한편 북한은 1970년 제5차 당대회에서 미군 철수를 목표로 하는 반제국주의 혁명을 '민족해방 혁명'이라고 규정하면서 인민민주주의 혁명과 함께 노동당의 당면 목적으로 당규약에 포함시켰다.

1970년 초반 6·25전쟁 당시 치열하게 교전했던 미국과 중국이 화해를 하는 등 국제 정세가 격변하자 북한은 남한과의 대화를 추진했다. 그 배경은 두 가지다. 첫째, 미중 간 데탕트(긴장을 완화하고 공존을 추구함) 움직임이 주한미군 철수에 기여하고 남한과의 대화는 이를 가속화할 수 있다고 예상한 것이다. 둘째, 남한과의 대화는 '남조선 혁명'을 위한 지하활동을 수월하게 추진할 환경을 조성할 수 있다고 예상한 것이다. 이에 따라 북한은 남한과 〈7·4 공동성명〉7(1972년)을 채택하고, 이를 전후해 적십자회담과 조절위원회회담(당국 회담) 등을 개최했다. 남조선혁명론을 잠시 접어 두고 남북대화에 나선 것이다. 그러나 북한이 예상했던 국면이나 환경은 조성되지 않았다. 그러자 북한은 박정희 정부가 일본에서 김대중 씨를 납치한 사건을 구실 삼아 1973년 8월 28일 남북대화 종료를 일방적으로 선언했다.

한편 북한은 남한과의 대화를 하는 와중에, 남한이 1973년 6월 23일 평화통일 외교정책을 선언하자, 같은 날 이를 반박하는 〈조국통일 5대 강령〉을 제시했다. 그 내용은 ① 군사적 대치상태 해소와 긴장상태 완화, ② 다방면적인 합작과 교류의 실현, ③ 통일문제를 협의 해결할

---

7 공동성명에는 '자주·평화·민족대단결'이라는 '조국통일 3대 원칙'과 상호 비방·중상 및 무력도발 금지, 다방면의 남북 간 교류 등이 포함돼 있다.

대민족회의 소집, ④'고려연방공화국'을 국호로 하는 〈남북연방제〉 실시, ⑤ 단일 국호에 의한 유엔 가입 등이다. 이 중 ①, ②, ③은 당시의 남북대화를 의식한 '협상용' 제안이다. ⑤는 남한의 〈6·23 선언〉에 들어 있는 '남·북한 유엔 가입'에 대한 반박으로, 〈조국통일 5대 강령〉을 발표한 핵심 배경이다. ④는 통일방안에 대한 북한의 의중이 드러난 것으로, 기존 〈남북연방제〉와는 차이가 있다. '고려연방공화국'이라는 국호를 제시했고, 남북 각 정부의 독자적 활동을 보장하지 않았다는 점이 그렇다.

남북대화가 아무런 성과도 없이 종료되자 북한은 남조선혁명론을 다시 본격적으로 추진했다. 미국 닉슨 대통령이 1969년 '닉슨 독트린'을 발표한 이후, 실제로 아시아에서 미군 철수가 이루어지고, 1975년 월남이 패망하자 북한은 더욱더 남조선혁명론을 포기할 수 없었던 것이다. 월남 패망과 관련, 김일성은 "만일 적들이 무모하게 전쟁을 일으킨다면 우리는 전쟁으로 단호히 대답하여 침략자들을 철저히 소멸할 것이며 이 전쟁에서 우리가 잃을 것은 군사분계선이고 얻을 것은 조국 통일일 것"이라고 말했다. 1970년대에 3개의 남침용 땅굴을 판 것을 비롯해, 박정희 대통령 저격 미수사건(1974년 8월 육영수 여사 피살), 판문점 도끼 만행 사건(1976년 8월) 등도 북한이 남조선혁명론에 입각한 대남 강경노선을 행동으로 보여 준 사례들이었다.

12

북한의 통일방안 2
〈고려민주연방제〉와 그 변형들

북한은 1980년 10월에 열린 제6차 당대회에서 대남 통일전략을 일부
수정했다. 남조선혁명이라는 기본 노선은 유지한 채, 1960~1970년
대와는 차원이 다른 새로운 연방제 방안을 제시한 것이다. 〈고려민주
연방공화국 창립방안〉이라고 명명된 이 연방제안은 '남과 북에 있는
사상과 제도를 그대로 두고 남과 북이 연합하여 하나의 연방국가를 형
성하자는 것'으로 요약된다. 줄여서 〈고려연방제〉라 불리는 이 방안의
특징은 세 가지이다. 첫째, '과도적 단계'로서의 연방국가가 아니라 '최
종적인 형태'로서의 연방국가를 제시하고 그 국호(고려민주연방공화국)
를 제시했다. 둘째, 연방정부에 내정·군사·외교권 등에 관하여 전
권을 부여해 '하나의 연방국가'를 대표하게 하고, 현 남과 북의 정부는
자치권을 행사하도록 하여 지역정부화하고자 했다. 셋째, 연방국가의
구체적 운영과 관련하여 남북한 동수의 대표들과 적당한 수의 해외동
포 대표들로 구성되는 '최고민족연방회의'가 남북 지역정부를 지도하
면서 연방국가의 전반적인 사업을 관장하도록 했다.

1980~1990	1991~	2000~
• 〈고려민주연방공화국 창립방안〉 - 제6차 당대회	• 1민족 1국가 2제도 2정부 - 김일성, 1991년 신년사	• 낮은 단계의 연방제 - 2000년 남북 정상회담

이 연방제 방안은 1960년의 연방제보다 남한이 받아들이기 어려운 요인들을 내포하고 있었다. 첫째, 연방제를 실시하는 선행조건으로 ① 남한의 〈반공법〉 및 〈국가보안법〉 철폐, ② 현 정권 퇴진 및 민주주의 정권으로의 교체, ③ 조미(朝美) 평화협정 체결 및 주한미군 철수 등을 제시했다. 둘째, 남북에 각각 들어설 지역정부 간 사상과 제도의 차이를 인정한다면서도 연방정부가 내정, 외교, 군사권을 통일적으로 행사한다고 못을 박았다. 즉, 지역정부의 독자적인 외교·군사권 행사를 막은 것이다. 셋째, 통일 이후에나 실시한다는 〈10대 시정방침〉8 내에 '남북 간 제반 교류와 협력'을 포함하여, 통일 전에는 정치군사 문제를 우선적으로 다룬다는 입장을 고수하였다. 이런 측면에서 〈고려연방제〉는 '남조선혁명'이라는 북한의 기존 대남 통일전략에서 벗어나지 못했다.

북한은 1980년대 중반 이후 소련에서 일어난 개혁과 개방으로 인해 대남 관계에서 수세적 입장을 면치 못했다. 1985년 소련의 최고지도자가 된 미하일 고르바초프는 '공산주의 소련 체제'의 정치적·경제적 문

---

8 '10대 시정방침'의 내용은 ① 모든 분야에서 자주성 견지와 자주적 정책 실시, ② 모든 분야에서 민주주의 실시 및 민족적 대단결 도모, ③ 경제적 합작 교류 실시 및 민족경제의 자립적 발전 보장 등이다.

제점을 인식하고 이를 해결하기 위해 정치적 개혁과 경제적 개방을 과감하게 추진했다. 북한의 종주국인 소련의 이런 움직임은 북한으로 하여금 남한에 대한 공세적 전략을 강구하기보다는 자신들의 체제를 유지할 수 있는 방안을 마련하는 데 급급하게 만들었다.

그 첫 번째 조치가 1990년 5월 24일 김일성이 발표한 〈조국통일 5대 방침〉이었다. 그 구체적 내용은 ① 남북 불가침선언과 미북 평화협정 체결, ② 남북 자유왕래·전면 개방을 위한 콘크리트 장벽 철거, ③ 남북 단일의석 유엔 가입, ④ 전 민족적 대화, ⑤ 전 민족적 통일전선 형성이다. 이는 북한의 기존 주장을 총 정리한 것으로 볼 수 있다.

두 번째 조치는 김일성의 1991년 신년사다. 김일성은 1990년 10월에 이루어진 독일 통일에 대해 큰 충격을 받고 이렇게 말했다.

하나의 국가, 하나의 제도에 의한 '제도통일론'을 주장하는 것은 나라의 분렬을 끝없이 지속시키자는 것이며 결국 통일을 하지 말자는 것이다. 북과 남의 서로 다른 제도를 하나의 제도로 만드는 문제는 앞으로 천천히 순탄하게 풀어 나가도록 후대들에게 맡겨도 되지만 사상과 제도의 차이를 초월하여 하나의 민족으로서 하나의 통일국가를 세우는 일은 이제 더는 미루지 말아야 한다.

김일성의 이 같은 발언의 핵심은 자본주의 제도나 사회주의 제도에 의한 통일은 먼 훗날로 미루자고 주장한 것이다. 이는 과거 '민주기지론', '남조선혁명론', '남북연방제'에 비하면 수세(守勢)적인 통일정책으로 돌아선 것으로 볼 수 있다.

이와 함께 김일성은 "고려민주연방공화국 창립방안에 대한 민족적 합의를 보다 쉽게 이루기 위하여 잠정적으로는 련방공화국의 지역자치 정부에 더 많은 권한을 부여하며 장차로는 중앙정부의 기능을 더욱더 높여 나가는 방향에서 련방제 통일을 점차적으로 완성하는 문제도 협의할 용의가 있다"고 밝혔다. 즉, 연방정부가 외교·국방권을 모두 갖는 기존의 〈고려연방제〉 구조는 유지하면서도, '더 많은 권한'을 지역 정부에 주겠다고 함으로써, 단계적으로 〈고려연방제〉를 추진하겠다는 의사를 북한이 표명한 것이다. 이 같은 '지역정부 강화론'은 남북 대표들이 모여 즉각 연방제 통일국가를 수립하자는 이전의 주장과 비교했을 때 북한이 수세적인 태도로 전환했음을 보여 준다. 북한은 이어 2000년 남북 정상회담에서 지역정부의 권한을 더욱 구체화한 '낮은 단계의 연방제'라는 통일방안을 제시했다. 이는 14절에서 설명한다.

13

남북한이 바라본 통일 3원칙

1953년 7월 27일 정전협정 체결 이후에도 격렬하게 대치상태를 이어오던 남북한이 처음으로 '대화 국면'에 들어선 것은 1970년대 초였다. 당시 남한의 동맹국 미국과 북한의 동맹국 중국이 갑자기 화해에 나서자 남북한도 이런 분위기에 따라갈 수밖에 없었던 것이다. 이와 함께 '적국(敵國)'의 국력이나 지도자의 능력 및 주요 관심사 등에 대한 탐색도 남북대화를 가능케 한 요인이었다. 남북한은 1971년 9월 시작된 남북 적십자회담 개최를 위한 적십자사 간 예비회담을 같은 해 11월 당국 간 회담으로 전환했다. 이후 고위당국자들이 서울과 평양을 서로 비밀리에 방문하며 접촉을 이어 간 끝에 1972년 〈7·4 남북 공동성명〉을 발표하고 '남북조절위원회'라는 고위당국자 회담을 출범시켰다. 〈7·4 공동성명〉과 남북조절위원회는 6·25전쟁 이후 처음으로 열린 남북 고위당국자 간 대화라는 점에서 국내외의 지대한 관심을 끌었다. 그러나 남북 양측 모두 '대화를 통한 문제 해결'에서 진정성을 보이지 않은 탓에 회담은 1년여 만에 중단됐다. 또 〈7·4 공동성명〉 내용에

■ 남북한의 자주 · 평화 · 민족대단결 해석

	남한	북한
자주	• 남북 당사자 해결 원칙	• 주한미군 철수
평화	• 상호불가침	• 남북한 군축, 외래침략자 공동 대처 등
민족대단결	• 자유 · 민주 바탕 위에 민족구성원 전체 의사 결집	• 반공구호 · 국가보안법 철폐 등

대한 해석에서도 상당한 차이를 보여 그 의미가 반감됐다. 이번 절에 서는 〈7 · 4 공동성명〉의 핵심인 〈조국통일 3원칙〉의 합의 과정과 함 께 남북 간의 해석 차이를 알아본다.

〈7 · 4 공동성명〉에 제시된 '자주' · '평화' · '민족대단결'이라는 〈조 국통일 3원칙〉은 1972년 5월 평양에 간 이후락 당시 중앙정보부장과 김일성 당시 북한수상 간 회담에서 확정됐다. 이후락 부장은 김일성과 의 회담에 앞서 김영주 당시 노동당 조직지도부장과 통일문제를 논의 했다. 이 자리에서 이후락 부장은 통일을 위해서는 남북한이 서로를 이해하고 신뢰하는 분위기를 조성하는 것이 시급하다는 점을 강조하 고, 이를 위해 ① 남북 적십자회담의 조속한 추진, ② 인적 · 물적 · 통 신 교류 추진, ③ 대외 선전적인 일방적 통일제안의 지양을 제의했다. 이에 대해 김영주 부장은 ① 남북 적십자회담이나 인적 · 물적 교류보 다 이후락 · 김영주 간 정치협상에 이어 정상회담을 개최하고, ② 남북 한 두 제도 간의 모순과 차이를 극복하고 민족해방이라는 기치 아래 외 세를 배격하여 자주적으로 통일을 해야 한다는 원칙에 합의한 뒤 이를 공동성명으로 발표하고, ③ 자위의 입장에서 주한미군을 철수시키고 일본 군국주의자들의 재침을 용납하지 않는다는 조건하에서 남북한 쌍방이 각기 10만으로 축소할 것을 제의했다. 정치협상부터 하자는 북한의 입장과, 교류부터 하자는 남한의 입장 간에 차이가 커 이후락과 김영주 사이의 회담은 접점을 찾지 못했다.

그러자 김일성 수상이 나서 이후락 부장과 5월 4일 자정과 오후 1시 두 차례 회담을 가졌다. 이 자리에서 김일성은 통일원칙으로 '자주, 민족대단결, 평화'를 제시했다. 김일성은 자주와 관련, "우리나라의 통일문제는 그 어떤 외세의 간섭도 없이 오직 조선민족 자체의 힘으로 해결되어야 한다"고 주장했다. 또한 민족대단결과 관련해서는 "조국통일을 실현하기 위하여서는 어떻게 하면 북과 남 사이의 단합을 이룩하고 민족의 대단결을 도모하겠는가 하는 데로부터 출발하여야 한다"면서 "민족적 대단결을 도모하려면 북과 남이 자기의 사상과 제도를 초월하여야 하며 서로 상대방을 적대시하는 정책을 쓰지 말아야 한다"고 주장했다. 이를 위해 김일성은 ① 반공구호 철폐, ② 남북 간 오해·불신 제거, ③ 상호 비방·중상 중지, ④ 남북 간 경제적 합작 실시를 제시했다. 김일성은 평화통일과 관련해서는 "조국통일은 무력행사에 의거하지 않고 평화적 방법으로 실현하여야 한다"고 주장했다. 이를 위해 김일성은 ① 남북한 군대 축소, ② 군사분계선 폐지, ③ 미제 등 외래 침략자에 대한 공동 대처, ④ 남북한 당국의 '전후방 군사시설 보강·장비 현대화' 등 정세를 악화시키는 언행 중지 등을 제시했다.

두 사람은 토의를 통해 '남한은 미국이나 일본과 결탁하여 전쟁을 일으키지 않는다', '북한은 남침·적화통일을 추구하지 않는다'는 기본양해에 도달했고, 이 부장은 김 수상이 제시한 〈조국통일 3원칙〉에 합의했다. 이후락 부장은 이어 ① 상호 중상·비방 중지, ② 대외선전 목적의 일방적 통일 제안 지양, ③ 무력으로 상대방 괴롭히지 않을 것, ④ 남북 적십자회담 개최, ⑤ 남북한 간 인적·물적·통신 교류, ⑥ 앞선 5개 조건을 달성했을 때까지의 성과를 바탕으로 남북 정치회담 개최를 제시했고, 이를 김일성 수상이 수용했다. 김일성 수상은 김영주 부장이 전날 주장한 '선(先)정치협상'을 철회하면서 〈조국통일 3원칙〉을 얻어낸 것이다.

김일성과 김영주의 주장은 북한의 기존의 대남 혁명전략인 '민족해방'과 '인민민주주의 혁명'에서 사실상 벗어나지 않았다. 그럼에도 이후락 부장은 〈조국통일 3원칙〉에 동의해 주었다. 이에 대한 공식적인 배경은 정확하게 알 수 없다. 다만 당시 이후락 부장과 함께 일한 고위당국자 2명이 필자에게 해준 증언을 들어 보면 다음과 같이 추론할 수 있다.

당시 이후락 부장은 김일성 수상의 몇몇 발언 내용에 고무됐다. 당시 박정희 대통령은 1968년 1월 북한 특수부대의 청와대 습격 사건에 신경이 곤두선 상태였다. 특히 박 대통령은 남한의 경제가 한 단계 발전하기 위해선 중화학 공업의 도입이 필요한데, 이를 위해선 외국 자본이 필요했고, 그러려면 휴전선이 조용해야 한다는 생각을 절실하게 가졌다. 그런데 김일성이 청와대 습격 사건에 대해 사과하고, '6·25 같은 것은 다시는 없을 것'이라고 나오니 이 부장으로선 〈통일 3원칙〉을 수용하지 않을 수 없었을 것이다.

남북한은 이렇게 〈7·4 공동성명〉에 합의했으나, 이 공동성명 발표

직후 가진 이후락과 박성철(당시 내각 제2부수상: 건강이 악화된 김영주 대행)의 기자회견에서부터 〈조국통일 3대 원칙〉을 두고 해석상의 차이를 보였다. 박성철은 공동성명 합의 과정에서 토의했던 내용을 무시하고 "〈통일 3원칙〉은 김일성 수령이 내놓은 제안에 남조선 측이 찬동한 것", "남북한 간에 공동성명을 발표한 이상 미 제국주의자들은 더는 우리나라 내정에 간섭하지 말아야 하며 자기의 침략군대를 걷어 가지고 지체 없이 물러나야 한다"고 주장했다. 주한미군 철수를 다시 요구한 것이다. 특히 자주를 주한미군 철수로 해석하는 것이 북한의 입장이라는 사실은 공동성명 발표 두 달 후에 김일성이 확인해 주었다. 김일성은 1972년 9월 17일 일본 〈마이니치신문〉(每日新聞) 기자들이 제기한 질문에 답하며 "털어놓고 나라를 자주적으로 통일한다는 것은 미제가 남조선에서 나가도록 하며 그 밖에 다른 나라 세력이 우리나라의 통일문제에 간섭하지 못하도록 하여야 한다는 뜻"이라고 주장한 것이다. 반면 남한은 '자주'를 '외부의 간섭 없는 남북 당사자 간 해결'이라는 관점에서 해석해 왔다. 즉, 강대국에 의해 남과 북으로 분단됐으나, 통일은 '남북한의 민족적 역량'으로 성취해야 한다는 관점하에 남북이 대화·교류·협력하여 통일의 기초를 마련한다는 것이다. 2000년 남북 정상회담 당시 김대중 정부는 자주에 대해 '배타적 자주'가 아니라 '열린 자주'라고 설명했다. 열린 자주란 '남북한이 주도적으로 통일협상을 하되, 국제사회와 협력한다는 의미에서의 자주'라는 뜻이다.

남북한은 이어 '평화'에 대해서도 해석을 달리하고 있다. 남한은 '평화'를 통일을 위해 무력을 사용하지 않는, 즉 '상호불가침'으로 해석한다. 북한은 '무력 불행사'에는 동의하나, '평화'를 실현하는 방법으로 미제 등 외래 침략자에 대한 공동 대처를 비롯해 남북한 군대 축소, 군사 분계선 제거, 전·후방 군사시설 보강 등을 주장했다. 이는 한미동맹을 안보의 축으로 하는 남한으로서는 수용할 수 없는 제안이었다.

'민족대단결'에 관한 해석도 남북이 서로 다르다. 북한은 사상과 제도, 신앙과 정견의 차이를 초월한 민족대단결을 표방하면서도, 내심 남한 내에서의 '통일전선 형성'을 원했다. 북한에 우호적인 인사나 계층을 포섭해 남한 안에서 통일전선을 결성하고 '연북연공(聯北聯共)' 활동을 벌이겠다는 의도하에 〈국가보안법〉이나 〈반공법〉 폐지를 요구한 것이다. 반면 남한은 '민족대단결'을 오랜 분단으로 인한 민족 이질화를 극복하고, 자유와 민주의 토대 위에서 민족 전체의 의사를 결집하는 것으로 해석했다.

한편 남북 간의 해석상 이견에도 불구하고 1991년의 〈남북 기본합의서〉 전문(前文)에 "〈7·4 남북 공동성명〉에서 천명된 〈조국통일 3대 원칙〉을 재확인하고…"라는 문구가 포함됐다. 그러나 2000년 〈6·15 공동선언〉과 〈10·4 정상회담 공동선언〉에서는 전문에 들어가지 않았다. 이는 이들이 '합의'가 아닌 '선언'이기 때문인데, 이들 선언에도 〈조국통일 3대 원칙〉은 내재한다고 보아야 할 것이다.

14

낮은 단계 연방제와 국가연합

2000년 6월, 김대중 대통령과 김정일 국방위원장 간 정상회담에서 채택된 〈6·15 공동선언〉 2항은 이렇게 규정한다. "남과 북은 나라의 통일을 위한 남측의 연합제안과 북측의 낮은 단계의 연방제안이 서로 공통성이 있다고 인정하고 앞으로 이 방향에서 통일을 지향시켜 나가기로 하였다." 여기서 남측의 〈연합제〉는 김영삼 정부 때 확정된 〈민족공동체 통일방안〉의 두 번째 단계인 '국가연합'이거나, 김대중 대통령이 재야 시절 주장했던 〈공화국연합제〉의 1단계인 '국가연합'인데, 내용은 동일하다. 즉, '남과 북의 정부가 각기 군사·외교·내정에 관한 권한을 갖고 있으면서 교류와 협력을 하는 것'이다. 김대중 대통령은 국가연합의 기간을 10년쯤으로 보았다.

반면 북측의 〈낮은 단계 연방제〉는 기존 〈고려민주연방공화국 창립방안〉(〈고려연방제〉)의 수정판이다. 북한은 1980년의 〈고려연방제〉와 비교할 때 지역정부에 '더 많은 권한'을 주는 '1민족 1국가 2체제 2정부 연방제' 안을 1991년에 제시한 바 있다. 그 권한의 개념이나 범위가

▌낮은 단계 연방제와 국가연합의 공통점과 차이점

공통점	차이점
외교 · 국방 · 정치권을 남과 북의 지역정부가 보유	낮은 단계 연방제는 '1국가'이나, 국가연합은 '2국가'

모호했지만, 빠른 시일 내 통일을 추구하기보다는 평화공존의 토대 위에서 남북이 협력해 가자는 의도였다. 그런데 2000년 정상회담에서 김정일이 제시한 〈낮은 단계의 연방제〉는 '더 많은 권한'을 구체화했다는 점에서 의미가 있다. 북한은 〈6 · 15 공동선언〉에서 '〈낮은 단계의 연방제〉 안은 남측의 〈연합제〉 안과 공통성이 있다'고 인정했고, 회담 과정에서 김정일이 〈낮은 단계의 연방제〉란 남과 북이 군사권과 외교권을 각각 보유하는 등 현존하는 2체제 2정부를 그대로 유지하면서 점진적으로 통일하자는 개념이라고 밝혔다.

〈6 · 15 공동선언〉 2항을 놓고 당시 우리 사회에서는 논쟁이 벌어졌다. 남측의 〈연합제〉와 북측의 〈낮은 단계 연방제〉 간에 공통점이 있느냐 여부, 북측이 남측의 연합제에 접근한 것이냐 여부를 둘러싸고서다. '〈연합제〉와 〈낮은 단계 연방제〉 간에는 공통점이 있고, 북측이 남측의 〈연합제〉에 접근한 것'이라고 주장하는 측의 논리는 이렇다. "남과 북의 지역정부가 군사 · 외교권을 갖는다는 것은, 그동안 이를 부인했던 기존 〈고려연방제〉를 감안하면 북측이 남측의 〈연합제〉에 접근하여 공통점을 찾은 것이다." 반면 '공통점은 없고, 남측이 북측의 〈연방제〉에 접근한 것'이라고 주장하는 측의 논리는 이렇다. "〈연합제〉는 2국가를 전제로 하는 것이고 〈낮은 단계 연방제〉는 1국가를 전제로 하는 것이기 때문에 근본적으로 공통점이 없고, '낮은 단계'는 '높은 단계'로 가기 마련이므로 오히려 남측이 북측의 〈연방제〉에 접근한 것이다."

2000년 남북 정상회담 당시 여러 언론 등에 나왔던 양측의 주장을 보면, 나름대로 일리가 있다. 그러나 각기의 논리를 세우기 위해 인용한 〈노동신문〉 등의 각종 자료 중에서, 자신의 논리에 맞는 부분만 인용했다는 문제가 있다. 예를 들어 남측의 〈연합제〉와 북측의 〈낮은 단계 연방제〉 간에 공통점이 없다고 보는 측은 정상회담 이후 북한의 언론매체에서 북한이 〈6·15 공동선언〉을 연방제 방식의 통일을 지향한다고 해석하는 보도만 인용하는 경향이 있었다. 2000년 10월 6일 자 조선중앙방송 보도, 2001년 12월 9일 자 〈노동신문〉 보도 등이 그것이다. 그러나 2002년 5월 30일 자 〈노동신문〉 논평은 "서로의 통일방안의 공통점을 인식한 데 기초하여 그것을 적극 살려 통일을 지향해 나가기로 했다는 의미"라고만 주장하지, '〈연방제〉 방식의 통일 지향'이라는 내용은 담지 않았다. 또 다른 문제는 향후 이 사안을 둘러싼 남북 협상에서 어떤 현상이 벌어질지 예측하기 어려운데, 이를 각자의 신념에 따라 예단하는 것이다. 다만 이 논쟁을 구체적으로 설명하는 것은 또 다른 논쟁을 만들 수 있으므로 객관적인 사실관계를 비교 및 분석하는 선에서 마치고자 한다.

첫째, 공통점이 있느냐의 여부다. 북한이 1960년 처음으로 〈남북연방제〉를 주장한 이후 여러 차례 연방제의 내용을 수정하는 과정에서 남측의 〈연합제〉 내용을 일부 수용(남과 북의 정부가 군사·외교권 보유)한 측면이 있기 때문에 일단 '형식적으로' 공통점은 있다고 볼 수 있다. 둘째, 남측이 북측에 접근했는지 또는 북측이 남측에 접근했는지 여부다. 이것은 2000년 6월 당시나 현재나 판단하기 어렵다. 2000년 정상회담 이후 이 사안을 둘러싸고 남북 간에 논의가 없었기 때문이다. 다만 북한이 남과 북의 정부를 지역정부화 하고, 그 위에 민족통일기구를 설치하고, 이 기구를 중앙연방정부로 발전시키는 1국가 형태를 유지하려고 하는 한, 북한이 남한의 〈연합제〉에 접근하는 것이라고 볼 수 없다. 무엇보다 국가가 하나면, 남과 북의 정부가 어느 정도 각자의 '몫'을 가지게 되고, 이는 남한 헌법을 일정 부분 훼손하는 결과를 초래할 수 있다는 점만은 분명하다.

결론적으로 〈6 · 15 공동선언〉 2항은 '형식적 공통점은 있으나 북한이 남한의 〈연합제〉에 접근했느냐, 남한이 북한의 〈연방제〉에 접근했느냐 여부는 불투명함'이라고 요약할 수 있다. 이 사안은 주한미군 철수에 관한 북한의 입장 추이가 참고가 될 것이다. 김정일 위원장은 2000년 정상회담 때는 '주둔 용인' 식의 발언을 했지만, 2021년 김정은 위원장은 '철수'를 요구했다. 따라서 북한과의 협상은 예단하기보다는 그때그때 북한 당국의 공식적인 입장을 토대로 삼아야 한다. 〈6 · 15 공동선언〉 2항도 같은 맥락에서 볼 수 있다.

15

불가침에 대한 남북한 입장 변화

남북 간 '불가침'과 관련하여 남한의 제의가 처음 나온 것은 1973년 박정희 정부의 〈6·23 평화통일 외교정책 선언〉에서였다. 이 선언의 첫째 항목이 남북 간 상호 내정불간섭과 함께 '상호불가침'이었다. 이어 1974년 1월 18일 박정희 대통령이 연두 기자회견에서 남북 상호불가침 협정을 제의했다. 이 제의의 배경은 두 가지다.

첫째, 북한의 계속되는 '조건부 남북 평화협정' 요구에 대한 대응책이다. 김일성이 1962년 '주한미군을 철수시키고 평화협정을 맺으며 남북한 군대를 10만 명 혹은 그 이하로 감축하자'고 남한에 제의한 이후, 북한은 이 주장을 반복해 왔다. 특히 북한은 1960년대 말~1970년대 초 미국과 중국의 화해로 인한 국제적 긴장완화(데탕트) 움직임이 일어나자, 이 같은 '평화공세'를 더욱 강력하게 벌였고, 이는 박정희 정부에게 곤혹스러운 사안으로 다가왔다. '미군 철수'라는 전제 조건이 붙은 평화협정의 논의에 섣불리 응할 수 없고, 그렇다고 북한의 평화공세를 방관만 할 수도 없었다.

■ '불가침' 관련 남북한 제의 연혁

남한	북한
• 1973: ⟨6 · 23 선언⟩에서 　　'상호불가침' 제의 • 1974: ⟨평화통일 3대 기본 원칙⟩ 통해 　　상호불가침협정 체결 제의	• 1962: 최고인민회의, 　　'남북 무력불행사 협정' 체결 제의 • 1984: 중앙인민위 · 최고인민회의 　　연석회의, '남북 불가침선언' 제의 • 1988: 중앙인민위 · 최고인민회의 　　상설회의 · 정무원 연석회의에서 　　'남북 불가침선언' 제의 반복

1991: 남북, ⟨기본합의서⟩ 채택하면서 불가침 합의

　둘째, 북한의 위협에 대한 남한의 안보상 취약성을 의식한 것이다. 당시 남북 간에는 적십자회담과 남북조절위원회라는 당국 회담이 열리고 있었으나, '진정성'이 없다는 것은 박정희 정부도 잘 알고 있었다. 오히려 아시아에서 미군을 철수하겠다는 닉슨 정부의 정책에 박정희 정부는 상당한 불안감을 갖고 있었다. 특히 월남전의 전황이 월맹의 승리로 기울고 있는 점도 박정희 정부의 불안감을 더욱 가중시켰다. 이런 배경에서 박정희 정부가 고안한 대북전략이 남북 간 상호불가침협정이었다.

　박정희 정부는 이후에도 불가침 문제를 계속 거론했다. 박 정부는 1974년 광복절 경축사에서 밝힌 ⟨평화통일 3대 기본 원칙⟩에서 한반도에 평화를 정착하기 위해 상호불가침협정을 체결하자고 북한에 제의했다. 박 대통령은 1977년 1월에도 인도적 차원에서 식량을 제공할 용의가 있다며 남북한 상호불가침협정 체결을 제의하고, 북한이 이를 수용한다면 주한미군 철수도 반대하지 않겠다고까지 밝혔다. 비록 단발성으로 끝났지만, 북한이 가하는 안보 위협을 해소하는 것이 얼마나

시급한 과제였는지 보여 주는 사례가 아닐 수 없다.

북한의 '불가침협약' 체결 요구는 1960년대 초부터 이루어졌다. 북한 최고인민회의는 1962년 6월 21일 "남북조선 정권 당국이 호상('상호'의 북한식 표현) 상대방을 무력으로 공격하지 않을 데 대하여 협약을 체결하자"고 제의했다. 그러나 이때는 물론 1980년대 초반까지 북한은 별로 적극적이지 않았다. 오히려 앞에서 설명한 것처럼 불가침협정은 남한이 더욱 적극적으로 요구했다.

그러나 1980년대 중반쯤 되면 불가침 사안을 둘러싼 남북한의 입장이 역전되어 북한이 남한보다 더 적극적으로 나왔다. 북한은 1984년 중앙인민위원회와 최고인민회의 연석회의를 열고 남북한과 미국이 참가하는 3자회담을 열어 조미 평화협정을 체결하는 문제와, 남북 불가침선언을 채택하는 문제를 토의하자고 제의했다. 1988년에는 중앙인민위원회, 최고인민회의 상설회의, 정무원의 연합회의를 개최하고 이른바 〈포괄적 평화방안〉을 제시했다. 이는 1984년 1월의 제의를 좀 더 구체화한 것으로서, 주한미군의 단계적 철수와 단계적 남북 군축을 남·북·미 3자회담을 통해 해결하며, 이 토대 위에서 미북 간에는 평화협정, 남북 간에는 불가침선언을 채택하자는 것이다.

북한이 이처럼 불가침선언에 매달린 것은 대내외 정세가 북한에게 급격히 불리하게 돌아갔기 때문이다. 소련에서 고르바초프가 추진한 개혁개방 정책은 독재와 계획경제를 근간으로 하는 북한체제를 뿌리부터 흔들어 놓을 조짐을 보였다. 남한은 올림픽 유치와 비약적인 경제성장으로 국제적 위상에서 북한을 훨씬 앞서 나갔다. 북한의 정치적·경제적 위기는 소련과 중국이 한국과의 관계를 급속하게 진전시키자 더욱 깊어졌다. 북한 지도부로선 남쪽으로부터 올라올 수 있는 '안보상의 위험 요인'을 제거할 필요가 절박했던 것이다. 이런 차원에서 나온 대남정책이 남북 간 불가침협정 체결이었다.

북한으로서는 이런 위기를 벗어나기 위해서는 당시 남한과 하고 있던 남북 고위급회담을 조속히 타결하여 남한을 비롯한 국제사회와의 관계를 개선할 필요가 있었다. 북한이 협상에서 끝까지 고수하려고 했던 대목들 중 하나는 '평화협정은 남북 간이 아닌 북미 간에 해야 한다'는 것이었다. 그러나 북한은 막판에 이를 포함해 고수하던 입장들을 철회했고, 남북한은 1991년 12월 〈남북 사이의 화해와 불가침 및 교류·협력에 관한 합의서〉를 채택했다. '남북불가침'이 합의서 내에 포함된 것이다. 당시 김일성은 남북 고위급회담이 끝나고 북한으로 돌아간 북측 대표단을 성대하게 치하했는데, 이는 불가침 조약이 합의서에 포함됐기 때문이었다.

16

3자회담 관련 남북한 입장

남북관계사에서 '3자회담'이란 남북한과 미국이 함께 모여 정전협정의 평화협정으로의 전환, 남북 불가침 문제 등을 놓고 협상을 벌이자는 회담을 의미한다. 이 3자회담을 둘러싸고 1970년대 말부터 한미와 북한은 외교적 핑퐁 싸움을 치열하게 벌여 왔다. 한미가 제의하면 북한이 거부하고, 북한이 제의하면 한미가 거부하는 양상을 보여 온 것이다. 이는 물론 각 시기의 국제 정세나 남북한 국력 차이에서 비롯되었다.

　3자회담을 공식적으로 처음 제기한 측은 한국과 미국이었다. 북한은 1973년 8월 남북대화를 일방적으로 단절한 후 1970년 중후반 남침용 땅굴 파기, 판문점 도끼 만행 사건 등으로 군사적 긴장 수위를 높이면서, 다른 한편으로는 미국에 평화협정 체결을 집요하게 요구했다. 이에 맞서 한국과 미국은 1979년 7월 1일 지미 카터 미국 대통령이 한국을 방문했을 때 북한에게 3자회담을 제의했다. 북한에게 그들이 원하는 평화협정을 논의하려면 미국과의 양자회담 방식은 불가능하며, 한국과 함께해야 한다는 메시지를 전달한 것이다.

남한	북한

• 한·미 정상회담에서
   남·북·미 3자회담 제의
   (1979. 7. 1.)
	• 외무성 성명 통해 거부
	   (1979. 7. 10.)

• 총리 답신으로 거부
   (1984. 2. 10.)
	• 남·북·미 3자회담 제의
	   (1984. 1. 10.)

• 무응답	• 남·북·미 3자회담 다시 제의 (1988. 11. 7.)

남·북·미 정상, '판문점 회동'(2019. 6. 30.)

그러나 북한은 10일 후 외교부 성명을 통해 한미의 3자회담 제의를 거부했다. 성명은 "조선 문제를 해결하려면 우리와 남조선 사이에 풀어야 할 문제가 따로 있고 우리와 미국 사이에 풀어야 할 문제가 따로 있다"면서 "3당국 회의는 극히 비현실적이고 사리에 맞지 않으며 이것도 저것도 아닌 혼탕된 제의"라고 일축했다. 다만 정전협정을 평화협정으로 전환하는 회의에 남한이 옵서버(observer, 외교협정 참관자)로 참가할 수는 있다는 입장을 표명했다. 남한은 정전협정의 당사자가 아니기 때문에 평화협정에 정식으로 참가할 자격이 없다는 게 북한의 일관된 입장이었다.

그러나 1984년에 상황이 역전되었다. 1983년 자신들이 저지른 버마(현 미얀마) 아웅산 테러로 인한 국제적 고립에서 벗어나기 위해 북한이 한국과 미국에 3자회담을 제의한 것이다. 북한은 1984년 1월 10일 중앙인민위원회와 최고인민회의 연석회의를 열고, 조미(朝美) 평화협정을 체결하는 문제와 남북 불가침선언을 채택하는 문제를 3자회담에서 논의하자고 제의했다. 그런데 북한은 1979년과는 달리, 한국 정부의 3

자회담 참가 여부와 관련하여 "서울 당국도 동등한 자격을 가지고 참가할 수 있을 것이라고 인정한다"고 밝혔다. 북한은 또 미군 철수를 선행 조건으로 들지 않았다. 그러나 한미는 북한의 제의가 나온 지 한 달이 지난 2월 10일 '남북한 당사자 회담이 먼저 열려야 한다'면서 북한의 3자회담 제의를 거부했다. 당시 진의종 국무총리는 북한 강성산 총리 앞으로 보낸 편지에서 "우리는 남북한 당사자 간의 대화를 순조롭게 진행시켜 가면서 한반도 분단과 한국동란에 직접·간접으로 책임이 있는 관계국들이 함께 참가하는 회담을 개최하여 한반도의 항구적 평화와 통일을 위한 국제 환경을 조성해 나갈 수 있을 것으로 생각한다"고 밝혔다. 이번엔 한미가 공세적으로 나온 것이다.

그럼에도 북한은 소련의 개혁개방 진전과 서울올림픽의 개최 등으로 남한에 비해 수세에 몰리자 계속 3자회담을 제의했다. 1986년 6월 23일 '조선반도 비핵·평화지대' 창설을 주장하고, 이를 위한 남·북·미 3자회담을 제의했다. 특히 1988년 11월 7일 〈포괄적 평화방안〉을 제시하면서 그 일환으로 주한미군의 단계적 감축과 남북 군축을 논의할 3자회담과, 남북 간의 당면한 정치군사적 대결상태를 완화하기 위한 '남북 고위급 정치군사회담'을 각각 개최하자고 제의했다. 3자회담의 형식은 먼저 남·북·미가 모여 주한미군 단계적 감축과 남북 군축을 논의하면서, 미북 간에는 평화협정을, 남북 간에는 불가침 선언을 채택하자는 것이다. 이 같은 북한의 제의 중에서 남한은 남북 고위급 정치군사회담 제의에 주목하면서, '남북 총리회담'을 하자고 역으로 제의했다. 북한 측이 이에 호응하면서 남북 고위급회담을 위한 예비회담이 성사되었고, 그 1차 회담이 1989년 2월 8일 판문점에서 열렸다. 이렇게 남북 고위급회담이 주요 이슈로 부상하자 북한이 제의한 3자회담은 흐지부지 되었다. 결국 남·북·미 간에 3자회담을 갖자는 논의는 핑퐁식으로 제의와 역제의가 오갔을 뿐, '진정성' 있는 협의는 없었다.

이렇게 40여 년간 한 번도 성사되지 못한 남·북·미 3자회담은 2019년 6월 30일 판문점에서 변형된 형태로 가시화됐다. 100% 일치하지는 않지만, 1979년 북한이 외무성 담화를 통해 주장한 바와 같은 형식, 즉 북한과 미국이 협상하는 식으로 이루어졌다. 트럼프 미국 대통령, 김정은 북한 국무위원장, 문재인 대통령 등 3국 정상 간 '회동'은 있었으나, 실제로 회담을 한 이들은 미국과 북한의 정상이었다. 트럼프 대통령과 김정은 국무위원장은 판문점 남측 지역인 '자유의 집'에서 50여 분간 만나 비핵화 문제를 논의했다. 문재인 대통령은 트럼프-김정은 회담에 앞서 이들과 만나 4분간 환담을 했다. 2018년 6월의 싱가포르 미북 정상회담과 2019년 2월의 하노이 미북 정상회담에 이어 판문점 미북 정상회담까지 성사됨으로써, 미국과 평화문제를 논의하겠다는 북한의 숙원(宿願)은 실현되었다.

17

평화협정에 대한 북한 입장 변화 1
남북 간에서 미북 간으로

전쟁은 교전 당사국 간에 평화협정을 맺어야 정식으로 종료된다. 1950
년 발생한 6·25전쟁은 아직 평화협정이 체결되지 못한 상태다. 1953
년 7월 27일 유엔군·북한군·중공군 대표가 정전협정을 맺은 이후 정
전 상태가 지금까지 70년 가까이 유지되고 있다. 정전협정에서 평화협
정으로의 전환을 위해 1954년 스위스 제네바에서 6·25전쟁 관련국 간
에 협상이 벌어졌으나 아무런 성과도 거두지 못하고 끝났다. 그 후에
도 평화협정 체결을 위해 여러 차례 관련국 간 제의와 역제의가 있었으
나 별로 성과를 거두지 못했다. 17~18절에서는 북한이, 19~20절에
서는 남한이 그동안 평화협정에 어떤 입장을 보였는지 각각 정리한다.

북한이 평화협정에 관한 입장을 처음 제시한 것은 1962년이었다. 김
일성은 이해 10월 23일 열린 최고인민회의 3기 1차 회의에서 "미국군대
를 몰아내고 남북이 서로 상대방을 공격하지 않을 데 대한 평화협정을
체결하며 남북조선의 군대를 각각 10만 또는 그 아래로 줄여야 할 것"이
라고 밝혔다. 주한미군 철수를 조건으로 '남북 평화협정'을 주장한 것이

1962~1973	1974~2002
• 남북 평화협정 제의 - 최고인민회의 3기 1차 회의(1962) - 남북조절위원회 2차 회의(1973. 3.) - 최고인민회의 5기 2차 회의(1973. 4.)	• 미북 간 평화협정 체결(1974) - 최고인민회의, 미국 의회에 서한 전달 (※ '남북 간 정전상태의 평화상태 전환' 논의) - 〈남북 기본합의서〉(1991) • 미북 간 '평화보장 체계' 수립(1994) • 미북 간 '잠정협정' 체결(1996)

다. 북한은 1973년 3월 15일 남북조절위원회 2차 회의, 1973년 4월 5일 최고인민회의 제5기 2차 회의에서도 같은 입장을 표명했다.

그러나 1974년에 북한은 기존과는 완전히 다른 입장으로 돌아섰다. 북한은 이해 3월 25일 최고인민회의 제5기 3차 회의에서 미국 의회에 보내는 편지를 채택하고, 미국과의 직접 협상을 통해 평화협정을 체결할 것을 제의했다. 즉, 북한은 남한을 배제하고 미국과의 직접 협상을 통해 정전협정을 평화협정으로 전환하겠다는 정책적 판단을 내린 것이다. 이는 남한 정부를 통한 미군 철수가 불가능하다는 판단하에, 미국과 직접 협상하여 소기의 목적을 관철하겠다는 의도였다. 여기에는 당시 미국과 월맹 간의 파리 평화협상이 월맹에게 유리한 국면을 조성했다는 점도 영향을 미친 것으로 분석된다.

미국과 직접 평화협정을 체결하겠다는 북한의 요구를 미국은 20여 년간 수용하지 않았다. 그런 사이에 1980년대 말부터 1990년 초에 걸쳐 체제위기를 겪던 북한은 일단 남한과 '평화문제'를 논의하기로 결정했다. 북한은 1991년 〈남북 기본합의서〉를 체결하고 '남한과 정전상태의 평화상태 전환'에 동의한 것이다. 그러나 북한에게는 남한과 이 부분을 진지하게 논의하겠다는 의지는 없었다. 다만 '남북불가침'을 남한으로부터 얻어 내기 위해 형식적으로 동의했을 뿐이었다.

그 대신 북한은 〈남북 기본합의서〉 체결 이후에도 미국과의 평화협정 논의를 끊임없이 요구했다. 한 예로, 북한은 1994년 4월 28일 외교부 성명을 통해 정전협정의 실제 당사자인 북한과 미국이 정전협정을 평화협정으로 전환하고 군사정전위원회 등 현 정전기구들을 대체하는 '평화보장 체계'를 수립하자고 제의했다. 북한은 이를 위해 정전협정을 무력화하는 각종 조치를 수년간 취했다. 1996년엔 군사분계선과 비무장지대의 관리, 무장충돌과 돌발사건 발생 시 해결방도, 군사공동기구의 구성과 임무 및 권한을 포함한 '평화협정을 위한 잠정협정'이라도 맺자고 미국에 제의했다. 또 2000년 9월 제주도에서 열린 남북 국방장관회담에서 김일철 북한 인민무력부장은 "아무리 남과 북이 군사적 신뢰 구축을 하더라도 미국이 북한을 공격하면 평화가 보장될 수 없기 때문에 미북 간 평화협정 체결이 한반도 평화문제에서는 선결 과제"라고 주장했다.

북한이 요구하는 미국과의 협상을 통한 평화협정 논의는 2018년 6월 싱가포르 미북 정상회담에서 처음 가시화됐다. 양국은 '한반도에서 항구적이며 공고한 평화체제 구축을 위해 공동 노력한다'는 부분을 공동선언에 포함시켰다. 그러나 2019년 하노이 정상회담에서 북핵문제를 놓고 이견을 조정하지 못해 평화협정 문제도 더 이상 진전을 보지 못하고 있다.

18

평화협정에 대한 북한 입장 변화 2
핵문제 해결과 평화협정 연계

2002년 10월 북한의 고농축 우라늄 은닉 여부를 놓고 미북 간에 2차 핵 위기가 발생한 이후 북한은 핵문제 해결과 평화협정 사안을 연계시키 겠다는 입장을 피력해 왔다. 그러다 북한은 2005년 7월 22일 외무성 담화를 통해 북한 '조선반도 핵문제' 사태의 근본 원인이 미국의 대(對) 북한 적대시 정책에 있으므로 이를 철회하기 위한 방편으로 평화협정 을 체결하자고 제의했다. '평화체제 수립이 비핵화 목적 달성을 위해 반드시 거쳐야 할 과정'이라고 주장한 것이다. 이런 북한의 요구가 수 용되면서 2005년 타결된 〈9·19 공동성명〉에는 "적절한 별도 포럼에 서 한반도의 항구적 평화체제에 관한 협상을 가진다"는 조항이 들어갔 다. "북한은 모든 핵무기와 현존하는 핵계획을 포기하고, 유관국들은 북한에 불침공 약속과 에너지 지원 등을 한다"는 조항을 핵심으로 하는 〈9·19 공동성명〉에 '평화체제 협상'이 포함되었다는 것은, 북한을 포함한 6자가 '북핵문제'와 '평화협정 문제'를 병행하여 논의하겠다는 데 동의했다는 의미다. 그러나 〈9·19 공동성명〉이 합의된 지 얼마 안

▌ 평화협정에 대한 북한의 입장 2

2002~	2010~
• 핵문제 해결과 평화협정 체결 연계 　- '6자 간 평화체제 구축 논의' 합의 　(2005) • 관련 3~4개국 정상 간 종전선언 논의 　- 2차 남북 정상회담(2007)	• 선(先) 평화협정 체결, 후(後) 비핵화 논의 　- 외무성 담화(2010) • 종전선언 후 3자·4자 회담 통한 　평화협정 논의 　- 〈판문점 선언〉(2018)

되어 '마카오 BDA 북한계좌 동결 사태'로 이행되지 않으면서 평화협정
논의도 무위에 그쳤다.

　북한은 2007년 2차 남북 정상회담을 계기로 정전협정의 평화협정 전
환 문제에서 새로운 접근법을 선택했다. '종전선언'이라는 개념을 두고
남한과 합의한 것이다. 당시 노무현 대통령과 김정일 국방위원장 간
정상회담의 합의문인 〈10·4 선언〉 4항의 내용은 다음과 같다. "남과
북은 현 정전체제를 종식시키고 항구적인 평화체제를 구축해 나가야
한다는 데 인식을 같이하고 직접 관련된 3자 또는 4자 정상들이 한반도
지역에서 만나 종전을 선언하는 문제를 추진하기 위해 협력해 나가기
로 했다." 남과 북이 협의해 관련국 정상들과 함께 종전선언을 추진하
겠다고 남북 정상이 합의한 것이다.

　4항의 내용을 평화협정에 대한 북한의 기존 입장과 비교하면 두 가지
차이점이 보인다. 첫째, 평화협정 체결에 앞서 '종전선언'을 먼저 하자
는 것이다. 정치적으로 종전선언을 한 후 법적으로 정전체제를 종결짓
자는 뜻이 담겼다. 둘째, 평화협정 논의에서의 '남한 배제'를 철회한 점
이다. 4항에 언급된 "직접 관련된 3자 또는 4자"에서 '3자'는 '남·북·
미'이고 '4자'는 '남·북·미·중'이었다. 남한은 두 가지 경우에 모두

포함된다. 3자에서 중국이 제외된 데 대해 남북 정상회담 후 주한 중국 대사관 관계자가 통일부 관계자에게 유감의 뜻을 전했다고 알려지기도 했다. 한편 미국 국무부의 보스워스 특별대표는 2009년 12월 16일 북한을 방문한 후 가진 회견에서 "6자회담 재개 시 논의할 평화협정 논의의 당사자는 남한·북한·미국·중국임을 6자회담 참여국 모두가 동의했다"고 밝혔다. 한국이 평화협정의 당사자임이 공인된 것이다.

〈9·19 공동성명〉의 미이행과 북한의 2006년, 2009년 두 차례의 핵실험으로 북한 핵문제가 위기로 치닫는 가운데 북한은 2010년 1월 11일 외무성 성명을 통해 평화협정 논의를 한반도 비핵화와 본격적으로 연결시켰다. 성명은 "조선반도 비핵화 과정을 다시 궤도 우에(위에) 올려 세우기 위해서는 핵문제의 기본 당사자들인 조미 사이의 신뢰를 조성하는데 선차적인 주목을 돌려야 한다는 것이 우리가 도달한 결론"이라며 "조미 사이에 신뢰를 조성하자면 적대관계의 근원인 전쟁상태를 종식시키기 위한 평화협정부터 체결되여야 할 것"이라고 주장했다. 성명은 "평화협정이 체결되면 조미 적대관계를 해소하고 조선반도 비핵화를 빠른 속도로 적극 추동하게 될 것"이라고 주장했다. 2005년 7월 외무성 성명보다 한발 더 나아간 것으로, '선(先)평화협정, 후(後)핵문제 해결'로 입장이 바뀐 것이다. 이는 북한이 두 번의 핵실험으로 핵보유국으로서의 위치에 다가선 상황에서 향후 핵폐기의 의사가 없음을 드러낸 것이기도 하다. 북한은 2016년 2월 17일 왕이 중국 외교부장이 제안한 '비핵화와 평화협정의 병행 추진'을 거부하는 등 지금까지 이 입장을 유지하고 있다.

북한은 2010년 1월 외교부 성명에서 평화협정 논의 대상국 문제에 대해 다시 애매한 태도를 취했다. 북한은 "평화협정 체결을 위한 회담은 〈9·19 공동성명〉에 지적된 대로 별도로 진행될 수도 있고, 그 성격과 의의로 보아 현재 진행 중에 있는 조미(북미) 회담처럼 조선반도 비핵화를 위한 6자회담의 테두리 내에서 진행될 수 있다"고 밝혔다. 여기서는 한국도 포함시킬 수 있다는 점을 시사했다. 그러나 "정전협정 당사국들에 제의한다"고 해 남한을 배제하는 모양새도 취했다. 이러던 북한은 2016년 3월 1일 〈조선중앙통신〉 보도를 통해 남한을 배제했다. 이 통신은 "평화협정 논의의 주체는 북한과 미국"이라고 밝혔다.

그러나 북한은 2018년 4월 27일 3차 남북 정상회담을 통해 남한과 〈판문점 선언〉을 채택하고 평화협정 추진에 대해 일정 부분 합의했다. 〈판문점 선언〉 3항은 "남과 북은 정전협정 체결 65년이 되는 올해에 종전을 선언하고 정전협정을 평화협정으로 전환하며 항구적이고 공고한 평화체제 구축을 위한 남·북·미 3자 또는 남·북·미·중 4자 회담 개최를 적극 추진해 나가기로 하였다"고 명시했다. 이는 2007년 노무현-김정일 정상회담에서의 합의 내용을 보다 구체화하면서, 한국을 평화협정의 당사자로 다시 인정한 것이다. 그러나 2019년 하노이 미북 정상회담이 실패한 이후 이 부분도 답보 상태에 놓여 있다.

19

평화협정에 대한 남한 입장 1

북한은 1953년 7월 27일 정전협정 체결 이후 '평화협정 체결'에 적극적인 태도를 보였다. 북한은 남북 간 평화협정 체결 제의에 이어 1974년 이후에는 미국과 직접 협상을 통해 평화협정을 관철하려고 했다. 이에 대해 남한은 북한의 제의에 방관하거나, 미국과의 긴밀한 협의를 통해 미북 평화협정 논의를 차단하려고 전력을 기울였다. 이런 입장은 전두환 정부 때까지 지속됐다. 이 기간 동안 평화협정에 대한 남한 정부의 기본적인 스탠스는 '정전협정의 준수'였다. 남한이 이처럼 평화협정에 소극적으로 대처한 것은 당시 '남한 정권의 타도가 한반도 평화'라는 것을 북한이 공공연하게 천명하는 이상, 북한이 제의하는 '평화협정'도 남한 정권의 타도의 일환이라고 간주했기 때문이다. 즉, 북한을 근본적으로 신뢰하지 않았던 것이다.

정전협정을 '평화체제'로 전환하는 사안에 대해 정부 차원의 언급이 나오기 시작한 시기는 노태우 정부 시절이었다. 노태우 대통령은 1988년 10월 유엔총회 연설을 통해 "남북 정상회담에서는 휴전협정을 항구

■ 평화협정에 대한 남한의 입장 변화 1

1953~2002	2003~2007
• '정전협정 준수' 유지 • '휴전협정의 평화체제 대체' 논의 제안 - 노태우 대통령 유엔 연설(1988) • 북한과 '정전상태의 평화상태 전환' 논의 합의 - 〈남북 기본합의서〉(1992) • '한반도 평화를 위한 4자회담' 제의 - 한미 정상회담(1996)	• '한반도 평화체제 구축' - 노무현 정부 국정지표 • 다자 간 한반도 평화체제 논의 합의 - 〈9 · 19 공동성명〉(2005) • 북한과 '종전선언' 추진 합의 - 2차 남북 정상회담(2007)

적인 평화체제로 대체하는 방안도 강구될 수 있다"고 밝혔다. 노 대통령은 1991년 유엔총회 연설에선 〈평화통일 3개 실천방안〉을 천명하면서, 1항에 "불안한 휴전체제의 평화체제로의 전환"을 적시했다. 노태우 정부의 적극적인 공세가 결실을 맺은 것은 1991년 12월에 채택된 〈남북 사이의 화해와 불가침 및 교류·협력에 관한 합의서〉에서였다. 이 합의서에는 "남과 북은 현 정전상태를 남북 사이의 공고한 평화상태로 전환시키기 위하여 공동으로 노력하며 이러한 평화상태가 이룩될 때까지 현 군사정전협정을 준수한다"는 조항이 들어 있다.

김영삼 정부 초반, 정전협정의 평화체제로의 전환과 관련된 정책은 기존 정책의 유지였다. 김영삼 대통령은 1995년 광복절 경축사에서 '한반도 평화체제 구축의 남북 당사자 간 해결'을 비롯해 〈남북 기본합의서〉와 〈한반도 비핵화 공동선언〉의 준수를 강조했다. 그러다 김영삼 정부는 북한의 정전협정 파기 책동과 대미 평화협정 체결 주장을 근본적으로 차단하기 위해 발상의 전환을 했다. 그것은 한반도 평화를 위한 남·북·미·중이 참가하는 4자회담을 개최하자는 제의였다. 김영삼 정부는 1996년 4월 제주도에서 한미 정상회담을 열고 중국과 북한에 4자회담을 제의했다. 4자회담에서도 협상의 주체는 남북한이고, 미국과 중국은 중간에서 협조하고 결과를 보증하는 입장이라고 김영삼 정부는 설명했다. 4자회담은 북한의 강릉 잠수함 침투 사건 등으로 우여곡절을 겪다가 1997년 12월 9일 스위스 제네바에서 개최됐다. 그러나 아무런 성과 없이 김대중 정부 시절인 1999년 8월 6차 회담을 끝으로 종료됐다. 북한이 주한미군 철수와 미북 평화협정 체결 문제가 먼저 논의되어야 한다고 주장했기 때문이다. 다만 4자회담과는 별도로 북한과 미국 간 미사일 협상은 급진전되어 2000년 당시 매들린 올브라이트 미국 국무장관의 북한 방문으로 이어졌다.

정전협정의 평화체제로의 전환과 관련한 김대중 정부의 입장은 김영삼 정부의 연속선상에 있었다. 특히 김대중 정부는 임기 초부터 '북한에 줄 것은 주고, 얻을 것은 얻는다'는 상호주의에 입각해 '한반도 냉전구조'를 종식해야 한다는 데 정책의 초점을 맞추었다. 북한에게 미국과의 관계 정상화, 대북제재 해제, 경제지원, 김정일체제 인정 등을 주고, 북한으로부터는 핵·미사일 개발 중지, 한반도에서의 무력 도발 중지 등을 얻자는 것이다. 김대중 대통령은 2000년 8월 독일 〈디벨트〉(Die Welt) 와의 회견에서 "남북한과 미·중이 참여하는 4자회담을 통해 정전협정을 평화협정으로 전환하는 일이 추진될 것"이라고 밝혔다. 김대중 정부는 그 이후 이 같은 주장을 여러 차례 강조했다. 김 대통령은 2001년 4월 2일 중국 〈인민일보〉(人民日報) 와의 회견에서 "현재 시급한 것은 남북 간 상호불가침과 냉전종식에 대한 합의가 이루어지는 것"이라며 "우리의 과제는 즉각 통일을 실현하는 것이 아니라 전쟁을 방지하면서 평화체제를 구축하는 것"이라고 강조했다.

노무현 정부는 북한 핵문제의 평화적 해결과 함께 '한반도 평화체제 구축'을 국정의 핵심과제로 삼았다. 그러나 임기 초에는 2002년 10월 발생한 2차 핵 위기로 평화체제 구축을 위한 정책을 추진하기가 여의치 않은 상황이었다. 다만 평화체제 구축을 위한 3단계로 ① 북한 핵·미사일 문제 해결, ② 남북의 실질 협력 및 군사적 신뢰 구축, ③ 남북 평화협정 체결 및 경제공동체 본격 추진 등의 로드맵을 제시했다. 그러나 임기 후반부에 이르러 북한 핵문제 해결의 윤곽이 어느 정도 잡힌 2005년 초반부터 노무현 정부는 '한반도 평화정착'에 관심을 대폭 기울였다. 미국과의 긴밀한 협의 끝에 〈9·19 공동성명〉에 "별도의 포럼을 통해 한반도의 항구적 평화체제에 관한 협상을 가진다"는 조항을 넣고, 북한의 동의를 이끌어 냈다.

'BDA' 사태와 북한에 대한 경수로 발전소 지원을 둘러싸고 〈9·19 공동성명〉 이행이 차질을 빚다가 2007년 초부터 〈2·13 합의〉 등으로 북한 핵문제에 진전이 있자, 노무현 정부는 평화협정을 논의하는 대신에 종전선언을 하자는 입장으로 돌아섰고, 북한과 합의를 이뤄냈다. 2007년 노무현 대통령과 김정일 국방위원장 정상회담에서 합의된 〈10·4선언〉 4항에는 "3자 또는 4자 정상들이 한반도 지역에서 만나 종전선언을 협의한다"는 문안이 들어 있다. 당시 북한 핵문제 해결을 위한 6자회담 과정에서 북한은 '평화체제 구축'과 '핵문제 해결'을 함께 논의해야 한다는 입장을 견지했으며, 미국은 '핵문제를 우선 해결해 나가면서 평화체제 논의를 진행하되, 최종적인 평화협정 체결은 핵폐기 이후에나 가능하다'는 입장을 취했다. 이러한 미북 간의 상반된 입장을

조율하기 위해서는 북한에게는 안전보장을 담보하고, 미국에게는 핵
폐기 논의를 개시할 수 있는 방안은 평화협정이 아니라 종전선언이라
는 것이 노무현 정부의 판단이었다.

20

—

평화협정에 대한 남한 입장 2

이명박 정부 5년간 남북관계와 북한 핵문제는 악화일로를 걸었다. 북한의 핵신고를 둘러싼 미북 간 협상이 2008년 말 결렬되고, 북한이 2009년 5월 제2차 핵실험을 강행해 북핵문제가 악화됐다. 북핵문제는 2012년 2월 29일 미북 간에 타협이 이루어져 진전의 기미를 보이는 듯하다가, 북한이 그해 4월 장거리 미사일을 발사하는 바람에 더욱 악화됐다. 2010년에는 천안함 폭침과 연평도 포격 도발이 벌어졌다. 2011년에는 정상회담 개최를 놓고 남북 간 비밀접촉이 중국 베이징에서 있었으나, 천안함 사과를 둘러싼 이견으로 파국을 맞이했다. 남북한은 2011년 12월 김정일 국방위원장이 사망한 후 조문 문제를 놓고 대치했으며, 그 결과 북한은 이명박 정부와는 "영원히 상종하지 않을 것"이라고까지 비난했다. 결국 북한이 2012년 12월 12일 장거리 미사일(은하 3호)을 발사하며 이명박 정부 임기 말까지 남북관계와 미북관계는 대치국면을 벗어나지 못했다.

이런 상황에서 북한이 요구하는 평화협정에 대한 논의는 이루어지

■ 평화협정에 대한 남한의 입장 변화 2

2008~2016	2017~
• 선(先) 북한 비핵화, 후(後) 평화협정 논의	• '평화협정'과 '한반도 비핵화' 병행 추진 • 종전선언 우선 추진

기 어려울 수밖에 없었다. 이명박 정부는 2008년 출범 초 '새로운 한반도 평화구조 창출'을 '글로벌 코리아'로 도약하기 위한 5대 전략 중 하나로 선정했으며, 이를 위한 핵심 과제로는 '북한 핵문제 해결', '비핵·개방·3000 구상' 추진, '한미관계의 창조적 발전', '남북 인도적 문제 해결' 등의 4개를 꼽았다. 평화협정과 관련된 내용은 없었다. 이명박 정부가 2009년에 제의한 이른바 '그랜드 바겐(Grand Bargain)'에서도 북한이 핵 프로그램의 핵심 부분을 폐기할 경우 북한에 제공할 대가도 '확실한 안전보장'으로 표현됐을 뿐이다. 2010년 1월 북한이 평화협정 체결을 위한 회담을 정전협정 당사국에 정식으로 제의했을 때도 '북한 비핵화 과정 진전 시 평화체제 협상 가능하다'는 입장을 외교부 대변인을 통해 표명했을 뿐 특별한 대응을 하지 않았다.

박근혜 정부 출범 이후 북한 핵문제와 남북관계는 이명박 정부 때보다 더욱 악화됐다. 취임 10여 일 전인 2013년 2월 12일 북한은 3차 핵실험을 실시했고, 이후 연말까지 남북 갈등이 고조됐다. 북한은 정전협정의 완전 백지화, 불가침합의의 전면 무효화 등을 거론하며 온갖 위협을 남한에 가했다. 이해 6월 열리기로 했던 남북 당국회담도 북한이 남한의 수석대표(통일부 차관)의 격(格)을 둘러싼 논란 끝에 무산됐다.

2014년의 남북 상황도 거의 마찬가지였다. 박근혜 정부가 "통일은 대박"이라며 통일준비위원회를 정부 내에 설치하고, 평화통일 기반을 구축하기 위한 '드레스덴 구상'을 제시하자, 북한은 격렬하게 반발했다. 북한은 박 대통령에게 입에 담을 수 없는 '막말 폭탄'을 퍼부었다. 2014년 10월 인천아시안게임을 계기로 최용해 등 북한의 권력실세 3명이 전격적으로 남한을 방문하여 대화의 물꼬가 트이는 듯했으나, 남북 갈등 해소에 특별한 진전은 없었다. 2015년도에는 비무장지대 남측 통문에서 북한이 설치한 목함지뢰가 터져 한국군 병사 2명이 중상을 입는 사건이 발생했다. 이로 인해 북한이 준전시상태를 선포해 일촉즉발의 상황에까지 갔으나, 남북 고위당국자 접촉에서 북한이 유감을 표명하고 남한은 대북 확성기 방송을 중단하는 선에서 파국을 면했다. 2016년도에는 북한이 1월과 9월 두 차례에 걸쳐 핵실험을 하는 바람에 남북관계와 미북관계가 악화될 대로 악화됐다.

이런 상황 탓에 박근혜 정부에서는 평화협정에 대한 논의가 나오기 어려웠다. 북한은 기존의 미국과의 평화협상을 되풀이했고, 박근혜 정부는 여기에 신경 쓸 여지가 없었던 것이다. 박근혜 정부 대북정책의 트레이드마크였던 '한반도 신뢰프로세스'는 가동 한번 제대로 하지 못하고 사라졌다. 한반도 신뢰프로세스는 '대화와 압박이라는 두 가지 정책 수단을 균형 있게, 효과적으로 활용하면서 유연할 때는 더 유연하고, 단호할 때는 더욱 단호하게 접근해 북한의 올바른 선택을 유도해 나가는 정책'으로 정의된다. 또 상호 인도적 문제의 해결과 남북 간 합의사항 실천을 통해 남북 간 신뢰를 축적하여 남북관계를 정상화하는 것이 추진 목표이자 수단이다. 그러나 임기 초부터 북한이 핵실험을 강행하는 등 남북관계를 극도로 악화시킴에 따라 한반도 신뢰프로세스라는 대북정책을 추진하기에 한계가 있었던 것이다. 결국 이명박

·박근혜 정부 시절 남북 평화문제는 '선(先) 핵문제 해결, 후(後) 평화협정 논의'로 정리할 수 있다.

2017년 들어선 문재인 정부에선 평화협정에 대한 논의가 활성화됐다. 2018년 4월 문재인 정부는 남북 정상회담을 성사시키고, 북한과 〈4·27 합의〉를 이끌어 냈다. 합의서 3조는 "남과 북은 한반도의 항구적이며 공고한 평화체제 구축을 위하여 적극 협력해 나갈 것"이라고 규정됐다. 3조 3항은 "남과 북은 정전협정 체결 65년이 되는 올해에 종전을 선언하고 정전협정을 평화협정으로 전환하며 항구적이고 공고한 평화체제 구축을 위한 남·북·미 3자 또는 남·북·미·중 4자회담 개최를 적극 추진해 나가기로 하였다"고 명시했다. 합의서 3조 4항은 "남과 북은 완전한 비핵화를 통해 핵 없는 한반도를 실현한다는 공동의 목표를 확인하였다"고 규정됐다. 따라서 이 합의는 평화문제와 한반도 비핵화문제를 병행 추진한다고 볼 수도 있지만, 실제로는 한반도 비핵화문제보다 평화문제에 더 강조점을 둔 것이다. '한반도 평화체제 구축'의 일환으로 '한반도 비핵화'가 논의되는 구조이기 때문이다. 게다가 '한반도 비핵화'라는 개념은 그동안 북한이 '조선반도 비핵지대화'를 추진하기 위한 수단으로 활용해 왔다는 점에서 북한 핵문제 해결에 대한 비중은 더욱 떨어졌다. 2005년의 〈9·19 공동성명〉과 2007년의 〈2·13 합의〉는 북핵문제 해결을 위해 북한이 취해야 할 조치와 한국과 미국 등 유관국이 취해야 할 조치를 병기했다는 점을 감안하면 더욱 그렇다.

문재인 정부는 특히 '종전선언'을 강조했다. 문재인 대통령은 〈판문점 선언〉 이후 4년 연속 유엔총회 연설을 통해 종전선언 추진의 필요성을 미국을 비롯한 국제사회에 알렸다. 임기 말인 2021년 9월에도 "남·북·미 3자 또는 남·북·미·중 4자가 모여 한반도에서의 전쟁이 종료되었음을 함께 선언하자"고 제의했다. 특히 2020년 유엔총회 연설에서는 "종전선언이 한반도 비핵화 및 항구적 평화를 여는 문"이라며 "종전선언을 이뤄 낼 때 비핵화의 불가역적 진전과 함께 완전한 평화가 시작될 수 있다"고 말했다. 그러나 미국이 종전선언이 논의되려면 북한의 비핵화가 우선적으로 이루어져야 한다는 입장에서 벗어나지 않아 문재인 정부의 종전선언은 진전을 보지 못하고 무위에 그쳤다.

2장

—

북한체제, 사회주의인가 인민민주주의인가

북한은 사회주의체제이지만, 연혁을 보면 상당히 복잡한 경로를 거쳐 왔다. 북한의 사회주의 건설과정에서 그 복잡성은 '인민민주주의'와의 연관성에서 나타난다. 해방 직후 김일성 등 북한 지도부는 '사회주의' 대신 '인민민주주의'라는 용어를 사용했다. 특히 북한은 1948년 건국 당시 국호를 '조선민주주의인민공화국'이라고 명명했다. '사회주의'라는 용어는 포함하지 않은 것이다. 사회주의 제도의 핵심인 '프롤레타리아독재'도 일관성 있게 유지되지 못했다. 1972년 헌법에서는 "조선민주주의인민공화국은 프롤레타리아독재를 실시하며 계급로선과 군중로선을 관철한다"고 규정했다. 그러나 1992년 개정된 헌법에서는 "국가는 계급로선을 견지하며 인민민주주의독재를 강화하여 내외 적대분자들의 파괴책동으로부터 인민주권과 사회주의 제도를 굳건히 보위한다"고 규정했다. 이는 2019년 개정 헌법에서도 변하지 않았다. 즉, 북한체제의 성격을 규정하는 과정에서 '사회주의'와 '인민민주주의'의 경계선이 모호한 상태로 이어져 온 것이다.

이런 측면을 감안하여 2장에서는 해방 이후부터 지금까지 북한에서 '사회주의'가 어떻게 변천해 왔는지를 종합적으로 분석한다. 김일성은 왜 해방정국에서 '사회주의'라는 용어를 사용하지 않았는지, '인민민주주의'의 연원과 내용은 무엇인지를 검토한다. 인민민주주의는 제 2차 세계대전 이후 소련이 동유럽 국가들에 심은 체제인데, 이것이 어떻게 북한에 적용되었으며 이 과정에서 '북조선임시인민위원회' 등 정권기관이 어떻게 수립되고 발전하여 최종적으로 건국에 이르게 되었는지도 알아본다. 이어 김일성이 '생산수단의 국유화'를 의미하는 사회주의 제도를 언제부터, 어떤 방법으로 수립했는지 검토한 후 '사회주의 완전승리'라는 개념을 집중적으로 분석한다. 김일성이 1967년 '사회주의 완전승리'라는 개념을 제시했던 배경 및 의미, 특히 '사회주의 과도기 계선'이 무엇인지를 알아본다. 사회주의 과도기 계선을 설정하는 작업은 당시 북한이 소련과 중국 사이에서 '자주노선'을 선택한 방증이었다는 점에서 의미가 있다.

2장에서는 또한 1990년대 초 북한이 경제난으로 체제위기에 직면했을 때 제시한 '우리식 사회주의'의 내용과 특징을 알아본다. '우리식 사회주의'의 제시는 마르크스-레닌주의에서 벗어나겠다는 북한의 입장 표명으로, 과거 북한이 주장했던 '사회주의 완전승리' 같은 노선은 사실상 폐기된 이념으로 분석됐다. 그러나 북한은 2021년 채택된 당규약에 "사회주의 완전승리를 앞당기기 위하여 투쟁한다"는 표현과 노동당의 최종 목적으로 "인민의 리상이 완전히 실현된 공산주의 사회 건설"이라는 표현을 다시 넣었다. 특히 김정은은 2021년 4월 '15년 안팎에 사회주의 강국 건설', '사회주의 전면적 발전 노선'이라는 화두를 제시해 관심을 끌었다. 김정은이 이처럼 할아버지 김일성이 강조했던 '사회주의 완전승리'를 복원하고 있는 배경과 그 전망을 검토한다. 한편 사회주의체제는 일반적으로 '공산주의적 성격'과 '과도적 성격'이 공존하는 체제로 규정되는데, 그 구체적 내용을 정리한다.

01

북한의 사회주의 추진 입장 1

김일성, "당장 사회주의를 건설할 수 없다"

1945년 해방 이후 북한에 진주해 김일성 정권을 세우는 데 결정적 도움을 준 스탈린의 소련은 사회주의체제였다. 그래서 일반적으로 북한은 '사회주의체제'로 출발했다고 알려져 있다. 그러나 해방정국에서 북한의 지도자 김일성은 '북조선임시인민위원회' 등 각종 중앙행정기관들을 수립하는 과정에서 이를 '사회주의 체제'와 연계하지 않았다. 더군다나 '사회주의'나 '공산주의'라는 용어를 잘 구사하지도 않았다. 이와 관련하여 김일성은 뒤늦게 1955년 4월 1일부터 4일까지 열린 당중앙위원회 전원회의에서 채택된 김일성 명의의 테제('4월 테제')에서 해명했다. 그는 "우리가 해방 직후에 조선에서 사회주의를 건설하고 떠들었다면 누가 그것을 인정하였겠는가"라며 "그때에 우리가 사회주의 구호를 들었다면 인민들은 무서워했을 것이며 곁에도 오지 않았을 것"이라고 해명했다.

김일성은 대신 '민주주의', '진보적 민주주의', '인민민주주의' 등의 용어를 사용했다. 김일성은 1945년 11월 17일 평양 시내 교원(敎員)과

■ 북한의 사회주의 추진 과정

1945~1950	1952~	1958

• '사회주의' 용어 사용 회피
- 주로 '민주주의' 사용
	• 사회주의 추진
	- 동유럽 국가
	  사회주의화 병행
		• 사회주의 제도 수립
		- 생산수단의
		  국유화 · 협동화

인텔리들을 대상으로 펼친 연설을 통해 "우리는 해방된 조선에 결코 자본주의 제도를 세울 수 없으며 또 혁명발전의 단계를 뛰어넘어 당장 사회주의 사회를 건설할 수도 없다"면서 "오늘 우리나라 혁명은 반제반봉건민주주의 혁명 단계에 놓여 있고 이러한 우리나라 혁명의 성격에 맞는 진보적인 민주주의 사회를 건설하여야 한다"고 말했다. 김일성은 1946년 1월 12일 해주시 군중대회에서 "로동자, 농민을 비롯한 모든 애국적 민주력량은 민족통일전선을 결성하고 진정한 민주주의 국가를 건설하기 위하여 적극 투쟁하여야 한다"고 말했다. 김일성은 1948년 4월 29일 남조선 신문기자단과 한 회견에서는 "민주주의적 발전의 도상에서 북조선 인민들이 쟁취한 가장 중요한 성과는 인민민주주의정권을 수립한 것"이라며 "북조선에 수립된 진정한 인민정권은 높은 위신을 쟁취하였으며 광범한 인민들 속에 튼튼히 뿌리를 박았다"고 밝혔다.

김일성의 이런 인식과 태도는 당시 북한의 정치 지형을 감안할 때 김일성의 만주파1 단독으로는 소련식 사회주의를 추진할 세력이 되지 못한다는 소련의 판단이 깔려 있었다. 소련의 지도자 스탈린은 1945년 9

---

1 1932년부터 1941년까지 중국 만주 지역에서는 중국인과 한인들로 구성된 '동북항일연군'이 결성되어 항일무장투쟁을 벌였다. 이 중 한인유격대를 해방 이후 '만주파'로 지칭하는데, 지휘관으로는 김일성, 최용건, 김책 등이 있었다.

월 20일 자로 북한 주둔 소련군 사령부에 암호전문을 보내 몇 가지 지시사항을 내렸다. 이 지시에는 '북조선에 반일(反日)적인 민주주의 정당, 단체가 광범한 연합에 기초를 둔 부르주아 민주주의 정권을 확립할 것'이라는 내용도 포함됐다. 이에 따라 김일성은 프롤레타리아독재에 토대를 둔 소련식 사회주의를 추진하기 어려웠고, 대신 만주파 이외에 조선공산당(국내파)・소련파・연안파 등 다른 정치세력이나 사회단체와 연합하는 '통일전선 전술'의 기초 위에서 정권기관을 수립하려고 했던 것이다.

이렇게 사회주의체제 성립에 소극적이던 북한이 사회주의를 추진할 필요성을 드러낸 것은 1952년부터였다. 김일성은 이해 12월 열린 당중앙위원회 제5차 전원회의에서 "당의 조직적 사상적 강화는 우리 승리의 기초"라는 제목의 연설을 통해 이렇게 말했다.

사회주의의 길에 들어선 인민민주주의 국가들은 쏘련과 함께 지난 한 해에 새 생활의 건설에서 커다란 성과를 달성하였습니다. 이 나라들의 근로대중은 오직 사회주의의 길로 나아갈 때에만 매개 나라들이 부단한 경제적 앙양을 이룩할 수 있다는 것을 자체의 경험을 통하여 확신하게 되었습니다. 그들은 사회주의가 억압과 착취를 당하던 근로대중을 자기 운명의 완전한 주인으로, 역사의 자각적 창조자로 전변시킨다는 것을 알게 되었습니다.

북한의 이 같은 방침에는 제2차 세계대전 후 소련의 지도 아래 인민민주주의 제도(2절 참조)가 세워졌던 동유럽 국가들이 1949년 이후 본격적으로 사회주의 건설로 전환하는 움직임을 보인 것이 영향을 미쳤다.

북한은 1955년 4월 당중앙위원회 전원회의에서 사회주의 건설을 본격적으로 추진하겠다고 천명했다. 김일성은 보고('4월 테제')를 통해 "반제반봉건적 민주주의 혁명의 과업은 북반부에서 완전히 수행되고, 공화국 북반부는 식민지 반봉건사회로부터 새로운 인민민주주의 사회로 전변되었으며, 사회주의에로 이행하는 과도기에 점차 들어서게 되었다"라고 말했다. 즉, 북한은 토지개혁과 산업 국유화 등 반제반봉건 민주주의 혁명이 완료된('인민민주주의'로 전변) 1947년 2월 이후부터는 사회주의로 이행하는 과도기 단계에 진입했다는 점을 인정한 것이다. 다시 말하면 북한은 1946~1948년 즈음에는 사회주의 추진을 표면화하지 않았지만, 1955년 4월에 와서 '1947년부터 사회주의 혁명이 시작되는 단계, 즉 사회주의로 이행하는 과도기 단계에 진입했음'을 소급해서 적용한 것이다. 2

북한이 '사회주의를 본격 추진한다'는 것은 그때까지 남아 있는 '소상품 경제'와 '자본주의적 경제'를 없앤다는 의미이다. 소상품 경제는 농촌에서의 개인농과 도시에서의 수공업으로 구성된다. 김일성을 비롯한 북한 지도부가 이런 결정을 내린 배경은 첫째, 개인농이나 개인 수공업·상공업을 집단화하지 않고서는 생산력 발전을 기대할 수 없다고 판단한 데 있다. 둘째, 노동계급이 주도하는 '노농(勞農) 동맹'을 만들

---

2   김일성은 1945년 10월 13일 '조선공산당 서북5도 당 책임자 및 열성자 대회'에서 한 보고에서도 '마르크스-레닌주의 당'을 언급하지 않았는데, 1955년 이후 《김일성 저작집》에는 이를 언급한 것으로 기술되어 있다는 점도 마찬가지 맥락에서 볼 수 있다.

어야 전 사회의 통일과 단결을 도모할 수 있다고 판단한 것이다. 북한은 1955년의 김일성 연설 후 3년 만인 1958년 사회주의 혁명의 승리, 즉 생산수단의 국유화와 협동농장 건설을 골자로 하는 '사회주의적 개조'의 완료를 선포한다. 9년 후인 1967년 북한은 '사회주의 단계'에서 한 발 더 나아간 '사회주의의 완전승리'를 둘러싼 '과도기'에 관한 입장을 천명한다. 이 부분은 6절에서 설명한다.

02

인민민주주의의 유형과 내용

원래 인민민주주의는 제2차 세계대전이 끝난 후 동유럽 국가들에서 수립된 정치제도를 일컫는다. 당시 소련은 의회주의를 부정하고, 공산당 일당이 통치하며, 프롤레타리아(PT) 독재가 실시되고, 생산수단의 국유화·협동화가 이루어진 사회주의체제였다. 그러나 소련은 제2차 세계대전이 끝난 후 헝가리, 체코, 폴란드 등 동유럽 국가들의 정치·사회 상황을 고려할 때 자신들의 체제를 이들 국가에 이식하기 어려우리라고 판단했다. 즉, 이들 국가에서는 사회주의체제가 올바로 들어설 만한 토대가 거의 없다고 소련은 생각한 것이다. 그 결과 이들 국가에서는 소련식 체제와는 다른 형태의 통치체제가 들어섰고, 소련은 이를 '인민민주주의'라고 명명했다. 인민민주주의 제도는 그 형태나 운영에서 불가리아와 나머지 동유럽 국가 간에 일정 부분 차이를 보인다.

일반적인 동유럽 인민민주주의 제도의 첫 번째 특징은 정치적인 측면에서 드러나는데, 바로 공산당과 비(非) 공산당 정치세력 간의 연립정권이 세워졌다는 점이다. 이는 노동계급으로 구성된 공산당의 '프롤

■ 인민민주주의의 두 가지 유형

일반적 동유럽식	불가리아식
• 공산당과 비(非)공산당 연립정권 　- 공산당의 우세 • 형식적 의회제도 유지 • 프롤레타리아독재 배제 • 국영기업 위주하에 소상공업·일부 　자본주의 경영 인정	• 공산당이 절대적 우세인 정권 • 의회주의 배제 • 프롤레타리아독재 도입 • 좌동(左同)

레타리아독재'가 기능하지 않았다는 의미다. 연립정권이 수립할 수 있었던 것은 동유럽 국가들에서 발생한 사회민주당이나 농민당 등의 비공산당 세력들이 제2차 세계대전 중 히틀러의 나치 독일에 대항해 투쟁한 전력이 있어 국민들의 지지를 받았고, 이에 따라 소련이 이들을 권력구조에서 배제할 수 없었기 때문이었다. 연립정권이 가능해짐에 따라 다당제 의회주의도 유지되었다. 이렇게 노동자, 농민, 소상공인, 지식인, 부르주아 등 다양한 계급에 속하는 '인민'들의 정당 참여가 가능하다는 점에서 '인민민주주의'라는 이름이 붙은 것이다. 다만 다당제라고 해도 실상은 공산당의 영향력이 다른 정당보다 훨씬 우위에 있었다. 영국 등 서유럽에서와 같이 정당 간 민주주의적 선거를 통해 교대로 집권하는 의회주의는 아니었다.

두 번째 특징은 경제적 측면에서 살펴볼 수 있다. 이들 동유럽 국가들의 경제구조는 봉건주의도 아니고 자본주의도 아닌 '반(半)봉건' 상태였다. 그래서 일부 생산수단의 사유화가 허용되어 가정주부가 재봉틀로 내의를 만드는 등의 소상공이나 일부 자본주의식 상공업이 허용됐다. 토지도 국유화되지 않고 농민들에게 분배되었다.

이렇게 동유럽형 인민민주주의가 정착하는 가운데, 소련의 지도자 스탈린은 1948년 12월 동유럽형 인민민주주의에 수정을 가한 새로운 인민민주주의 이론을 제시했다. 이 이론은 스탈린이 당시 불가리아 수상이었던 게오르기 디미트로프(1882~1949)를 앞에 내세워 주장함에 따라 '디미트로프 테제'라고 불린다. 이는 구체적으로 ① 제국주의 진영 반대, ② 프롤레타리아트의 독재, ③ 공산당의 지도권, ④ 소련의 우위와 지도, ⑤ 소련의 위성국 통제, ⑥ 민족주의에 대한 투쟁, ⑦ 사회주의에의 이행 등으로 구성된다. 그 중에서도 '디미트로프 테제'의 핵심은 ②와 ③이며, 이는 일반적 동유럽식 인민민주주의에 포함됐던 비(非) 공산당 세력과의 연립정권 행태와 의회주의를 배제하고 노동계급의 공산당이 국정을 전적으로 주도하며, 프롤레타리아독재를 시행하는 정치체제로 가겠다는 의미다. 경제적 측면에서는 기존 동유럽식 인민민주주의와 차이가 없다.

그렇다면 동유럽에서 생긴 '인민민주주의 제도'는 북한에서 어떻게 정착했을까. 1946년에 수립된 북조선임시인민위원회나 1947년의 북조선인민위원회, 1948년의 조선민주주의인민공화국은 모두 연립정권이었다. 조선민주주의인민공화국의 최고인민위원회나 내각 구성을 보면 김일성의 북조선노동당과 박헌영의 남조선노동당을 비롯해 북조선청우당, 북조선민주당, 근로인민당 등 남북 여러 정당의 인사들이 참여했다. 1948년 채택된 〈조선민주주의인민공화국 헌법〉에 따르면 프롤레타리아독재를 표방하지 않았고, 토지의 개인소유, 공민(公民)의 중소산업 자유 경영을 허용했다. 이런 점에서 당시 북한체제는 '일반적 동유럽형'으로 보이나, 노동당이 압도적으로 우세였다는 측면에서는

'불가리아형'도 내포하고 있다.

　한편 제2차 세계대전 이후 동유럽이나 아시아에 들어선 사회주의 국가들의 국명(國名)에 '민주'나 '인민'이라는 용어가 많이 들어가 있는 것은 인민민주주의 제도가 영향을 미친 결과다. 한 예로 지금은 없어졌지만, 사회주의 국가였던 동독의 정식 국명은 '독일민주공화국'이었고, 북한의 국호에도 '인민'이 포함되어 있다.

03

'민주주의'에 대한 북한 입장

해방 이후 김일성의 발언이나 북한 정권기관들의 성명서들을 보면 '민주주의'라는 용어가 자주 나온다. 한 예로 김일성은 1945년 10월에 열린 '서북5도 당 책임자급 당 열성자 대회'에서 '민주주의적 민족통일전선을 형성하여 민주주의인민공화국 건립하자'는 등의 4대 기본 정치과업을 제시했다. 1948년 4월 29일 북조선인민회의 특별회의는 〈조선민주주의인민공화국 헌법〉 초안을 원안대로 찬동하면서 "남조선 괴뢰 '국회'가 욕망하는 지주 대자본가 반동분자들을 위한 '민주주의'로 퇴보하지 말고, '인민적 민주주의' 발전의 길로 앞으로 나아가자"는 취지의 결정서를 채택했다.

이렇게 명칭이 다양했지만, 김일성이 생각하던 '민주주의'의 개념은 그가 1945년 10월 3일 평양노농정치학교에서 "진보적 민주주의"라는 제목으로 한 강의에 잘 나타나 있다. 그는 "우리가 지향하는 민주주의는 구미 자본주의 국가의 '민주주의'와는 근본적으로 다르며 또한 사회주의 국가의 민주주의를 그대로 본딴 것도 아니다"라고 말했다. 김일

▌북한에서의 민주주의 개념 변화

	1945~	1958~
명칭	• '진보적 민주주의', '인민민주주의' 등	• '사회주의적 민주주의'
내용	• 친일파 제외한 각계각층 연합	• 계급적 성격 부각 　- 노동자, 농민, 근로인텔리 위주의 　　민주주의

성에 따르면, 구미(歐美) 자본주의 국가의 민주주의(부르주아 민주주의) 하에서는 지주와 자본가 등 특권계급이 나라의 권력을 잡고 인민대중을 억압, 착취한다. 즉, '민권'이나 '민주' 같은 허울뿐인 구호를 내걸고 인민대중을 끌어들여 정권을 잡은 후에는 인민대중을 배반하고 지주와 자본가를 위한 정책을 추진한다는 것이 김일성의 주장이다.

　그렇다면 김일성이 언급한 '진보적 민주주의' 등은 어떤 내용으로 구성됐을까. 김일성은 이를 ① 자주, ② 연합, ③ 자유, ④ 부강, ⑤ 혁명, ⑥ 평화 등 6개 분야로 나누어 설명했다. 그는 '자주'와 관련하여 진보적 민주주의는 "모든 문제를 자체로 판단하고 자기의 힘으로 풀어나가는 자주적인 립장과 창조적인 태도를 갖는 자주독립국가를 건설하는 것"을 의미한다고 강조했다. 그는 '연합'에 대해 진보적 민주주의는 "반제적이며 애국적인 각계각층의 광범한 애국적 인민들이 련합할 것을 요구한다"고 말했다. 여기에는 노동자·농민·인텔리를 비롯해 소상인, 수공업자, 양심적인 민족자본가, 애국적 종교인들도 포함된다. 반면 친일파와 민족반역자는 제외된다. 그는 진보적 민주주의에서의 '자유'는 "정치, 경제, 문화의 모든 분야에서 인민들에게 똑같은 권리를 보장해 주는 것"이라고 설명했다. 또한 김일성은 '부강'과 관련하여 진보적 민주주의는 전체 인민의 행복과 번영을 추구하기 때문에 '부강한 나라의 건설'이 필수적으로 요청된다고 강조했다. 그는 '혁명'에 대해 진보적 민주주의는 "자주독립 국가를 건설하기 위해서는 반제반봉건민주주의 혁명을 수행해야 한다"고 강조했다. 먼저 일제 잔재세력과 봉건 세력을 타도하고 일제의 파쇼적 식민지 통치기구의 잔재를 완전히 없앤 후 인민정권을 세워야 한다는 것이 김일성의 주장이었다. 김일성은 '평화'와 관련해서는 진보적 민주주의는 "인민들이 자유롭고 행복하게 살 수 있는 새 사회의 건설을 지향하기 때문에 인민들 사이의 반목과 질시를 철저히 반대하며 국내 평화와 세계 평화를 이룩하기 위하여 투쟁하는 것을 중요한 과업으로 내세우고 있다"고 말했다. 북한이 건국하면서 헌법 명칭을 〈인민민주주의 헌법〉이라고 하고, 국명을 '조선민주주의인민공화국'이라고 한 것은 김일성의 '진보적 민주주의론'과 연관이 있다.

그러나 이 같은 내용의 '진보적 민주주의'는 1958년 북한이 사회주의 제도에 진입하면서 변화를 맞았고, 북한은 이를 '사회주의적 민주주의'라고 명명했다. '사회주의적 민주주의'는 레닌의 '프롤레타리아독재 이론'에 토대를 두고 있다. 이와 관련하여 김정일은 1991년 〈인민대중 중심의 우리식 사회주의는 필승불패〉라는 논문에서 '사회주의적 민주주의'에 대해 구체적으로 언급했다. 그는 "계급투쟁이 존재하는 한 민주주의는 계급적 성격을 띠게 되며 독재와 결부되어 있다"면서 "사회주의적 민주주의는 인민대중에게는 민주주의를 실시하지만 그것을 침해하는 계급적 원쑤들에 대하여서는 독재를 실시한다"고 말했다. 그는 사회주의적 민주주의에 반대되는 개념으로 '부르주아 민주주의'를 제시하면서 이는 "소수의 착취계급에게는 민주주의를 실시하지만, 다수의 인민대중에게는 독재를 실시하고 있다"고 비판했다. 결국 사회주의적 민주주의는 계급성을 띤 민주주의로, '노동자·농민·근로인텔리 등에게는 민주주의를, 자본가·지주 등에게는 독재를 각각 실시하는 민주주의'인 것이다.

04

북조선임시인민위원회와 북조선인민위원회

1~3절에서는 해방 이후 사회주의와 민주주의에 대한 북한 지도부의 인식과 이 개념들이 변천해 온 과정을 살펴보았다. 4절에서는 당시 김일성의 만주파를 비롯한 여러 정파들이 어떻게 정권기관(중앙행정기관)을 창설했는지에 대해 알아본다.

1945년 말과 1946년 초에 걸친 북한의 정치 상황은 다음과 같았다. 평안남도 등 각 도에 행정기관으로 '인민위원회'가 설치 및 운영되었고, 평양에는 임시적으로 중앙행정기관의 역할을 맡고 있던 '북조선 5도 행정국'이 있었다(1945년 11월 19일 결성). 정당 쪽으로는 서울에 본부를 둔 조선공산당(총비서 박헌영)과 그 산하조직으로 평양에 '조선공산당 북조선 분국'이 결성됐다(1945년 10월 10~13일). 이와 함께 스탈린이 1945년 9월 20일 자로 내린 지시 중의 하나인 '반일(反日) 통일전선 형성'을 위한 정당과 사회단체 간의 논의가 활발하게 벌어졌다.

그런데 1946년 초, 소련군정과 김일성의 만주파는 북조선 5도 행정국을 더욱 확대하고 발전시켜 '북한 전체를 단위로 한 통일적 중앙행정

▌북조선임시인민위원회와 북조선인민위원회 비교

	북조선임시인민위원회 (1946. 2. 8.)	북조선인민위원회 (1947. 2. 21.)
수립 방법	정당·사회단체 간부들로 임의적 결성	전국적 선거 후 결성
성격	인민정권	인민정권
임무	반제반봉건 혁명 추진	사회주의 혁명 추진

기관'을 설립해야 한다는 판단을 했다. 그 배경은 세 가지다. 첫째, 미국과 남한 내 우익세력의 반발로 통일정부가 조만간에 순조롭게 출범할 가능성이 작아지고 있다는 점이다. 둘째, 공산주의에 반대하며 일어난 신의주 학생의거 사건(1945년 11월 23일)의 위력을 겪고, 북한에서 좌익세력의 우세를 낙관하기 어렵게 됐다는 점이다. 셋째, 김일성의 정치적 위상과 관련된 전략·전술로, 서울에서 활동 중인 조선공산당의 박헌영 세력을 능가하는 정치세력을 북한 지역에 확보해야겠다고 결심했다는 점이다. 그 결과 1946년 2월 8일 각 정당·사회단체와 각도·시·군 인민위원회 대표 등 138명이 참석한 가운데 '북조선임시인민위원회'가 결성됐다. '북조선임시인민위원회'는 1946년 3월 6일 열린 4차 회의에서 그 위상이 확정됐다. 그것은 북조선에 있어서의 중앙행정 주권기관으로서 북조선의 인민·사회단체·국가기관이 실행해야 할 임시 법령을 제정, 발포할 권한을 갖게 됐다는 점이다. 특히 김일성을 비롯한 핵심 인원 5명으로 결성된 '상무위원회'는 최고책임기관이라는 위치를 부여받았다.

북조선임시인민위원회가 발족된 후 약 1년이 지난 1947년 2월 '북조선인민위원회'가 수립됐다. 두 정권기관 간에는 공통점과 차이점이 각각 있다. 공통점은 이들 정권기관이 인민정권의 성격을 띠었다는 점이다. 북조선임시인민위원회는 노동자들을 비롯해 농민·인텔리·소상공인 등 모든 인민이 참여하는 통일전선적 성격의 '인민정권'이었다. 북조선인민위원회도 인민정권으로서의 성격을 띠고 있었다. 김일성은 1956년 제3차 당대회 보고를 통해 "북조선인민위원회는 더욱 강화·발전된 인민민주주의적 정권기관으로서 우리의 혁명적 과업들을 전국적으로 실현하기 위한 투쟁을 계속 힘 있게 벌리고 있다"고 말했다. 다만 북조선임시인민위원회보다 북조선인민위원회에서 노동계급의 주도권이 훨씬 강화되었다. 3

두 정권기관 간의 차이점을 살펴보자면 첫째, 수립 방법이 달랐다. 북조선임시인민위원회는 정당·사회단체 간부, 각 도·시·군 인민위원회 간부들이 모여 자체적으로 조직했다. 반면 북조선인민위원회는 도·시·군·면·리 인민위원을 뽑는 전국적 선거를 치른 후 구성했다. 김일성 등 북한 지도부가 전국적 선거를 실시한 배경은 북조선임시인민위원회에 합법성을 부여해, '인민정권'으로서의 성격을 보다 확실히 하겠다는 것이었다. 선거 방식은 당시 북한의 정당·사회단체 관계자들을 총망라한 단체인 '북조선민주주의통일전선'(북민전)이 지역구별로 추천한 공동 후보 1명에 대한 찬반 투표였다. 북민전은 후보자

---

3 북조선인민위원회는 설립 초반 '인민정권'의 성격을 띠었으나 1950년 중반 이후 사회주의를 본격적으로 추진하면서 '사회주의정권', 혹은 '프롤레타리아독재정권'으로 수정됐다.

추천에서 각 후보를 정당별, 계층별, 성별로 안배했다. 1946년 11월 3일 실시된 선거 결과 도·시·군 인민위원 3,459명이 선출됐다. 이 중 3명당 1명씩 선정된 도·시·군 인민위원 대표 1,186명이 1947년 2월 20일 모여 5명당 각 1명씩 북조선인민회의 대의원 237명을 비밀 투표로 선출했다. 237명의 인민회의 대의원들은 2월 21일 북조선인민회의 제1차 회의에서 〈북조선인민위원회에 관한 규정〉을 채택해, 북조선인민위원회를 정식으로 출범시켰다. 즉, 선거로 선출된 '인민위원'들이 '인민회의 대의원'을 선출한 후 이들이 '북조선인민위원회'를 창립한 것이다.

둘째, 구조와 기능이 달랐다. 북조선임시위원회는 입법·사법·행정을 동시에 수행했다. 반면 북조선인민위원회는 최고주권기관인 '북조선인민회의'와는 별도의 최고집행기관으로 조직되었다. 주권기관인 '의회'와 집행기관인 '정부'가 분리된 것이다.

셋째, 임무가 달랐다. 북조선임시인민위원회의 임무는 토지개혁, 산업국유화, 노동법령, 남녀평등권 법령 제정 등 반제반봉건(反帝反封建) 정책의 수행이었다. 반면 북조선인민위원회는 사회주의 혁명을 시작하는 것이 임무였다. 즉, 생산수단을 국유화하고, 농촌을 협동화하며, 소상품 경제를 없애는 사회주의 혁명을 본격적으로 추진했던 것이다. 북한의 노동당사(勞動党史)는 "북반부에서 혁명은 1947년 초부터 새로운 발전 단계, 사회주의 혁명 단계로 들어서게 되었다"며 "사회주의 혁명 단계로 넘어가는 것은 반제반봉건 민주주의 혁명이 완수된 북반부에서 사회발전의 합법칙적 요구였다"고 주장했다.

조선민주주의인민공화국 수립

4절에서 설명한 '북조선인민위원회'는 선거를 통해 구성됐지만, 국가로서의 통치 체계는 갖추지 못했다. 실질적으로 북한 지역을 통치하는 정권기관이긴 했어도, 헌법과 군대 등을 보유하지 못했던 것이다.

김일성을 비롯한 북한 지도부에게 통일적 중앙정부 수립을 위해 가장 시급히 요구된 일은 헌법 제정이었다. 북한 지도부는 1947년 11월 19일 '조선임시헌법 제정위원회'를 구성한 후 3개월여를 작업한 끝에 1948년 2월 10일, 헌법 초안을 발표했다. 헌법에 명시된 정권기관 체계의 특징은 기존의 북조선인민회의를 '최고인민회의'로 개명(改名)하면서 최고주권기관으로서의 위상을 부여하고, 직접선거에 의해 구성토록 했다는 점이다. 또 최고인민회의는 최고인민회의 휴회 중에 최고주권기관의 역할을 담당하는 '최고인민회의 상임위원회'와 중앙기구 차원에서 실질적인 행정집행 기능을 담당하는 '내각'을 조직토록 했다. 내각은 최고인민회의가 가동 중일 때는 최고인민회의에, 최고인민회의가 휴회 중일 때는 최고인민회의 상임위원회에 복종토록 했다. 이

■ 조선민주주의인민공화국의 수립 과정

헌법제정	남북에서의 선거	건국
• 북조선인민회의 특별회의 초안 통과 (1948. 4. 29.) • 최고인민회의, 공식 채택 (1948. 9. 8.)	• 북한 지역 선거 (1948. 8. 25.) • '남한 선거' 해주에서 실시 (1948. 8. 25.)	• '조선민주주의인민공화국' 선포 (1948. 9. 9.)

구조는 지금까지도 그대로 유지되고 있다.

북한 공산주의자들은 1948년 4월 29일 북조선인민회의 특별회의에서 헌법 초안이 확정되자, 최고인민회의 대의원을 선출하는 절차에 돌입했다. 우선 북한에서는 직접선거를, 남한에서는 각 군(郡) 단위에서 '인민대표'를 선출하고 이들이 황해도 해주에 모여 최고인민회의 대의원을 선거하는 간접선거 방식을 선택했다. 북한 지역에서는 212개 지역구에 227명의 공동 후보가 등록했다. 관건은 남한 지역 선거였다. 북한 공산주의자들은 7월 15일부터 8월 10일까지 남한 내에서 부락 단위로 비밀집회를 개최해 투표를 실시했다. 이렇게 선출된 인민대표자 1,080명 중 1,002명이 해주에서 8월 21일부터 26일까지 회의를 갖고 최고인민회의 대의원으로 360명을 선출했다.

1948년 9월 2일 조선민주주의인민공화국 최고인민회의 제1차 회의가 남북한을 대표한 572명의 대의원 중 528명이 참석한 가운데 평양 모란봉극장에서 개막됐다. 최고인민회의 대의원을 출신성분별로 나누어 보면 노동자, 농민, 사무원, 수공업자, 상인, 기업가, 문화인, 전(前)지주, 종교인 등으로, 통일전선적 성격을 띠었다. 다만 노동계급의 비율이 20.9%로서, 이전 북조선인민회의 당시의 14.5%에 비해 크게 증가했다. 점차 노동계급을 중시하는 사회주의 제도로 이행하기 위한 기초적인 제도화에 나섰음을 알 수 있게 하는 대목이다. 대의원들은 9월 8일 최고인민회의에서 〈조선민주주의인민공화국 헌법〉 초안에 대한 제 1~3독회를 진행한 후 〈조선민주주의인민공화국 헌법〉을 공식 채택하고 이를 전 한반도에 실시할 것을 다짐했다. 김일성을 비롯한 북한 공산주의자들은 다음 날인 9월 9일 '조선민주주의인민공화국' 수립을 선포했다.

06

김일성의 5 · 25 교시

1절에서 언급했듯이 북한은 1955년 즈음에 사회주의 · 공산주의 건설을 본격적으로 추진하겠다고 선언했고, 그 후 약 3년간 생산수단의 국유화 · 협동화를 추진하여 1958년에 사회주의 개조를 완료했다. 사회주의 제도가 수립된 것이다. 북한은 이어 1961년 9월 제4차 당대회에서 처음으로 '북반부에서의 사회주의의 완전한 승리'를 노동당의 당면 목적으로 제시했다. '사회주의의 완전승리'라는 개념은 사회주의 제도가 수립된 이후에, '노동자와 농민의 계급 차이가 없어지고 사회 구성원들의 완전한 사회정치적 평등과 유족한 문화생활이 보장되는 사회'를 의미한다. 북한은 이를 위해 '사상혁명' · '기술혁명' · '문화혁명'의 3대 혁명을 강조했다. 북한 사회에서 '사회주의 완전승리'라는 명제가 본격적으로, 체계적으로 다루어진 것은 1967년 5월 25일 "자본주의로부터 사회주의에로의 과도기와 프롤레타리아 독재 문제에 대하여"라는 제목의 김일성의 연설('5 · 25 교시')을 통해서다. 김일성은 이 연설에서 자본주의에서 사회주의와 사회주의 완전승리를 거쳐 공산주의로

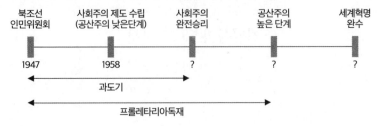

가는 단계를 '과도기'와 '프롤레타리아독재'라는 개념을 통해 설명했다.

김일성은 이 이론의 정당성을 확보하기 위해 먼저 과도기와 프롤레타리아독재에 관한 소련과 중국의 주장을 비판했다. 소련을 두고 김일성이 비판했던 대상은 흐루쇼프였다. 소련은 1936년 사회주의 제도를 수립하여 자본주의에서 사회주의에로의 과도기를 종료하고 프롤레타리아독재를 본격적으로 실시하기 시작했다. 스탈린은 프롤레타리아독재라는 미명하에 잔혹한 숙청을 자행했다. 그런데 1956년 20차 공산당 대회에서 스탈린 격하 운동을 벌였던 흐루쇼프는 스탈린이 주장했던 프롤레타리아독재를 옹호할 수가 없었지만, 그렇다고 사회주의 사회의 핵심인 프롤레타리아독재를 철폐할 수도 없었다. 그러다 결국 흐루쇼프는 1961년 22차 공산당대회에서 소련은 '완전하고 최종적인 사회주의 승리'를 거두고 공산주의의 전면적 건설로 넘어갔다고 주장하면서 프롤레타리아독재의 종료와 함께 소련이 '1인 독재국가'에서 '전 인민의 국가'로 전변했다고 천명했다. 김일성은 바로 이 점을 겨냥했다. 김일성은 사회주의 제도 수립으로 착취계급(자본가)이 전복되기는 했지만 사회주의 사회에는 노동자계급과 농민계급, 도시와 농촌 사이에 차이가 존재하는 데다 사회주의 제도를 반대하는 외부 적대세력의 사상적·문화적 침투가 계속되는데, 이런 상황에서 프롤레타리아독재를 종료한다는 것은 '우경 기회주의'(수정주의)라고 비판했다.

김일성은 중국의 과도기론도 '좌경 기회주의'(교조주의)로 비판했다. 당시 중국은 과도기를 '사회주의의 완전승리'보다 더 나아간 '공산주의의 높은 단계'로까지 확장했고, 이때까지 프롤레타리아독재가 유지되어야 한다고 주장했다. 김일성에 따르면 공산주의의 높은 단계란 '노동자와 농민의 차이가 없는 무계급사회일 뿐만 아니라, 정신노동과 육체노동 간의 차이도 없고 사회의 모든 성원들이 능력에 따라 일하고 수요에 따라 분배를 받는 고도로 발전된 사회'이다. 그런데 김일성은 과도기 계선과 프롤레타리아독재 시기를 공산주의의 높은 단계에 도달할 때까지로 규정하는 것은 과도기 계선을 사실상 긋지 않는 것이나 다름없다고 비판했다.

이같이 소련과 중국의 과도기와 프롤레타리아독재론을 비판한 김일성은 과도기와 프롤레타리아독재에 대한 자신의 구상을 설명했다. 그는 과도기를 '프롤레타리아 정권 장악부터 사회주의의 완전승리까지'라고 주장했다. 즉, 사회주의 제도가 수립한 후에도 사상, 기술, 문화에서의 혁명을 계속 추진해 노동계급과 농민의 차이를 없애고 농촌의 협동적 소유를 전 인민적 소유(국유화)로 바꾸어, 자본가와 지주 등 적대세력의 준동을 완전하게 제압할 수 있을 때 사회주의가 완전히 승리했다고 규정할 수 있고, 과도기도 이때 종료된다는 것이다.

그런데 김일성은 프롤레타리아독재가 과도기 때는 물론이고 과도기 이후에도 필요하다고 주장했다. 그는 노동자와 농민의 계급적 차이를 없앴다 하더라도 생산력이 '각자가 능력에 따라 일하고 수요에 따라 보수를 받는' 공산주의의 원칙을 실현할 수 있는 수준에 이르지 못했기 때문에 이에 도달하기 위해서는 생산력을 증진시켜야 하고, 이를 위해선 프롤레타리아독재가 필요하다고 강조했던 것이다. 한편 김일성은 프롤레타리아독재의 계선을 '공산주의 높은 단계'보다도 이후인 '공산주의 세계혁명이 이루어질 때까지' 유지해야 한다는 발언도 했다. 한 나라에서 공산주의를 실현했다 하더라도 세계혁명이 완수되지 못하면 이 나라는 다른 제국주의 국가들의 위협을 받을 수 있기 때문에 공산주의의 높은 단계에 들어가서도 프롤레타리아독재는 유지되어야 한다는 것이다. 그러나 이는 예외적인 사례로 받아들여진다.

과도기와 프롤레타리아독재에 관한 김일성의 주장에는 두 가지 배경이 있다. 첫째, 당시 악화일로를 걷던 중국과 소련 간의 이데올로기 분쟁에서 북한은 중립을 지키겠다는 것이다. 소련의 지도자 흐루쇼프는 프롤레타리아독재를 포기하고 미국과의 평화 공존을 추진했고, 중국은 이를 '수정주의'라고 거세게 비난하면서 양국 간에는 노선 투쟁이 벌어졌다. 자본주의에서 사회주의로의 과도기 논쟁도 그 일환이었다. 여기서 김일성은 중국, 소련 어느 편에도 서지 않는다는 '자주'의 기치 아래 양국의 주장을 비판하고 자신의 이론을 내세운 것이다.

둘째, '김일성 1인 독재체제 확립'을 위한 이론적 토대를 마련했다는 점이다. 1960년대 초반 흐루쇼프가 추진했던 프롤레타리아독재 포기, 미국과의 평화 공존 등의 대내외 정책은 당시 1인 독재체제를 구축하려고 했던 김일성에게는 장애물이 아닐 수 없었다. 김일성은 연안파와 소련파가 자신의 권력에 도전한 1956년의 8월 종파사건4을 계기로 프롤레타리아독재를 전면에 내세워 적대적인 세력을 숙청하고 1인 독재체제를 강화하려고 했다. 이런 국면에서 소련이 내건 프롤레타리아 포기 노선은 도저히 수용할 수 없는 정책이었다. 김일성이 프롤레타리아 독재를 과도기의 기한과 일치시키지 않고 거의 영구적으로 유지해야 한다고 주장한 것도 이런 배경에서 나온 것이다.

---

4 '8월 종파사건'은 1956년 8월 당중앙위원회 전원회의에서 최창익 등 연안파와 박창옥 등 소련파가 김일성의 독재체제를 비판하면서 김일성 축출을 시도했던 사건이다. 당시 연안파와 소련파는 흐루쇼프의 스탈린 격하운동에 고무되어 이 사건을 일으켰으나 실패하는 바람에 모두 망명하거나 숙청되었다. '김일성 1인 체제'가 확립된 결정적 사건이었다.

07

북한의 사회주의 추진 입장 2
사회주의 완전승리 추진 및 실패

1961년 4차 당대회에서 '사회주의 완전승리'를 노동당의 당면 목적에 포함시킨 북한은 1970년 제5차 당대회에서 사회주의 완전승리 달성을 위한 구체적인 과업을 제시했다. 그 가운데 하나가 4차 당대회 때부터 추진해 왔던 3대 혁명(사상·기술·문화혁명) 중에서 인민들을 '마르크스-레닌주의'와 '주체사상'으로 무장시키는 '사상혁명'이었다. 사회주의의 핵심이론인 마르크스-레닌주의와 김일성 유일체제의 토대가 된 주체사상을 인민들에게 주입하여 사회주의를 한 단계 진전시키겠다는 것이다.

다른 하나는 '온 사회의 혁명화, 로동계급화'였다. 북한에서 '혁명화'라는 표현은 '계급화'를 의미하며, '온 사회의 혁명화'는 농민과 인텔리를 모두 노동자 계급으로 만든다는 것이다. 북한이 이같이 사회주의 완전승리를 내세우기 시작한 배경은 '5개년계획'(1957~1961)과 '1차 7개년계획'(1961~1970)의 성공적 추진으로 '사회주의 공업국'으로 발돋움할 정도의 경제력 상승과, 소련을 비롯한 사회주의 진영 및 비(非)

▌북한의 '사회주의 완전승리' 추진 과정

1961	제4차 당대회에서 당규약에 포함
1970	제5차 당대회에서 구체적 이행방안 제시
1972	〈사회주의 헌법〉에서 채택
1986	김일성, '사회주의의 완전한 승리를 위하여' 시정 연설

동맹국가와의 유대 강화로 얻은 국력에 대한 자신감이었다. 이에 따라 '사회주의의 완전승리' 이행을 위한 '3대 혁명'이 제5차 당대회 이후부터 본격적으로 추진됐다.

북한은 사회주의 제도가 수립(1958년)된 지 14년 만인 1972년 12월 〈사회주의 헌법〉을 채택하여 공포했다. 1948년 9월에 제정됐던 〈조선민주주의인민공화국 헌법〉(〈인공 헌법〉)이 폐기됨에 따라 북한은 헌법적으로 사회주의체제에 들어선 것이다. 〈사회주의 헌법〉에는 "조선민주주의인민공화국은 사회주의적 생산관계와 자립적 민족경제의 토대에 의거한다"나 "프롤레타리아독재를 실시한다"는 등의 사회주의 제도와 연관된 내용이 명시되었다. 〈인공 헌법〉에 포함되었던 각종 개인소유의 범위가 대폭 축소되고, "공민은 중소산업 또는 상업을 자유로 경영할 수 있다"는 등 사회주의에 부합하지 않는 조항들은 삭제됐다. 무엇보다 주목을 끄는 대목은 제5조에 "북반부에서 사회주의의 완전한 승리를 이룩하며…"라는 구절이 들어갔다는 점이다. 이는 1970년 당규약에 관련 조항이 포함된 것과 보조를 맞춘 것으로, 북한이 '사회주의 완전승리'를 향해 당과 국가의 역량을 집중시켰음을 알 수 있게 하는 대목이다.

이처럼 사회주의 완전승리와 더 나아가 공산주의 건설에 매진한다는 북한의 입장은 1986년 최고인민회의 제 8기 제 1차 회의에서 "사회주의의 완전한 승리를 위하여"라는 제목으로 발표한 김일성의 시정 연설로 다시 한번 강조되었다. 김일성은 이 연설을 통해 해방 이후 북한이 인민정권을 수립한 후 어떻게 사회주의 발전을 위해 노력해 왔고, 앞으로 사회주의 완전승리를 위해 무엇을 해야 할지를 제시했다. 김일성은 사회주의의 완전승리란 "계급이 없는 사회이며, 사회 성원들의 완전한 사회정치적 평등과 유족한 물질문화생활이 보장되는 발전된 사회"라고 말했다. 김일성은 "사회주의의 완전한 승리를 이룩하는 것은 오늘 우리나라 사회주의 건설의 현실적인 요구로 나서고 있다"면서 "우리 인민이 사회주의 혁명에서 승리하고 사회주의 완전승리의 과업을 전면적으로 수행하는 길에 들어선 때로부터 거의 30년이 지나갔으며 이 기간에 우리 인민은 사회주의 완전승리를 위한 투쟁에서 커다란 전진을 이룩하였다"고 강조했다. 1958년 사회주의 제도가 수립된 이후부터 사회주의 완전승리를 위해 북한이 투쟁해 왔다는 의미다.

그러나 그 이면을 들여다보면 무려 30여 년의 세월이 흘렀어도 농민을 노동계급화하지 못해 '사회주의 완전승리'라는 과업이 아직도 지난한 과제라는 사실 또한 알 수 있다. 2010년 개정한 당규약에서는 '사회주의 완전승리'라는 표현은 사라지고 '사회주의 강성대국 건설'이 대신 쓰였다. 그러나 김정은은 2021년 제 8차 당대회에서 당규약 개정을 통해 '사회주의 완전승리'와 '공산주의 건설'을 복원했다. 이 부분의 의미에 대해선 9절에서 상세하게 설명한다.

북한의 사회주의 추진 입장 3
우리식 사회주의의 등장

7절에서 설명한 대로, 북한은 1986년까지만 해도 사회주의 완전승리에 대해 자신감을 가졌다. 김정일은 1986년 〈당과 혁명대오의 강화발전과 사회주의경제 건설의 새로운 앙양을 위하여〉라는 논문에서 "우리는 경제적 위력에서 적들을 결정적으로 압도함으로써 자본주의적 식민지 예속경제에 비한 사회주의자립경제의 우월성과 불패의 생활력을 남김없이 보여 주어야 한다"면서, "적들이 감히 경제적으로 우리와 겨루어보려는 엄두도 내지 못하게 하여야 한다"고 말할 정도였다. 그러나 그 자신감은 오래가지 못했다. 1980년 후반부터 나타나기 시작한 소련·중국의 개혁개방 및 한국과의 수교 움직임, 계획경제 시스템에 내재한 비효율성이 불러일으킨 경제침체 등으로 북한이 '사회주의 완전승리'라는 원대한 국가목표를 계속 추진하기란 불가능해졌다. 국내외적으로 '사회주의'라는 제도가 붕괴되어 가는 국면을 맞았기 때문이다. 그러자 북한은 '사회주의 완전승리'라는 국가목표를 수정하고, 이를 '우리식 사회주의'로 대체했다. 이런 작업은 김정일이 1980년대 말부

■ '우리식 사회주의' 관련 김정일 담화

1989	'조선민족제일주의 정신을 높이 발생시키자.'
1991	'인민대중 중심의 우리식 사회주의는 필승불패이다.'
1992	'사회주의 건설의 력사적 교훈과 우리 당의 총로선.'
1994	'사회주의는 과학이다.'

터 각종 담화를 발표하는 식으로 이루어졌다.

'우리식 사회주의'라는 담론을 처음으로 알린 김정일의 담화 제목은 "조선민족제일주의 정신을 높이 발양시키자"이다. 1989년 12월 28일에 나온 이 담화는 조선민족이 세계에서 제일가는 민족인 이유를 세 가지 들었다. 그것은 ① 위대한 수령을 모신 긍지와 자부심, ② 위대한 당의 영도를 받는 긍지와 자부심, ③ 위대한 주체사상을 가지고 있다는 점이다. 북한은 이처럼 세계제일인 조선민족이 사는 북한 사회를 '우리식 사회주의'라고 명명하기 시작했다. 그러나 이때까지만 해도 동유럽 사회주의 국가들이 겪고 있던 공산당의 붕괴 등 사회주의 자체의 '변혁'에 대해선 언급이 없었다.

북한이 동유럽의 '변혁'을 언급하면서 '우리식 사회주의'를 주창한 것은 1991년 김일성의 신년사에서였고, 북한식 사회주의의 건재함을 논리적으로 설명한 것은 김정일이 1991년 5월 5일 발표한 "인민대중 중심의 우리식 사회주의는 필승불패"라는 담화에서였다. 이 담화는 동유럽 사회주의 국가들의 변혁을 두고 사회주의를 자본주의로 전환시키려는 미 제국주의에 의한 음모라고 규정하면서, 인민을 사회의 진정한 주인으로 내세우고 사회의 모든 것이 인민을 위해 복무하는 '인민대중 중심의 사회주의'는 필승불패라고 주장했다. 김정일은 "우리의 사회주의의 공고성과 불패성의 비결은 인민을 사회의 진정한 주인으로 내세우고 사회의 모든 것이 인민을 위하여 복무하는 인민대중 중심의 사회주의라는 데 있다"면서 "오늘 제국주의자들과 반동들이 사회주의를 말살하기 위하여 악랄하게 책동하고 있지만, 우리의 사회주의는 그들의 비렬한 공격과 비방 앞에서 조금도 흔들리지 않고 자기의 길을 따라 계속 힘차게 전진하고 있다"고 강조했다. 김정일은 '인민대중 중심의 우리식 사회주의'란 ① 정치적으로는 인민들에게 참다운 정치적 권리와 자유를 실질적으로 보장하여 주는 진정한 민주주의 사회이며, ② 경제적으로는 생산수단에 대한 사회적 소유로 인민대중이 복지나 노동에서 참다운 주인이 되는 사회이고, ③ 사상문화적으로는 주체사상 교양을 비롯한 각종 교양으로 인민들이 수령과 당을 위해 몸 바쳐 투쟁하는 혁명 정신이 높이 발양되어 있는 사회라고 주장했다. 이렇게 수령, 당, 대중이 일심단결한 불패의 사회주의는 그 무엇으로도 깨뜨릴 수 없다는 것이 김정일의 지론이다.

1992년 1월 3일 나온 "사회주의 건설의 력사적 교훈과 우리 당의 총로선"이라는 김정일 담화는 '사회주의의 좌절'이라는 표현을 처음 쓰면서 소련을 비롯한 동유럽 사회주의가 붕괴한 원인을 세 가지로 분석했다. 첫째, 역사의 주체인 인민대중이 중심이 되는 사회주의의 본질을 보지 못해 사회주의를 건설하는 과정에서 주체를 강화하고 주체의 역할을 높이는 문제를 제대로 다루지 못했다는 점이다. 즉, 인민대중을 공산주의적으로 교양하고 당의 두리(둘레)에 튼튼히 묶어 세워 혁명의 주체를 강화해 대중의 혁명적 열의와 창조력을 최대한으로 발양시켜 나가야 하는데, 동유럽 국가들은 그렇게 하지 못했다는 것이다. 좀 더 구체적으로 보면 국가주권과 생산수단을 틀어쥐고(사회주의 제도를 수립하고) 생산력만 발전시키면 공산주의 사회를 건설할 수 있다고 생각하면서, 인민대중을 혁명과 건설의 주체로 튼튼히 준비시키기 위한 인간개조 사업을 제대로 추진하지 못했다는 비판이다.

둘째, 당의 역할을 제대로 수행하지 못했다는 점이다. 김정일은 "사회주의 제도가 선 다음 사회주의, 공산주의를 성과적으로 건설하기 위해서는 사회주의 건설을 령도하는 당들이 마땅히 사회주의의 새로운 발전단계의 요구에 맞게 공산주의 리론을 발전시키고 그에 기초하여 올바른 로선과 정책을 세웠어야 했다"면서 "그러나 일부 나라 당들은 이 력사적 과제를 옳게 해결하지 못했다"고 지적했다.

셋째, 사회주의와 자본주의의 질적 차이를 보지 못하고 사회주의의 근본 원칙을 일관성 있게 견지하지 못했다는 비판이다. 즉, 사회주의에 대한 신념이 부족해 사회주의를 건설하는 과정에서 일시적으로 조성된 난관으로 동요하고 점차 혁명적 원칙을 양보하고 포기했다는 것이다. 그 결과 사회주의를 '개혁', '개편'한다고 하면서 사회주의 사회와 결코 양립할 수 없는 '다원주의'를 끌어들여 사회주의를 변질시켰다고 김일성은 비판한다.

1994년 7월 8일 김일성이 사망한 후 약 4개월이 지난 11월 1일, 김정일이 발표한 "사회주의는 과학이다"라는 담화는 '우리식 사회주의'의 결정판이었다. 김정일은 이 담화에서 "여러 나라에서 사회주의가 무너진 것은 과학으로서의 사회주의의 실패가 아니라 사회주의를 변질시킨 기회주의의 파산을 의미한다"면서 "사회주의는 기회주의에 의하여 일

시 가슴 아픈 곡절을 겪고 있지만 그 과학성, 진리성으로 하여 반드시 재생되고 종국적 승리를 이룩하게 될 것"이라고 강조했다. 김정일은 '사회주의를 변질시킨 기회주의'와 관련하여 두 가지 비판을 제시했다. 하나는 사회주의 제도 수립 후 경제 건설에만 매달리면서 '혁명의 주체'를 강화하지 못했다는 비판이다. 즉, 경제 건설이라는 명분으로 사회주의경제 제도를 '개편'한다고 했지만, 혁명의 주체가 바로 서지 못한 상황에서 이를 추진하니 도리어 사회주의경제 제도를 허물어 버렸다는 것이다. 다른 하나는 선행 마르크스주의가 '물질경제적 요인'을 사회역사 발전에서 중시함에 따라, 일부 사회주의 배신자들이 물질지상주의나 경제만능주의를 들고 나왔다는 점이다. 그 결과 사회주의 본래의 제도가 변질됐다는 것이다.

그러나 북한의 '우리식 사회주의체제'는 인민대중이 모든 것의 주인이 되고, 모든 것이 인민대중을 위하여 복무하며, 인민대중의 단결된 힘에 의하여 발전하는 체제이기 때문에 동유럽 사회주의 국가들의 전철을 밟지 않고 승승장구할 수 있었다고 김정일은 자평했다. 김정일은 "우리 당은 주체사상의 요구대로 언제나 인민대중을 당과 수령의 두리에 조직사상적으로 튼튼히 결속시켜 혁명의 주체를 강화하고 그 역할을 높이는 사업을 기본 고리로 틀어쥐고 나감으로써 사회주의의 길을 빛나게 개척하여 올 수 있었다"고 강조했다. 다시 말해, 주체사상을 구현한 북한식 사회주의가 가장 과학적이며 생활력 있는 사회주의이기 때문에 결코 무너지지 않는다는 것이 김정일의 지론이었다.

09

북한의 사회주의 추진 입장 4

김정은, 사회주의 전면 발전론 제시

7절에서 설명했듯이, 1961년 당규약부터 노동당의 당면 목적으로 포함됐던 '공화국 북반부에서의 사회주의 완전승리 달성'은 김정일 정권 말인 2010년 당규약 개정에서 삭제되고, '사회주의 강성대국 건설'로 대치됐다. 당시에는 '사회주의 강성대국 건설'에 대한 북한 당국의 부연 설명이 없어 이것이 무엇을 의미하는지 이해하기 어려웠다. 그러나 북한은 11년이 지난 2021년 1월 당규약 개정과 이후 김정은의 발언을 통해 '사회주의 강성대국'의 구체적 의미를 포함해 사회주의 건설에 대한 종합적 전략 구상을 밝혔다. 이 같은 전략 구상의 계기는 2019년 2월 말 하노이 미북 정상회담 결렬이었다. 김정은은 2019년 4월 최고인민회의 14기 1차 회의에서 미국의 제재 지속에 장기적으로 대응하겠다는 전략 아래 '자주'와 '자력갱생'에 기반을 둔 새로운 사회주의 강국을 건설하겠다고 천명했다. 미국의 제재 움직임에는 더 이상 신경을 쓰지 않고 독자적으로, 중장기적으로 사회주의체제를 건설하겠다고 공언한 것이다.

■ 북한의 '사회주의 전면 발전' 추진 내용

당규약 개정(2021. 1.)	김정은 발언(2021. 4~)

• 부강하고 문명한 사회주의 사회 건설
  (당면 목적)
• 공산주의 사회 건설
  (최종 목적)
• 사회주의 건설 총노선에
  '사회주의 완전승리' 포함
	• '15년 안팎에 사회주의 강국 건설'
	• '20~30년 기한 내 사회주의 이상국
	  건설'

'우리국가제일주의 시대' 제시(2017. 11. 29~)

북한은 2년 뒤인 2021년 1월 제8차 당대회를 열고 당규약 개정을 통해 김정은의 구상을 좀 더 구체화했다. 북한은 노동당의 당면 목적으로 '공화국 북반부에서 부강하고 문명한 사회주의 사회를 건설한다'고 정했다. 2010년의 '사회주의 강성대국'이라는 표현보다 구체화되었다. 최종 목적으로는 '인민의 리상이 완전히 실현된 공산주의 사회의 건설'을 제시했다. 북한은 특히 '사회주의 건설의 총로선'의 일환으로 '사회주의 완전승리를 앞당기기 위하여 투쟁한다'는 대목을 당규약에 넣었다. 2010년 당규약 개정에서 삭제됐던 '사회주의 완전승리'와 '공산주의 건설'이라는 표현이 복원된 것이다.

김정은은 제8차 당대회 이후 여러 발언을 통해 자신의 사회주의 구상을 더욱 상세하게 밝혔다. 그 핵심은 1990년대 중반부터 심화된 경제난을 극복했다고 평가하고 사회주의 건설을 '중장기적'으로 대처해나간다는 뜻을 표명했다는 점이다. 김정은은 2021년 4월 29일 청년동맹 제10차 대회에 보낸 서한에서 앞으로 15년 안팎에 사회주의 강국을 건설한다는 중장기적 미래 구상을 처음으로 피력했다. 김정은은 같은해 5월 25일 조선직업총동맹 8차 대회에 보낸 서신에서 "앞으로 5개년계획 기간 인민경제 전반을 활성화하고 인민생활을 향상시킬 수 있는 튼튼한 토대를 마련할 뿐 아니라 5년을 주기로 한 번씩 크게 도약함으로써 멀지 않은 앞날에 우리 국가의 자존과 번영을 확고히 담보하고 인민들이 문명하고 유족한 생활을 마음껏 누릴 수 있는 사회주의 강국을 건설하여야 한다"고 강조했다.

북한은 2021년 11월 18일부터 22일까지 열린 '3대혁명 선구자대회'에서 '사회주의 전면적 발전'을 정식화했다. '사회주의 전면적 발전'은 제8차 당대회 직후 〈노동신문〉에서 언급된 적은 있으나, 이날 김정은의 발언으로 그 의미가 보다 명확해졌다. 김정은은 "어느 특정한 부문, 분야에서의 발전만 이룩되어서는 언제 가도 국가경제의 자립적이며 지속적인 발전을 이룩할 수 없고 우리가 리상하는 강국도 건설할 수 없다"면서 "뒤떨어진 부문과 단위들을 결정적으로 추켜세워 불균형을 극복하고 사회 전반을 다 같이 속살이 지게(찌게) 발전시키자"고 강조했다. 이 대회 이후 사회주의 전면적 발전은 '정치, 국방, 경제, 문화 등 사회 전 분야에서의 동시적·균형적 발전 추구'와 동의어로 쓰인다.

북한은 2022년 2월 개최된 '건설부문일꾼 대강습회'에서 사회주의 건설과 관련하여 보다 장기적인 목표를 제시했다. 김정은은 대강습 참가자들에 보낸 서한에서 "우리 당은 앞으로 20~30년을 기한부로 온 나라 인민들의 생활환경을 근본적으로 개변시켜 우리나라를 세계가 선망하는 사회주의 리상국으로, 인민들이 최상의 문명을 누리며 편안하고 화목하게 살아가는 사회주의 락원으로 건설할 거창한 설계도를 펼치였다"고 밝혔다. 2021년 5월 '청년동맹대회'에서는 '15년 안팎'이라 언급한 데 반해, 이번엔 '20~30년 전망 계획'을 제시한 것이다.

이 같은 김정은의 발언을 2021년 개정 당규약 내용과 연결지으면 세 가지 특징이 나온다. 첫째, 노동당의 당면 목적으로 규정된 '부강하고 문명한 사회주의'는 '사회주의 강국'이며, 북한은 이를 15년 안팎에 실현하겠다는 계획을 갖고 있다는 점이다. 둘째, 북한은 발전된 군사 분야에서는 현상을 유지하고, 대신 농업 등 발전이 느린 분야를 집중 육성하여 사회 전 분야에서 사회주의를 고양시키겠다는 것이다. 즉, '동시적이고 균형적으로' 사회주의를 추진하겠다는 뜻이다. 셋째, 노동자와 농민의 계급 차이가 없는 '사회주의 완전승리'와 능력에 따라 일하고 필요에 따라 분배받는 '공산주의 건설'은 사회주의 강국 건설 이후에 논의할 사항임을 시사했다는 점이다.

한편 북한은 2017년 11월 29일 '국가 핵무력 완성' 선언 이후 '우리 국가제일주의 시대'라는 개념을 제시했다. 국가 핵무력 완성으로 국제사회에서 북한의 위상이 과거와는 비교할 수 없을 만큼 올라갔다는 인식하에 내놓은 국가발전전략이다. 이는 구체적으로 2018년 4월 20일 조선로동당 중앙위원회 제7기 제3차 전원회의에서 '경제건설 총력집중 노선'으로 구현됐다. 즉, 2018년 남북 정상회담과 싱가포르 미북 정상회담으로 평화 분위기가 조성된 만큼, 북한이 이제는 경제개발에 전력을 기울이겠다는 의지 표명이었다. 그러나 2019년 2월 하노이 미북 정상회담 결렬 이후에는 국가발전전략을 '자주·자립 총력집중'으로 바꾸었다.

10

사회주의체제의 두 가지 성격
공산주의적 성격과 과도적 성격

'사회주의 제도'는 자본주의하에서 노동자계급이 농민계급 등과 연합해, 자본주의 정권을 무너뜨리고 노동자계급 정권(PT정권)을 세운 후 생산수단을 국유화·협동화하는 사회체제를 의미한다. 그런데 레닌과 스탈린에 의해 완성된 이와 같은 내용의 소련식 사회주의체제가 다른 국가들에 세워지는 과정에서 그 내용이 변질되는 경우도 있었다. 제2차 세계대전이 끝난 후 동유럽 국가들에서 발생한 '인민민주주의체제'가 그 변형 사례 중 하나였다. 북한도 '인민민주주의'와 '사회주의'를 추진하는 과정에서 여러 우여곡절을 겪었다. 북한은 그 후 1980년대에 들어 여러 학자들의 논문을 통해 사회주의체제에 대해 나름대로 정리된 이론을 제시했다. 북한은 이를 '사회주의, 공산주의의 건설에 관한 리론을 발전시키는 데 거대한 기여를 한 독창적인 리론'이라고 주장한다. 이 절에서는 북한 학자 윤문영이 1983년에 발표한 〈사회주의 사회의 공산주의적 성격과 과도적 성격에 관한 독창적 리론〉이라는 논문과 역시 북한 학자인 한희호가 1986년에 발표한 〈사회주의 사회의 성격

■ 사회주의체제의 두 가지 성격과 특징

성격	공산주의적 성격	• 집단주의 원칙 • 동지적 협조와 단결
	과도적 성격	• '낡은 사상(자본주의) 잔재' 존속 　- 개인이기주의, 놀고먹기 등 • '완전한 평등' 미실현 　- 계급 · 노동 · 물질문화 생활에서 차이 존재
특징	• '과도적 성격'보다 '공산주의적 성격'이 사회주의 본질에 보다 가까움 • '공산주의적 성격'과 '과도적 성격'의 동시 발현	

과 경제발전의 합법칙성〉이라는 제목의 논문을 중심으로 사회주의체제의 성격과 특징에 대한 북한의 관점을 알아본다.

이들 논문에 따르면 사회주의 사회는 두 가지 성격을 띤다. '공산주의적 성격'과 '과도적 성격'이 그것이다. 사회주의의 공산주의적 성격은 사회주의 사회에 공산주의의 기본 요소들이 포함되어 있다는 의미로서, 북한은 두 가지를 제시했다. 하나는 '집단주의'이고, 다른 하나는 '동지적 협조와 단결'인데, 후자(後者)는 전자(前者)의 결과적 산물이라고 한다. 즉, 개인의 이익보다 집단의 이익을 절대적으로 앞세우는 집단주의가, 사회의 모든 구성원들로 하여금 동지적으로 서로 협조하며 공동의 이익을 위하여 굳게 단결할 수 있게 한다는 것이다. 북한은 사회주의가 '공산주의의 높은 단계'는 아니지만, 이렇게 공산주의적 성격을 지닌다는 점에서 '공산주의의 낮은 단계'라고 지칭한다. 한편 사회주의를 이처럼 '집단주의'와 '동지적 협조와 단결'에 기초한 사회로 만들어 주는 물질적 조건은 '생산수단의 사회화'이며, 이를 통해 개인주의의 경제적 기초인 사적(私的) 소유를 청산할 수 있게 된다.

반면 '사회주의에서의 과도적 성격'이란 사회주의 제도가 수립은 됐으나, 과거 자본주의 시절의 유산과 유물이 남아 있다는 의미에서 붙은 말이다. 대표적인 현상은 두 가지다. 하나는 개인 이기주의로, 적게 일하고 많이 분배받으려는 것, 놀고먹으려는 습성, 국가 재산에 대한 애호심이 없는 것 등이 그런 사례다. 다른 하나는 계급·노동·물질문화생활 수준에서의 차이가 있는 등 사회적 평등이 실현되지 못하고 있는 점이다. 계급에서의 차이는 노동계급과 농민계급 간의 차이다. 노동에서의 차이는 육체노동과 정신노동, 중노동과 경노동, 공업노동과 농업노동에서의 차이다. 물질문화생활 수준에서의 차이는 국영 부문에서 일하는 근로자와 협동 부문에서 일하는 근로자 간, 도시 근로자와 농촌 근로자 간 차이를 의미한다. 이처럼 사회주의 사회는 자본주의 계급을 타도해 자본주의의 착취성은 극복했으나, 자본주의의 잔재는 남아 있어 공산주의의 높은 단계에는 이르지 못한 사회라는 점에서 '과도기적 성격'을 띠고 있다고 규정되는 것이다.

그렇다면 '공산주의의 높은 단계'는 무엇인가. 이는 사회주의 사회의 '과도기적 성격'과 대비되는 개념으로, 사회생활의 모든 분야에서 완전한 평등이 실현된 사회를 의미한다. 구체적으로 노동자와 농민 간 계급적 차이가 없는 것은 물론이며, 정신노동과 육체노동 등 노동에서의 차이도 없고, 능력에 따라 일하고 수요에 따라 분배받기 때문에 물질생활 수준에서의 차이도 없는 사회다. 즉, 모든 사회 성원들 간에 계급적 차이뿐 아니라 활동 조건과 생활 조건에서 온갖 차이가 없어진 사회다.

이처럼 공산주의적 성격과 과도적 성격을 모두 갖고 있는 사회주의 사회의 특징은 두 가지다. 하나는 사회주의 사회의 공산주의적 성격이 본질적 특성이고, 과도적 성격은 부차적 특성이라는 점이다. 사회주의의 과도적 성격을 규정하는 요인들은 모두 자본주의 제도, 즉 착취 사회의 유물이므로 시간이 갈수록 청산되지만, 공산주의적 성격은 '공산주의의 높은 단계'로 끊임없이 확장되어 가며, 따라서 사회주의의 '공산주의적 성격'이 사회주의 사회의 본질이 될 수밖에 없다는 것이다. 다른 하나는 사회주의 사회의 공산주의적 성격과 과도기적 성격이 각각 별도로 나타나는 것이 아니라 결합된 상태에서 동시에 나타난다는 점이다. 다시 말해, 사회주의 사회 내부의 여러 사회관계(소유, 노동, 분배 등)들 가운데 어떤 사회관계는 공산주의적 성격만, 다른 사회관계는 과도기적 성격만 각각 가지는 게 아니라, 각기의 사회관계 안에는 공산주의적 성격과 과도기적 성격이 모두 들어 있으며 함께 기능한다는 것이다. 이 점은 북한의 경제 시스템이 어떻게 운영되는지를 이해하기 위한 중요한 열쇠다. 이 부분은 4장 3절에서 좀 더 상세하게 다룬다.

3장

북한의
통치이데올로기 변천

북한은 당-국가체제다. '조선로동당'이라는 당이 '조선민주주의인민공화국'이라는 국가를 지도하면서, 당조직과 국가기구가 각자의 역할을 맡고 있다. 당과 국가는 그 역할을 수행하기 위해 준수해야 할 기본 원칙이 있는데, 이것이 당에는 '지도사상'이고 국가에는 '지도적 지침'이다. 건국 이후 북한에서 당의 지도사상은 몇 차례 바뀌었다. 1956년부터 '마르크스-레닌주의'였다가 1980년에 '김일성 주체사상'으로 바뀌었다. 2011년 김정일이 사망한 뒤 2012년의 당규약 개정에서는 '김일성-김정일주의'로 변경됐다. 헌법에서는 1992년 개정 때 주체사상만이 지도적 지침이었다가 2009년 개정에서 '선군사상'이 추가됐다. 이후 '주체사상과 선군사상'이 계속 지도적 지침이었다가 2019년 개정 때 '김일성-김정일주의'로 바뀌었다.

3장에서는 북한의 주체사상과 선군사상, 그리고 현재의 지도사상과 지도적 지침인 김일성-김정일주의를 집중 분석한다. 북한에서 주체사상은 노동당 및 국가 운영의 뿌리이자, 주민들 삶을 규정하는 나침반으로서 기능해 왔다. 반면 남쪽에서 주체사상은 '김일성 1인 독재', '봉건적 세습체제', '북한의 국제적 고립'의 상징으로 받아들여졌다. 여기서 필자가 품었던 의문은 '사람이 모든 것의 주인이며 모든 것을 결정한다'는 등의 주체사상 내용과 '김일성 1인 독재'와의 연관성이었다. 이 의문은 북한에서 주체사상의 창시자로 알려져 있다가 1997년 한국에 망명한 황장엽 노동당비서가 "주체사상은 인간을 위한 철학"이라고 언급한 이후 더욱 증폭됐다. 그러다 서재진 박사가 저술한 《주체사상의 이반》(2006)이라는 책에서 의문점이 해소됐다. 즉, 주체사상은 ① 김일성이 천명한 초기 주체사상, ② 황장엽 주도 주체사상, ③ 김정일 주도 주체사상의 세 갈래가 있는데, ①은 '북한의 대내외 정책'과 관련된 의미가, ②는 '인간 중심 철학'으로서의 의미가, ③은 '김일성 유일체제 확립과 권력세습을 위한 논리'로서의 의미가 각각 담긴 것이다. 3장에서는 이 점에 유의해 주체사상의 내용과 연혁을 정리한다.

북한은 경제 위기가 닥친 1995년 김정일이 선군정치를 실시한다고 선언한 이후 군대를 모든 국가 경영의 기둥으로 삼았다. 2000년도 초·중반에는 '선군사상', '선군영도'를 제시하면서 온 사회를 '선군화'한 후, 2009년 개정 헌법에 선군사상을 국가활동의 지도적 지침에 포함했다. 이에 따라 선군정치와 선군사상 간의 선후(先後)관계를 비롯해 선군정치·선군사상·선군영도가 어떤 연관성이 있는지 많은 논란이 있다. 3장에서는 이 세 가지 요소의 삼각관계를 정밀하게 분석한다.

주체사상의 연속선상에서 북한 통치의 기본 개념인 '혁명적 수령관'과 '사회정치적 생명체론'을 알아본다. 혁명적 수령관은 주체사상에서 파생됐다는 점을 환기하면서, 혁명적 수령관의 구체적 내용인 수령의 지위와 역할, 특징을 검토한다. 이어 혁명적 수령관과 사회정치적 생명체론을 유기체론적 관점에서 비교, 설명한다. 끝으로 김정은 체제가 들어선 이후 지도사상과 지도적 지침으로 등장한 '김일성-김정일주의'의 연원과 내용, 특징을 분석한다.

01

주체사상 연혁 1
대내외 정책 추진의 정강政綱

북한에서 주체사상이 생성되고 변천해 온 과정은 한편의 거대한 드라마를 방불케 한다. '북한' 하면 '주체사상'이라는 등식이 성립할 정도로 주체사상은 북한 사회 내부와 대외 정책에 심대한 영향을 미쳤다. 주체사상은 당과 국가의 운영에서는 물론 주민들의 일상생활에서 '어디로 가야할지를 알려주는 나침반'으로서의 역할을 담당해 왔다. 이런 역할은 특히 1970년대 초반 김일성에서 김정일에로의 권력세습이 추진되자 더욱 강화되었다. 권력세습 과정에서 '지도사상'을 이어받는 것이 가장 중요한 요인으로 간주됐기 때문이다. 그러나 1990년대 후반 극심한 경제난과 국제적 고립으로 체제위기를 겪으면서 주체사상의 위상과 역할이 현저히 낮아졌다는 게 많은 탈북민들의 증언이다. 김정일이 대기근 상황이었던 1998년 '선군정치'나 '강성대국'이라는 구호를 내건 것도 이런 사정을 반영한 것으로 보인다. 하지만 반론도 있다. 북한 전문가인 박한식 교수(미국 조지아대)는 "주체사상의 위상과 역할이 낮아진 것이 아니라 주체사상이 북한 사회의 관습으로 정착된 것"이라고 주장한다. 마치 제사나 성묘는 우리 사회의 관습으로 굳어져서 하는 것이

▌주체사상 정립 과정

사상에서의 주체	1955. 12. 28. 당선전선동원대회
경제에서의 자립	1956. 12. 11. 당중앙위원회 제3기 12월 전원회의
정치에서의 자주	1957. 12. 5. 당중앙위원회 제3기 확대전원회의
국방에서의 자위	1962. 12. 10. 당중앙위원회 제4기 5차 전원회의
주체사상 정식화	1965. 4. 14. 김일성, 인도네시아 사회과학원 연설
외교에서의 자주	1966. 10. 5. 제2차 당대표자회
국가 정강으로 '주체사상' 채택	1967. 12. 16. 최고인민회의 제4기 제1차 회의

지, 유교 경전에 수록된 효(孝)사상을 공부하고 하는 행위가 아닌 것
과 마찬가지라는 것이다.

주체사상이 이렇게 북한 사회에서 핵심 통치이데올로기로 작동해
왔다면, 남한 등 외부에서 주체사상은 '김일성·김정일 1인 독재', '봉
건적 세습체제', '북한의 국제적 고립' 등의 상징으로 받아들여져 왔다.
1997년 주체사상의 창시자 고(故) 황장엽 전 노동당비서가 남한으로
망명했을 당시 상당수 언론은 이를 '김정일 체제의 붕괴 여부'와 연관해
분석하기도 했다. 2015년 한국사 교과서 파동 때 집권당인 새누리당이
"김일성 주체사상을 우리 아이들이 배우고 있습니다"라는 현수막을 내
건 적도 있다. 이는 주체사상이 '김일성 독재를 옹호하는 나쁜 사상'이
라는 의미를 내포한 개념으로 받아들여진다는 뜻이다. 이처럼 주체사
상의 함의는 남과 북에서 현격한 차이가 있다.

주체사상은 1967년 노동당 제4기 15차 전원회의를 계기로 그 성격이
완전히 달라진다. 1967년은 김일성의 만주파가 마지막까지 남은 반대
파인 박금철의 갑산파를 숙청하고 김일성 유일지도체제를 완성한 해로

170

서, 북한 역사에서 획기적인 이정표를 세우는 연도였다. 주체사상도 제
4기 15차 전원회의 이전에는 정책 노선으로서의 성격이 짙은 사상이었
으나, 그 이후에는 유일지도체제를 뒷받침하는 '유일사상'으로 바뀌었
다. 즉, 1967년 이후의 주체사상은 '김일성 동지의 혁명사상'으로서,
'김일성 수령 독재'를 지탱해 주는 통치이데올로기로서의 역할을 담당했
던 것이다. 1절에서는 1967년 이전까지 이러한 주체사상의 생성과 발전
을, 2절에서는 1967년 이후 주체사상의 발전 과정을 각각 알아본다.

김일성이 '주체'라는 용어를 처음으로 사용한 것은 1955년 12월 28
일 '당선전선동원대회'에서 한 "사상사업에서 교조주의와 형식주의를
퇴치하고 주체를 확립할 데 대하여"라는 제목의 연설에서였다. 그 전
에는 '자체'라는 용어는 있어도 '주체'는 없었다. 김일성이 '주체'를 거
론한 것은 당시 가중되고 있던 북한 사회에 대한 소련과 중국의 영향력
으로부터 벗어나 '국가로서의 독자성'을 확립하고, 소련이나 중국의 행
태를 그대로 답습하는 소련파 · 연안파 등의 정적을 비판하겠다는 차원
에서였다.

이후 김일성은 '주체'의 개념을 다른 정책 분야에 적용해 나갔다. 경
제 분야에서는 '자립', 정치 분야에서는 '자주', 군사 분야에서는 '자위'
를 잇따라 내세웠다(표 참조). '자립'은 김일성이 1956년 6월 1일부터 7
월 19일까지 무상원조를 기대하며 소련과 동유럽 국가들을 방문했으
나, 성과가 미약하자 같은 해 12월 11일 당중앙위원회 전원회의에서
강조한 말이다. '자주'는 1956년 '8월 종파사건' 이후 김일성이 소련파
와 연안파를 숙청한 후 '반종파 운동'을 벌이면서 1957년 12월 5일 개
최한 당중앙위원회 전원회의에서 강조됐다. '자위'는 1960년대 초반

'쿠바 미사일 위기' 때 소련이 미국에 굴복한 것을 계기로 1962년 12월 10일 당중앙위원회 제4기 제5차 전원회의에서 제시된 개념이다. 결국 이 당시 주체사상은 '사상'1이라고 표현하기는 했지만, 마르크스 사상처럼 체계를 갖춘 보편적인 사상이 아니라 대내외 국가정책 노선 수준이었다고 볼 수 있다. 즉, 정적들을 '수정주의자'나 '교조주의자'로 숙청하고, 자신들은 '주체'의 지위를 지닌 세력으로 자리매김하기 위해 '사상에서의 주체' 개념을 '자주', '자립', '자위'로 특화한 것이다.

김일성은 1965년 인도네시아 사회과학원 연설을 통해 '주체사상'과 '주체노선'에 대해 보다 명확한 입장을 제시했다. 김일성은 "주체사상으로 당을 무장해야 한다"면서 "사상에서의 주체, 정치에서의 자주, 경제에서의 자립, 국방에서의 자위, 이것이 우리 당이 일관하게 견지하고 있는 립장"이라고 밝혔다. 노동당을 사상, 즉 주체사상으로 무장시키고, 이 당이 국가정책에서 자주, 자립, 자위의 노선을 추진한다고 정리한 것이다. 결국 주체노선을 포함한 주체사상을 지도사상으로 정식화2했다고 볼 수 있다. 김일성의 이 연설은 '정리된 주체사상'을 국제

---

1 북한에서 '주체사상'이라는 용어는 1962년 12월 19일 자 〈노동신문〉 무기명 논설에서 처음 쓰였다. 이 논설은 다음과 같이 주장했다. "… 조선혁명 수행에서 주체를 확립한다는 것은 조선혁명의 주인은 조선로동당과 조선인민이라는 주견을 가지는 것이며… 당의 주체사상을 실생활에서 더욱 철저히 관철하기 위하여서는 마르크스-레닌주의 원칙과 그것을 우리나라 현실에 창조적으로 구현한 당정책으로 튼튼히 무장하여야 한다." 한편 《김일성 저작집》에서 주체사상이라는 용어가 처음 나온 것은 1963년 4월 18일의 연설에서였다고 이종석은 주장했다. 이 연설에서 김일성은 "학위론문을 잘 쓰지 못한 교원에게는 그의 학위론문이 통과되지 못한 것은 그가 우리당의 주체사상으로 철저히 무장하지 못하여…"라고 말했다.
2 북한에서 어떤 사상이 진화하는 과정의 각 단계를 명명하는 용어는 다양하다. 이 책에

적으로 전파한 첫 사례로 주목을 받았다.

1960년대 중반 들어 소련과 중국의 분쟁이 격렬해지자 북한은 1966
년 8월 〈노동신문〉에 "자주성을 옹호하자"는 논설을 게재하여 소련과
중국 어느 쪽에도 치우치지 않겠다는 국가 차원의 의지를 밝혔다. 북
한은 같은 해 10월 5일 제2차 당대표자회에서 이 같은 의지 의지의 연
장선상에서 '외교에서의 자주'를 채택했다. 북한은 이어 1967년 12월
16일 최고인민회의 제4기 1차 회의에서 주체사상에 국가 운영을 위한
장전(章典)으로서의 위상을 부여했다. 이날 회의에서 채택된 〈공화국
10대 정강〉의 제1조에 주체사상이 포함된 것이다. 그 내용은 이렇다.

공화국 정부는 우리 당의 주체사상을 모든 부문에 걸쳐 훌륭히 구현함으
로써 나라의 정치적 자주성을 공고히 하고 우리 민족의 완전한 통일독립
과 번영을 보장할 수 있는 자립적 민족경제의 토대를 더욱 튼튼히 하며 자
체의 힘으로 조국의 안전을 믿음직하게 보위할 수 있도록 나라의 방위력
을 강화하기 위한 자주, 자립, 자위의 로선을 철저히 관철할 것이다.

이로써 주체사상은 1955년 김일성이 처음 '사상에서의 주체'를 제기
한 후 12년 만에 공식적으로 '당과 국가를 지도하는 정강'으로서의 지
위와 역할을 부여받았다.

서는 그 진화 과정을 '정식화'→'체계화'→'심화발전'으로 표기한다. '정식화'는 어떤
사상의 내용을 큰 틀에서 정리하는 것을 의미한다.

02

주체사상 연혁 2

두 갈래의 진화

1950년대에 걸쳐 남조선로동당(남로당) 파를 비롯해 소련파·연안파 등 정적들을 숙청한 김일성은 1967년 5월 노동당 제4기 15차 전원회의에서 항일무장투쟁을 같이 벌였던 박금철(당시 부수상)의 갑산파마저 숙청하고 자신이 유일하게 권력을 행사하는 '유일지도체제'를 구축했다. 북한은 유일지도체제를 뒷받침하기 위해 주체사상을 두 갈래 방향에서 발전시켜 나갔다. 하나는 주체사상을 '이론적 체계를 갖춘 사상'으로 만드는 방향이다. 다른 하나는 주체사상을 '김일성 유일체제'와 '권력세습'을 뒷받침하는 통치이데올로기로 세우는 방향이다. 이런 작업들은 김정일의 주도하에 1967년에 시작되어 1985년에 완료됐다. 북한은 이렇게 주체사상의 내실을 다져 가면서 주체사상을 당규약과 헌법에 반영했다. 1970년 11월 조선노동당 제5차 당대회에서 주체사상은 마르크스-레닌주의와 함께 당의 지도사상에 포함되었다. 1972년 12월 채택된 〈사회주의 헌법〉 제4조는 "마르크스-레닌주의를 우리나라의 현실에 창조적으로 적용한 조선로동당의 주체사상을 자기활동의

▌주체사상의 진화 과정

주체사상 정립 (1967)	'이론적 체계화' 추진	• 이론의 틀로 '김일성주의' 제시(1974) • '좁은 의미의 주체사상' 체계화(1982) • '넓은 의미의 주체사상' 체계화(1985)
	'수령유일체제' 활용	• '수령' 개념 제시(1970) • '혁명적 수령관' 제시(1974) • '혁명적 수령관' 체계화(1982) • '혁명적 수령관' 심화발전(1985)

지도적 지침으로 삼는다"고 규정했다. 더 나아가 1980년 개최된 조선노동당 제6차 당대회는 주체사상을 유일한 지도사상으로 승격하고 마르크스-레닌주의는 삭제했다.

주체사상의 이론화 작업은 주체사상을 '사상이론'의 측면에서 체계화하는 차원에서 이루어졌다. 이 작업의 기본적인 특징은 '물질'을 중시하는 마르크스주의와는 달리, '인간 중심'을 내세운 데 있다. 고(故) 황장엽 전 북한 노동당비서가 주도적으로 담당했던 이 작업의 초기 형태는 1972년 9월 평양을 방문했던 일본 〈마이니치신문〉 기자단이 제기한 질문에 대한 김일성의 답변에서 나왔다. 김일성은 "주체사상은 한마디로 말하여 혁명과 건설의 주인은 인민대중이며 혁명과 건설을 추동하는 힘도 인민대중에게 있다는 사상이다. 다시 말하면 자기 운명의 주인은 자기 자신이며 자기 운명을 개척하는 힘도 자기 자신에게 있다는 사상"이라고 말했다.

김정일은 1974년 2월 김일성의 후계자로 내정된 직후 〈온 사회를 김일성주의화하기 위한 당사상 사업의 당면한 몇 가지 과업에 대하여〉라는 논문을 통해 '김일성주의'라는 용어를 처음 제시했다. 김정일은 "김일성주의는 기존의 주체의 사상에 '이론'과 '방법'이 가미된 전일적 체계"라고 규정했다. 김정일은 "마르크스-레닌주의는 어디까지나 100년 전, 50년 전의 자본주의와 제국주의를 분석한 데 기초하여 내놓은 것인 만큼 오늘의 새로운 역사적 시대, 사회주의가 세계적 범위에서 승리하고 있는 우리 시대가 제기하는 모든 문제들에 해답을 줄 수 없는 것"이라며 "공산주의 이론은 김일성주의에 의해 비로소 전면적으로 전개되고 체계화되었으며 전일적인 완벽한 과학적 리론으로 되었다"고까지 강조했다. 김정일의 이런 언급들은 주체사상이 마르크스-레닌주의의 하위 개념이 아니고 독창적 이론 체계를 갖춘, 마르크스-레닌주의와 동급의 사상이라는 점을 부각하기 위한 것이다. 김정일은 이어 1974년 4월 〈주체철학의 리해에서 제기되는 몇 가지 문제에 대하여〉라는 논문을 통해 인간의 본질적 특징으로 '자주성'·'창조성'·'의식성'을 제시했다.

김정일이 내세운 '김일성주의'와 '인간의 본질적 특징'은 그 이후 주체사상을 이론적으로 체계화하는 작업의 출발점으로 기능했다. 8년 후인 1982년 3월 김정일은 〈주체사상에 대하여〉라는 논문에서 주체사상을 이론적으로 체계화했다. 이 체계는 ① 철학적 원리, ② 사회역사 원리, ③ 지도적 원칙으로 구성되어 있는데, 이를 합쳐 '좁은 의미의 주체사상'이라고도 부른다. '넓은 의미의 주체사상'은 1985년 발간된 《주체사상 총서》(총 10권)에서 체계화됐다. '넓은 의미의 주체사상'은 '좁은 의미의 주체사상'을 토대로 '혁명이론'과 '영도방법'의 내용이 추가된 것이다. 이로써 주체사상의 이론적 체계화가 완성된다. '혁명이론'과 '영도방법'의 구체적 내용은 4절에서 설명한다.

한편 주체사상을 '수령유일체제를 위한 담론'으로 파생시키는 작업은, 주체사상의 이론적 체계화 과정에서 '김일성 수령에 대한 절대 복종과 충성'을 의미하는 '혁명적 수령관'으로 연결되는 개념이나 논리를 이끌어 내는 방식으로 추진됐다. 혁명적 수령관의 정립을 위한 첫 단계는 '수령'이라는 개념의 제시였고, 이는 1970년 제5차 당대회에서 양형섭 당시 당중앙위원의 발언에서 나타났다. 양형섭은 "로동계급의 수령은 혁명투쟁에서 결정적 역할을 수행합니다. … 수령은 통일단결의 유일한 중심… 혁명과 건설에 대한 유일적 령도를 실현하는 혁명의 최고뇌수…"라고 말했다. 수령의 지위와 역할에 관한 초보적 정의를 내린 것이다.

이런 초보적 정의가 '혁명적 수령관'이라는 개념으로 나타난 것은 1974년 2월 19일 김정일이 발표한 〈온 사회를 김일성주의화하기 위한 당사상 사업의 당면한 몇 가지 문제에 대하여〉라는 논문에서였다. 김정일은 '수령 권위의 절대화'·'수령 사상과 교시의 신조화'·'수령 교시 집행의 무조건성'을 제시하면서 "우리는 당의 유일사상체계를 세우는 작업을 철두철미 수령님에 대한 절대적이고 무조건적인 충실성을 배양하는 것을 기본으로 하여 계속 힘 있게 밀고 나가야 한다"고 강조했다. 유일사상, 즉 주체사상의 체계를 세우는 작업은 '수령에 대한 충실성'이 선행되어야 한다고 밝힌 것이다. 여기서 주체사상은 '수령유일체제'를 뒷받침하는 이론으로 활용되었고, 그 결과 '혁명적 수령관'이 도출되었다.

'혁명적 수령관'이 더욱 구체적인 형태로 나타난 것은 김정일이 김일성의 62회 생일 전날인 1974년 4월 14일 선포한 〈당의 유일사상체계 확립의 10대 원칙〉에서였다. 이 〈10대 원칙〉은 김정일이 1974년 2월

19일 논문에서 밝힌 '수령 권위의 절대화'·'수령 사상과 교시의 신조화'·'수령 교시 집행의 무조건성'의 세 가지를 토대로 구성됐다. 〈10대 원칙〉 중 1원칙은 "위대한 수령 김일성 동지의 혁명 사상으로 온 사회를 일색화하기 위하여 몸 바쳐 투쟁하여야 한다"이고, 2원칙은 "위대한 수령 김일성 동지를 충성으로 높이 우러러 모셔야 한다"이다. 특히 "위대한 수령 김일성 동지께서 개척하신 혁명 위업을 대를 이어 끝까지 계승하며 완성하여 나가야 한다"는 10원칙은 김일성에서 김정일로의 권력 세습을 의식한 것이다. 결국 이런 내용의 〈10대 원칙〉은 김일성 수령을 절대화하고 무조건 받드는 '혁명적 수령관'이 정착하는 데 결정적 역할을 했다.

'혁명적 수령관'은 1982년 김정일이 발표한 〈주체사상에 대하여〉라는 논문에서 체계화되었다. 이 논문은 '역사의 주체는 인민대중'이라는 '좁은 의미의 주체사상'의 한 부분에 '지도와 대중'이라는 개념을 연결시켰다. 김정일은 "인민대중은 력사의 창조자이지만 옳은 지도에 의하여서만 사회력사 발전에 주체로서의 지위를 차지하고 역할을 다할 수 있다"며 "로동계급을 비롯한 인민대중은 당과 수령의 올바른 령도를 받아야만 민족해방, 계급해방을 이룩하고 사회주의, 공산주의의 사회를 성과적으로 건설할 수 있다"고 강조했다. 북한은 이를 '지도와 대중의 결합'이라는 개념으로 설명하면서, '올바른 영도를 받은 인민대중'을 '역사의 자주적 주체'로 명명했다. '혁명적 수령관'은 이어 1985년 10월에 출간된 《주체사상 총서》에서 심화발전됐다. 앞에서 설명한 '넓은 의미의 주체사상'에 포함된 '영도방법'이 추가된 것이다. 이 부분은 4절에서 좀 더 상세하게 설명한다.

03

—

좁은 의미의 주체사상

'좁은 의미의 주체사상'은 '철학적 원리'·'사회역사 원리'·'지도적 원칙' 등 세 가지 개념으로 구성된다. 철학적 원리는 분석 단위로 '사람'을 선택한 후 '세계에서 사람이 차지하는 지위 및 역할'과 '사람의 본질적 특성'이라는 두 가지 명제를 규명한다. 철학적 원리에 따르면 사람의 지위는 '사람이 모든 것의 주인', 즉, 사람이 세계와 자기 운명의 주인이라는 의미다. 사람의 역할은 '사람이 모든 것을 결정한다'는 것, 다시 말해 사람이 세계를 개조하고 자기 운명을 개척하는 데 결정적 역할을 한다는 의미다. 철학적 원리는 사람의 본질적 특징으로 자주성·창조성·의식성을 제시한다. 자주성은 세계와 자기 운명의 주인으로서 자주적으로 살며 발전하려는 사회적 인간의 속성을 의미한다. 이 자주성은 사람의 '사회정치적 생명'으로 간주된다. 창조성은 목적의식적으로 세계를 개조하고 자기 운명을 개척해 나가는 사회적 인간의 속성이라는 의미다. 의식성은 세계와 자기 자신을 파악하고 개변하기 위한 모든 활동을 규제하는 사회적 인간의 속성이라는 의미다. 사람의 이러한 본질적 특징으로 인해 사람이 모든 것의 주인이 되고 모든 것을 결정하는 존재가 된다는 것이 철학적 원리의 핵심이다.

　사회역사 원리는 철학적 원리에 기반을 두고 사회역사의 변천 법칙을 규명한 것이다. 사회역사 원리에서는 모든 것의 주인인 '사람'이 개체에서 벗어나 집단화한 '인민대중'으로 전환되고, 이것이 사회역사의

▌좁은 의미의 주체사상

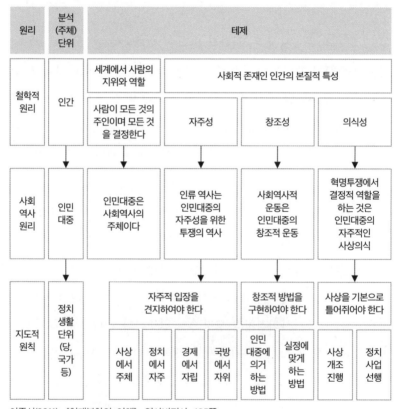

원리	분석 (주체) 단위	테제			
철학적 원리	인간	세계에서 사람의 지위와 역할	사회적 존재인 인간의 본질적 특성		
		사람이 모든 것의 주인이며 모든 것 을 결정한다	자주성	창조성	의식성
사회 역사 원리	인민 대중	인민대중은 사회역사의 주체이다	인류 역사는 인민대중의 자주성을 위한 투쟁의 역사	사회역사적 운동은 인민대중의 창조적 운동	혁명투쟁에서 결정적 역할을 하는 것은 인민대중의 자주적인 사상의식

자주적 입장을 견지하여야 한다 / 창조적 방법을 구현하여야 한다 / 사상을 기본으로 틀어쥐어야 한다

지도적 원칙 / 정치 생활 단위 (당, 국가 등) / 사상에서 주체 / 정치에서 자주 / 경제에서 자립 / 국방에서 자위 / 인민대중에 의거하는 방법 / 실정에 맞게 하는 방법 / 사상개조 진행 / 정치사업 선행

이종석(2011), 《현대북한의 이해》, 역사비평사, 135쪽.

분석 단위가 된다. 우선 사회역사 원리는 인민대중을 '사회역사의 주체'라고 규정한다. 이어 사회역사 원리는 인간의 본질적 특징인 자주성·창조성·의식성이 인민대중의 차원에서는 각각 어떻게 구체화되는지 도표와 같이 설명하고 있다. 특히 사회역사 원리 중 '인민대중은 사회역사의 주체'라는 대목은 수령의 절대적 지위와 역할을 보장하는 '혁명적 수령관'으로 연결되는 고리가 된다. 사회역사 원리는 '인민대중은 사회역사의 주체'라고 규정하지만, 곧이어 '인민대중은 당과 수령의 지도를 받아야 주체가 될 수 있다'는 논리로 파생되어 갔기 때문이다.

지도적 원칙은 당이나 국가 등의 '정치생활 단위'가 철학적 원리와 사회역사 원리를 실제의 사회생활과 정치생활에서 구현하기 위해 준수해야 할 원칙을 의미한다. 한 예로 철학적 원리 중의 하나인 자주성을 구현하기 위한 원칙으로 '사상에서의 주체'·'정치에서의 자주'·'경제에서의 자립'·'국방에서의 자위'를 제시했다. 이는 지도적 원칙이 북한의 국가 운영과 당 운영을 위한 총적 노선의 성격을 지니고 있음을 의미한다.

'좁은 의미의 주체사상'을 마르크스-레닌주의와 비교하면 큰 차이가 있다. 좁은 의미의 주체사상이 마르크스-레닌주의의 핵심인 유물론을 버리고 사람 중심의 사상의식 결정론을 선택했다는 점이 그렇다. '사람이 모든 것의 주인이며 모든 것을 결정한다'는 철학적 원리는 인간의 정신이나 의식을 강조할 수밖에 없고, 이는 '물질이 1차적 토대를 이룬다'는 마르크스-레닌주의에 어긋난다. 그런데 이러한 '사상의식 결정론'은 오랫동안 유물론을 강조해 온 북한의 입장에서는 고민되는 지점일 수밖에 없었다. 그래서 북한은 '의식'을 '물질'의 반영으로 보는 마르크스 유물론의 기조는 유지하면서도, '의식의 적극적이고 능동적인 역할'을 강조하고 나섰다. 즉, 의식이나 정신이 일단 물질에 의해 발생되기는 하지만, 의식이나 정신도 거꾸로 물질에 영향을 미치는 기능을 한다는 것이다. 더 나아가 인간의 사상의식이 인간의 모든 행동을 규정한다고 주장한다. 북한이 이런 주장을 펴는 것은 마르크스의 유물론과의 모순을 해소하려는 뜻도 있지만, 김일성 우상화 등을 겨냥하여 인간의 사상의식을 강조하기 위한 측면도 있다. 김일성을 우상화하는 작업에서 우상화는 물질이 아니라 의식을 가진 인간에 의해 이루어지기 때문이다.

04
—
넓은 의미의 주체사상

'넓은 의미의 주체사상', 즉 '김일성주의'는 '좁은 의미의 주체사상'에 '혁명이론'과 '영도방법'을 추가한 것이다. 김일성주의를 체계화한 1985년의 《주체사상 총서》에 따르면 우선 좁은 의미의 주체사상으로는 ① 철학적 원리, ② 사회역사 원리, ③ 지도적 원칙이 있다. '혁명이론'과 '영도방법'은 사회주의 · 공산주의 건설과 김일성 유일체제를 구축하기 위해 김일성이 제시한 각종 수단을 의미한다. 혁명이론에는 ① 반제반봉건 민주주의 혁명론 · 사회주의 혁명 이론, ② 사회주의 · 공산주의 건설 이론, ③ 인간개조 이론, ④ 사회주의경제 건설 이론, ⑤ 사회주의문화 건설 이론이 있고, 영도방법에는 ① 영도체계와 ② 영도예술이 있다.[3]

김일성주의에서의 '혁명이론'은 기본적으로 마르크스-레닌주의와

---

3   이 부분은 이종석의 《새로 쓴 현대북한의 이해》와 서재진의 《주체사상의 이반》을 참조했다.

차이점이 있다. 마르크스-레닌주의는 생산력의 발전과 생산관계의 모순에 의해 혁명이 일어난다고 보나, 혁명이론은 인민대중이 착취를 당하면 혁명투쟁이 벌어진다고 간주한다. 혁명이론의 첫 번째인 '반제반봉건 민주주의 혁명론'은 식민지 지배를 받는 나라의 국민들이 제국주의의 침략에 반대하고 지주 등 봉건세력을 타파하려는 혁명을 의미한다. 한 예로 해방 직후 조선인들이 일본 제국주의 잔재를 일소하면서 토지개혁, 산업국유화 등을 추진하는 것을 들 수 있다. '사회주의 혁명이론'은 노동계급의 영도하에 '사람에 의한 사람의 착취'를 완전히 없애고 인민대중의 자주성을 실현함으로써 인민대중을 국가와 사회의 참다운 주인으로 만드는 것에 관한 이론이다. 즉, 노동자·농민·인텔리

■ 김일성주의의 구성 체계

이종석(2011), 《현대북한의 이해》, 138쪽.

등 인민대중이 프롤레타리아 정권을 수립한 후 생산수단의 국유화·협동화를 통해 인민대중을 생산활동의 실제 주인으로 세워 과거 식민지 시절에 존재했던 '자본가와 지주의 착취'를 철폐한다는 것이다.

'사회주의·공산주의 건설 이론'은 사회주의 제도가 수립된 후 사회주의 완전승리의 단계에서 공산주의를 실현해 가는 방도에 관한 이론이다(2장 6절 참조). 공산주의 건설을 위해서는 '인민정권'에 사상, 기술, 문화의 3대 혁명을 더해야 한다는 것이 사회주의·공산주의 건설 이론의 핵심이다. '인간개조 이론'은 사람들을 공산주의적으로 교양, 개조하는 이론이다. 즉, 과거의 착취계급에 의해 형성된 '반동적 인간'이 아니라 '공산주의적 새 인간'을 만든다는 것이다. '사회주의경제 건설 이론'은 생산수단의 국유화·협동화라는 사회주의적 생산관계를 계속 유지하면서 사회주의의 물질기술적 토대를 더욱 튼튼히 축성하는 것을 의미한다. '사회주의문화 건설 이론'은 식민지 시절의 모든 낡은 문화를 폐기하고 근로인민대중의 자주성 확립에 부합하는 새로운 문화를 창조하기 위한 이론이다.

'영도방법'은 인민을 지도하여 이들을 수령에 복종시키고 혁명의 길에 들어설 수 있게 하는 구조와 방법에 관한 내용으로, '영도체계'와 '영도예술'로 나뉜다. '영도체계'는 수령의 영도를 실현하기 위한 사회조직 전체를 의미한다. 영도체계는 당, 국가, 근로단체 등 북한의 모든 정치·사회조직에 세워져 있다. 영도체계는 '수령의 유일적 영도'로 연결되며 이는 '수령의 혁명사상을 유일적·지도적 지침으로 하여 혁명과 건설을 수행하며 수령의 명령과 지시에 따라 전당, 전국, 전군이 하나와 같이 움직이게 하는 체계'로 정의된다.

'영도예술'은 수령이 대중을 혁명과 건설에 동원하는 방법을 의미한다. 영도체계가 제대로 세워졌다 하더라도 인민대중을 움직이게 하는 방법이 없으면 혁명과 건설에서 성과를 내기 어렵다는 문제의식에서 나온 것이 '영도예술'이다. 영도예술에서 '예술'이라는 표현은 인민의 지지를 받거나 대내외 정책을 관철하려면 인민들을 감동시키는 '예술적 감각'이 필요하다는 의미에서 붙은 것이다. 영도예술의 구체적 방법은 '천리마운동'4 같은 선전성이 강한 구호를 제시하거나, 당정 간부들이 '인민적 품성'을 보유하게 하는 것 등이다. 인민적 품성이란 '인민을 귀중히 여기고 인민의 이익을 실현하기 위하여 모든 것을 다하는 당정 간부들의 정신도덕적 품성'을 의미한다.

---

4 '천리마운동'은 북한이 1956년부터 추진한 노력 동원 및 사상개조 운동이다. 하루에 1,000리(약 400km)를 달릴 수 있는 천리마를 탄 것과 같은 마음가짐으로 열심히 일하자는 취지에서 이름을 붙인 것이다.

05

혁명적 수령관

북한체제는 '수령'이 최고지도자로서 통치하는 체제다. 노동당, 최고
인민회의, 내각, 군대 등 북한체제의 모든 기관을 가동하는 원동력이
자 주민들의 일상적인 삶을 규정하는 토대가 바로 '수령'의 교시다. 무
엇보다 북한에서 권력 승계는 총비서나 국무위원장 같은 직책이 아니
라 수령 자리를 승계하는 형태로 이루어진다. 이처럼 북한 사회에서
'수령'이라는 용어는 절대권력의 상징으로 받아들여진다. 이 수령의 지
위와 역할이 무엇인지와, 수령에게 어떤 자세와 입장을 취해야 하는지
를 둘러싼 북한의 주장이 '혁명적 수령관'이다. 5

'혁명적 수령관'의 체계를 이해하기 위해선 북한에서 언제부터 김일

---

5 국내 학계 일각에서는 '혁명적 수령관'을 '혁명적 수령론'과 구분한다. '혁명적 수령론'
   은 수령에 대한 이론, 즉 수령의 지위와 역할을 의미하는 반면, '혁명적 수령관'은 수
   령에 대한 자세와 입장을 각각 의미한다는 것이다. 정영철의 《김정일 리더십 연구》
   (2008) 참조. 그러나 이 책에서는 '혁명적 수령관'에 두 가지를 모두 포함되는 것으로
   정리했다.

▌혁명적 수령관의 구성

수령의 지위	수령의 역할	수령에 대한 자세

• 통일단결의 중심
• 혁명투쟁의 탁월한 영도자
• 인민의 자애로운 어버이
	• 인민대중의 자주적
	  요구와 이익을 정확히
	  반영한 지도사상 창시
	• 인민대중에게
	  혁명투쟁 앞길 제시
		• 수령에 대한 무조건적 충성

성에게 수령이라는 호칭을 붙였는지 알아볼 필요가 있다. 이에 대해선 학자마다 견해가 다르다. 정영철은 한재덕이 1947년 6월 출간한《김일성 장군은 전 조선민족의 영도자이시다》라는 책에서 김일성에게 수령이라는 호칭을 붙였다고 주장했다. 스즈키 마사유키는 1952년 12월에 개최된 당중앙위원회 제5차 전원회의 석상에서 "로동당의 조직적·사상적 강화는 우리 승리의 기초"라는 제목의 김일성 보고가 끝나자 당원들이 "우리의 경애하는 수령 김일성 동지에게 영광 드린다"고 환호했다고 주장했다. 이때까지만 해도 수령의 의미는 김일성을 마음에서 존경하는 차원에서 나온 호칭이나 수식어였다. 그러나 1967년 모든 반대파를 숙청하고 유일체제를 확립한 이후부터 수령이라는 용어는 김일성에 대한 단순히 존경한다는 차원에서 쓰이는 말이 아니라, 김일성이 지닌 절대적 권력을 상징하는 용어로 바뀌었다. 이에 따라 수령의 지위와 역할, 수령을 대하는 자세 등에 대한 개념화·체계화가 본격적으로 추진되었고, 이것이 '혁명적 수령관'으로 정립되었다.

《주체사상 총서》등 북한의 이론서에 따르면, 수령의 지위는 '혁명투쟁의 탁월한 영도자', '통일단결의 중심', '인민의 자애로운 어버이' 등으로 규정된다. 수령의 역할은 '인민대중의 자주적 요구와 이익을 정확히 반영한 지도사상을 창시하고, 인민대중에게 혁명투쟁의 앞길을 밝혀 주는 것'으로 요약된다. 수령에 대한 자세 및 입장과 관련하여 김정일은 "혁명적 수령관을 세운다는 것은 수령을 위하여 자기의 모든 것을 다 바치며 티 없이 맑고 깨끗한 마음으로 수령을 높이 우러러 모시고 받들어 나간다는 것"이라고 말했다. 결국 혁명적 수령관은 수령의 지위 및 역할을 명심하고 수령에게 절대적으로 충성해야 한다는 것이 핵심이다. 이런 대목은 《주체사상 총서》 중 2권인 "주체사상의 사회역사 원리"에 잘 표현되어 있다.

노동계급의 수령은 비범한 예지와 과학적 통찰력을 지니고 시대의 요구와 대중의 혁명 실천을 과학적으로 일반화하여 혁명의 지도사상, 지도이론을 창시하는 위대한 사상리론가이다. 노동계급의 수령은 풍부하고 세련된 영도방법과 예술을 지니고 수백만 근로인민대중을 혁명투쟁으로 조직 동원하는 혁명과 건설의 탁월한 영도자이다. 노동계급의 수령은 또한 인민대중에 대한 열렬한 사랑과 헌신적 복무, 공산주의 혁명 위업에 대한 확고한 신념과 끝없는 충실성, 강의한 혁명적 원칙성과 백절불굴의 투지 등 고매한 공산주의적 덕성과 혁명적 풍모를 최상의 높이에서 지니고 있는 인민의 자애로운 어버이며 노동계급의 위대한 혁명가이다.

결국 혁명적 수령관은 1967년 5월 노동당 중앙위원회 4기 15차 전원회의에서 김일성과 함께 항일무장투쟁을 했던 갑산파마저 숙청하며 유일체제를 구축한 김일성과 김정일이 유일체제를 정착시키고 권력세습을 뒷받침하기 위해 내세운 초법적 통치이념으로 볼 수 있다.

06

사회정치적 생명과 육체적 생명

사람에게는 부모로부터 받는 육체적 생명과는 별도로 수령으로부터 받는 '사회정치적 생명'6이 있다고 북한은 주장한다. 김일성이 1959년 이후부터 거론하기 시작한 사회정치적 생명은 1972년 9월 김일성이 일본 〈마이니치신문〉과 가진 회견에서 그 개념이 체계화되기 시작했다. 김일성은 이 회견에서 "사람에게 있어서 자주성은 생명"이라며 "사람이 사회적으로 자주성을 잃어버리면 사람이라고 말할 수 없으며 동물과 다름없다"고 말했다. 이어 "사회적 존재인 사람에게 있어서는 육체적 생명보다도 사회정치적 생명이 더 귀중하다"고 말했다. 북한은 이처럼 육체적 생명이 아닌 '자주성'을 또 다른 생명, 즉 '사회정치적 생명'이라고 명명하면서, 사회정치적 생명이 육체적 생명보다 더 고귀한 것이므로 사회정치적 생명, 즉 '자주성'을 위해서는 육체적 생명을 초개와 같

---

6 북한 문헌에는 '사회정치적 생명'과 '정치적 생명'이라는 용어가 혼재하는데, 이 책에서는 같은 의미로 간주한다.

■사회정치적 생명과 육체적 생명의 차이

	육체적 생명	사회정치적 생명
부여 주체	부모	수령
존재 기간	유한	무한
생명유지 관건	물질대사	조직생활
생명 의미	개인 목숨	자주성

이 버릴 수 있어야 한다는 논리를 개발하고, 이를 주민들에게 주지시켰다.

북한에 따르면 사회정치적 생명은 육체적 생명과 비교해 몇 가지 차이가 있다. 첫째, 육체적 생명은 부모가, 사회정치적 생명은 수령이 각각 부여한다는 것이다. 다만 인민이 사회정치적 생명을 수령으로부터 부여받기 위해서는 갖추어야 할 조건이 있다. 그것은 인민이 자주성을 확보하기 위한 투쟁을 벌여 나가고, 혁명적인 조직생활에 임해야 한다는 것이다. 모든 사람들이 천성적으로 갖는 생명이 아닌 셈이다. 이렇게 해서 사회정치적 생명을 부여받은 인민은 육체적 생명을 준 친부모에게 효성을 다하듯이 수령에 대해서도 충성을 다해야 한다고 북한은 주장한다.

둘째, 육체적 생명은 유한하나 사회정치적 생명은 영원하다는 점이다. 만약 인간에게 육체적 생명만 있다면, 혁명 선배가 죽었을 경우 혁명 과업이 후배에게 이어지기 어렵다. 육체적 생명은 죽으면 '무(無)'로 돌아가기 때문이다. 그러나 혁명 선배와 후배에게 '영원한 사회정치적 생명'이 있다면 설사 혁명 선배가 육체적으로 사망해도 혁명 과업은 사회정치적 생명을 통해 이어질 수 있다. 이와 함께 사회정치적 생명이 혁명 선배에서 혁명 후배로 계속 이어지는 것과 같은 논리로, 사회정치적 생명을 부여하는 수령도 대를 이어 지속되어야 한다고 북한은 주장한다. 북한의 이러한 주장의 배경은 김일성에서 김정일로의 권력 세습을 원활하게 이행하기 위한 데 있다.

셋째, 생명을 유지하기 위한 수단에서의 차이다. 육체적 생명이 잘 유지되려면 신체의 물질대사가 원활하게 이루어져야 한다. 이와 마찬가지로 사회정치적 생명이 잘 유지되려면 소속된 조직에서 조직생활을 잘 해야 한다. 김일성은 "조직생활은 사상 단련의 용광로이며 혁명적 교양의 학교"라면서 "누구나 강한 조직생활을 통해서만 혁명적으로 단련될 수 있으며 로동계급의 혁명위업에 충실한 참된 혁명가로 자라날 수 있다"고 말했다.

넷째, '생명'에 담긴 의미의 차이다. 육체적 생명의 의미는 '개인의 목숨'이지만, 사회정치적 생명의 의미는 '자주성'으로 통한다. 북한에서 자주성은 생명과 동등한 개념으로서 중요하게 여겨진다. 북한이 각종 대내외 정책에서 '우리의 자주성을 건드리지 말라'고 목소리를 높이는 것은 이런 배경에서다.

07

혁명적 수령관과 사회정치적 생명체론

'사회정치적 생명체론'은 '혁명적 수령관'에 기초하면서도 그와는 다른 차원의 또 다른 통치 이론이다. 사회정치적 생명체론은 1986년 김정일의 〈주체사상에서 제기되는 몇 가지 문제에 대하여〉라는 논문에서 제시됐다. 혁명적 수령관의 핵심은 인민대중은 역사의 주체이지만 '역사의 자주적 주체'로 거듭나기 위해서는 당과 수령의 영도를 받아야 한다는 '지도와 대중의 결합'이라는 명제에 있다. 여기서는 수령·당·인민대중이 분리된 상태에서 수령과 당, 수령과 인민대중, 당과 인민대중이 서로 관계를 맺으며 지도를 주고받는다. 그러나 사회정치적 생명체론은 수령·당·대중이 분리되어 있는 것이 아니라, 하나의 생명체로 결합되어 그 안에서 지도하고 지도받는다. 여기서 '생명'은 물론 김일성이 만든 '사회정치적 생명'이다. 이런 측면에서 사회정치적 생명체론은 김일성의 사회정치적 생명을 확대해 수령·당·대중이 하나의 생명을 가진 '사회유기체'라는 점을 강조하는 통치이론으로 볼 수 있다.

북한의 이론가들에 따르면 사회정치적 생명체 내에서 수령과 당, 대

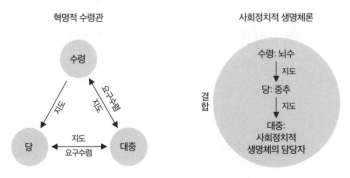

중은 각각의 위상과 역할이 있다. 우선 수령은 사회정치적 생명체의 '최고뇌수'로, 혁명의 최고영도자이다. 김정일은 "사회정치적 생명체는 많은 사람들로 이루어져 있는 것만큼 거기에는 사회적 집단의 생명활동을 통일적으로 지휘하는 중심이 있어야 한다"면서 "개별적 사람들의 생명의 중심이 뇌수인 것처럼 사회정치적 집단의 생명의 중심은 이 집단의 최고뇌수인 수령"이라고 주장했다. 당은 사회정치적 생명체의 '중추'로, 수령과 인민대중을 조직사상적으로 결합하는 혁명의 참모부다. 인민대중은 '당의 지도 아래 수령을 중심으로 조직사상적으로 결속될 때' 사회정치적 생명을 부여받고 혁명을 추진할 수 있는 사회정치적 생명체의 담당자가 된다. 북한은 이렇게 수령·당·대중이 하나로 묶인 사회정치적 생명체야말로 혁명의 '자주적인 주체'라고 주장한다. 김정일은 "수령, 당, 대중은 하나의 생명으로 결합되어 운명을 함께하는 사회정치적 생명체이며 혁명의 주체는 수령, 당, 대중의 통일체"라고 강조했다.

사회정치적 생명체론은 '어버이 수령', '어머니 당', '자녀 대중'이 혈

연적 관계에 기초해 하나의 '혁명적 대가정'을 이루고 운명을 함께하면서 혁명을 이루어 나가는 사회체제로, 여기서는 '혁명적 의리와 동지애'가 작동된다. 혁명적 의리와 동지애는 대중들 사이에서도 작동되지만, 특히 수령과 개인 사이에서 가장 높은 수준으로 나타난다. 수령이 대중에게 사회정치적 생명을 부여하면서 육친으로서 사랑과 배려를 보이고, 대중은 이에 감복해 충성과 효성을 가지고 수령을 절대적으로 받들어 모시기 때문에 수령과 대중 간에는 혁명적 의리와 동지애가 강할 수밖에 없다는 것이다. 특히 이 혁명적 의리와 동지애는 부부 간 사랑, 모자 간 사랑, 부자 간 사랑보다 더 귀중하다고 북한은 주장하고 있다. 1996년 북한 잠수함의 강릉지역 침투 사건 당시 승조원들이 격렬하게 저항하다 "김정일 장군 만세"를 외치며 죽음을 맞이한 것은 김정일, 즉 수령에 대한 혁명적 의리와 동지애의 발로였던 셈이다.

혁명적 수령관은 1985년 발간된 《주체사상 총서》에서 최종 완성되었다. 그런데 김정일이 불과 1년 후에 혁명적 수령관을 더욱 심화시킨 사회정치적 생명체론을 주창한 것은 당시 소련을 비롯한 동유럽 사회주의 국가들과 중국에서 불던 개혁개방의 바람을 잠재우지 않고서는 체제유지가 어렵다는 판단에 따른 조치로 보인다. 따라서 혁명적 수령관보다 더욱 '수령을 중심으로 전 인민의 일치단결'을 강조한 '사회정치적 생명체론'을 고안했다고 분석할 수 있다. 북한이 사회정치적 생명체론을 제시한 이후 들고 나왔던 '조선민족제일주의', '인민대중 중심의 사회주의' 등의 통치 개념은 모두 사회정치적 생명체론을 바탕에 둔 이념이다.

08

선군사상

북한이 '선군사상'을 제기한 배경은 1990년대 중후반 극심한 경제난으로 발생한 체제위기와 깊은 연관이 있다. 경제난으로 대부분의 공장이 가동 중단되어 노동자들이 출근을 못 하게 되자, 이들의 위상이나 사기가 현저히 떨어졌다. 본래 사회주의 이론에 따르면 노동자들이 국가 운영의 핵심 계층인데, 이들이 이런 형편에 처하자 북한으로서는 새로운 국가 운영 주도세력을 찾을 수밖에 없었다. 여기서 북한이 선택한 대상이 군대이다. 즉, 군대를 노동자계급 대신 혁명과 건설의 축으로 삼는다는 '선군사상'을 고안한 것이다. 북한에서 '선군사상'이라는 용어가 언제 등장했느냐에 대해서는 학자마다 견해가 다르나 대체적인 시기를 종합하면 대개 2000년 말이나 2001년 초반이다. 1990년대 중반의 '대기근'을 어느 정도 수습한 뒤, 2000년 10월 노동당 창당 55주년 기념식을 나름대로 성대하게 치른 후였다.

당시 선군사상은 '김정일 령도자의 선군사상', '우리 당의 선군사상', '위대한 수령님의 선군사상' 등으로 다양하게 표현되었다. 선군사상에

■ 선군사상의 체계

선군사상 원리	선군사상 원칙
• 총대철학 • '군대는 당이고 국가이며 인민'	• 군사선행(軍事先行) • 선군후로(先軍後勞)

대한 이론이 제대로 정립되지 않았다는 방증이다. 결국 주체사상을 폐기하지는 않았지만, 주체사상 대신 선군사상을 전면에 내세우기로 한 북한은 선군사상의 이론을 본격적으로 개발했다. 이 과정에서 북한은 창시자를 김일성과 김정일 중 누구로 할지, 1995년 1월 1일부터 김정일이 실시했다는 선군정치와의 연관성은 어떻게 할지 등을 놓고 논의에 논의를 거듭했다. 그러다 2004년 12월 21일 평양에서 개최된 선군사상토론회에서 '선군사상은 김일성이 창시하고 김정일이 체계화'한 것으로 정리하는 등 이즈음에 선군사상의 이론화를 완료했다.

선군사상은 '선군사상 원리'·'선군사상 원칙'·'선군정치이론' 등 세 가지 분야로 구성된다. 북한의 한 이론가인 서성일은 다음과 같이 밝혔다.

장군님께서는 선군사상은 총대에 의하여 개척되고 전진하며 완성되어 나가는 혁명의 합법칙성을 밝혀 주는 선군혁명 원리와 혁명운동의 이러한 리치에 맞게 총대, 혁명군대를 앞세워 혁명과 건설을 수행해 나가는 방법을 담은 선군혁명 원칙, 그리고 선군의 혁명 원리와 원칙을 정확히 구현하기 위한 선군정치 리론으로 구성되어 있다.

먼저 선군사상 원리는 '총대철학'과 '군대는 당이고 국가이며 인민'이라는 두 가지 개념으로 구성된다. '총대철학'은 착취계급과 제국주의가 무력을 사용해서 인민대중을 탄압하니 인민대중들도 총대를 틀어쥐어야 한다는 주장이다. 즉, 총대를 잡고 무력을 강화해야 착취 제도를 전복할 수 있고 승리한 사회주의 혁명을 지켜낼 뿐 아니라 제국주의의 침략과 전쟁 책동을 분쇄할 수 있다는 논지이다.

'군대는 당이고 국가이며 인민'이라는 원리는 군대가 강하면 설사 당이 무너진다고 해도 다시 조직될 수 있지만, 군대가 약하면 당·국가·인민은 자기의 존재를 유지해 나갈 수 없게 된다는 의미이다. '군대'라는 조직의 위치를 '당'보다 앞세운 이유는 군대가 비록 당의 영도를 받지만, 당의 존재와 발전이 사실상 군대의 역량에 달려 있다는 점에서 군대가 가장 중요한 조직이라는 사실을 강조하기 위한 것으로 분석된다.

선군사상의 원칙은 '군사선행'과 '선군후로'라는 두 가지 개념으로 구성된다. '군사선행' 원칙은 선군사상 원리 중 '총대철학' 원리를 구현하기 위한 수단으로, 두 가지 내용이 포함된다. 첫 번째는 국가를 운영하기 위한 여러 사업 중에서 군사를 가장 먼저 고려한다는 것이다. 북한의 이론가 강희봉은 "사회주의 위업을 비롯하여 인민대중의 자주성을 실현하기 위한 투쟁을 벌려 나가는 데서는 군사문제와 함께 당 건설, 정권 건설, 경제와 문화 건설 등 많은 문제점들이 제기된다"면서 "이러한 여러 가지 사업들 가운데서 군사를 제일 첫 자리에 놓는 것이 군사선행"이라고 설명했다.

두 번째는 군사에 최대한의 국력을 투입한다는 것이다. 국가사업의 우선순위에서 군사를 가장 먼저 고려하는 것도 중요하지만, 한번 정해진 사업에 국가의 모든 인적·물적 자원을 투입하는 것도 이에 못지않게 중요하다는 뜻이다. 강희봉은 "군사를 주선으로 틀어쥐고 나간다 해도 여기에 힘을 집중하지 못하면 군사사업에서 응당 성과를 기대할 수 없다"고 주장했다. 30여 년에 걸친 북한의 핵무기 개발은 바로 '군사 선행' 원칙에 기반한 것이다.

'선군후로' 원칙은 선군사상 원리 중 '군대는 당이고 국가이며 인민'이라는 원리를 구현하기 위한 수단으로, 혁명의 주력 부대와 관련해서 군인을 노동자보다 우선으로 삼겠다는 의미다. 군대가 혁명과 건설의 주력군이 되었다는 말은 군대가 모든 사회활동의 기본 틀이 되었다는 뜻이다. 미국으로 상징되는 제국주의자들이 북한 붕괴를 위해 지속적으로 압력을 넣고 있고, 경제난으로 노동당이 붕괴상태에 빠진 절체절명의 상황에서 국가보위는 물론 사회의 안정과 경제발전을 위해 노동계급보다 군대를 혁명과 건설의 주력군으로 앞세우겠다는 것이다.

한편 북한은 2009년 헌법 개정 당시 처음으로 '선군사상'을 '주체사상'의 반열에 올려놓았다. "조선민주주의인민공화국은 사람 중심의 세계관이며 인민대중의 자주성을 실현하기 위한 혁명사상인 주체사상을 자기활동의 지도적 지침으로 삼는다"는 이전 헌법 3조에서 주체사상 다음가는 자리에 선군사상을 포함시킨 것이다. 새 조항은 2016년 헌법 개정 때까지 그대로 유지되다가, 2019년 헌법 개정에서 '주체사상, 선군사상'이라는 표현을 '김일성-김정일주의'로 바꾸었다.

선군혁명영도 · 선군사상 · 선군정치

1994년 김일성 사망 이후 유훈통치(고인이 생전에 남긴 훈계나 교훈에 의존하여 국정을 이끎)를 하던 김정일은 1998년 9월 개정된 헌법에서 '권한이 비약적으로 강화된 국방위원장'의 직책으로 북한을 통치하기 시작했고, 이를 전후하여 북한 언론매체나 책자에는 '선군정치', '선군사상', '선군혁명령도' 등의 용어들이 쏟아져 나왔다. 그런데 이들 개념의 정확한 의미는 무엇인지, 상호관계가 어떻게 되는지 이해하기 난해한 측면이 있었다.

첫 번째 이유는 개념 규정이 모호하다는 점이다. 북한은 선군정치에 대해 "군사를 제일국사로 내세우고 인민군대의 혁명적 기질과 전투력에 의거하여 조국과 혁명, 사회주의를 보위하고 전반적 사회주의 건설을 힘 있게 다그쳐 나가는 혁명령도 방식이며 사회주의 정치 방식"이라고 규정했다. 선군사상에 대해선 "군사를 국사 중의 제일국사로 내세우고 군력 강화에 최우선적인 힘을 넣은 원칙에서 혁명과 건설 전반을 힘 있게 밀고 나갈 데 대한 사상"이라고 규정했다. 내용상 별 차이가 없

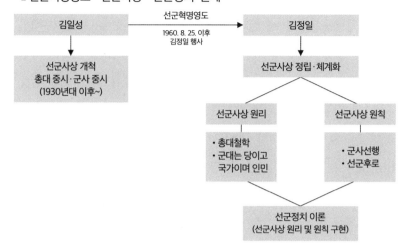
■ 선군혁명영도 · 선군사상 · 선군정치 관계

| 김일성 | 선군혁명영도
1960. 8. 25. 이후
김정일 행사 → | 김정일 |

선군사상 개척
총대 중시·군사 중시
(1930년대 이후~)

선군사상 정립·체계화

선군사상 원리

• 총대철학
• 군대는 당이고
  국가이며 인민

선군사상 원칙

• 군사선행
• 선군후로

선군정치 이론
(선군사상 원리 및 원칙 구현)

는데도 하나는 '선군정치'라고 하고, 다른 하나는 '선군사상'이라고 표현했다.

두 번째 이유는 북한이 선군정치 등과 관련된 주장을 변경했다는 점이다. 북한은 김정일이 214군부대(다박솔 초소)를 방문한 1995년 1월 1일이 선군정치의 개시일이라고 강조했다. [7] 그러나 북한은 2005년 8월 24일 인민무력부 중앙보고대회에서 김영춘(당시 총참모장)의 경축보고를 통해 선군정치를 1960년 8월 25일로 소급 적용하면서 '선군정치' 대신 '선군혁명령도'라는 표현을 썼다. 이 때문에 선군정치와 선군혁명영도가 같은 의미인지, 다른 의미인지 모호했던 것이다. 이번 절에서는 '선군정치', '선군(혁명)사상', '선군(혁명)영도'의 상관관계에 대해 정리한다.

---

7 이 내용은 2001년 11~12월에 걸친 〈노동신문〉 보도를 통해 외부에 알려졌다.

우선 '선군정치'와 '선군사상' 간의 관계부터 알아본다. '선군정치'라는 용어가 〈노동신문〉에 실린 것은 1997년 12월~1998년 5월 사이였고, '선군사상'이라는 용어는 이보다 늦은 2000년 12월~2001년 4월 사이에 등장했다. 따라서 선군정치를 먼저 제시하고, 후에 이를 선군사상으로 확립한 것으로 보인다. 그러나 북한의 이론서나 고위당국자의 언급을 보면 그 반대다. 2004년 12월 31일 열린 '선군혁명 10주년 기념 중앙보고대회'에서 김일철 당시 인민무력부장은 "경애하는 사령관 김정일 동지의 선군정치는 위대한 수령 김일성 동지께서 조선혁명의 개척기에 내놓으시고 혁명의 전 로정에서 일관하게 견지하여 오신 선군사상과 선군혁명령도를 계승하여 그것을 조성된 정세와 혁명발전의 요구에 맞게 더욱 심화발전시킨 독창적인 정치방식"이라고 규정했다. 즉, 김일성이 항일투쟁 당시 선군사상을 제시했고, 이를 계승하여 심화발전시키면서 선군정치를 한 사람이 김정일이라는 것이다. 특히 《선군정치문답》(2008)의 저자 강희봉은 "무릇 정치는 리념의 구현, 사상의 구현"이라며 "선군정치 정립 이후 선군사상이 출현하여 비로소 리론화된 것처럼 주장하는 것은 선군정치 정립의 합법적 과정을 왜곡하는 것"이라고 주장했다. 결국 북한 언론매체에 선군정치가 선군사상보다 먼저 보도됐지만, 선군사상이 먼저 나온 개념이며 이를 구현하기 위한 수단이 선군정치인 셈이다. 8

그렇다면 김일성이 제시한 선군사상과 이를 심화발전시킨 김정일의

---

8 김정은도 "선군정치는 선군사상의 원리와 원칙들을 전면적으로 구현한 자주적인 정치방식"이라고 밝혔다.

선군사상은 내용적으로 어떤 연관성이 있을까. 북한의 이론가들에 따르면 김일성의 선군사상은 '총대 중시'와 '군사 중시'로 구성된다. '총대 중시'는 제국주의나 착취계급이 무력을 사용해서 인민대중을 탄압하니 인민대중들도 총대를 틀어쥐어야 한다는 생각이다. 이 '총대 중시'가 김정일의 선군사상에서는 '총대 철학' 원리로 이어진다. '군사 중시'는 '군대가 강하면 당과 국가, 인민도 강해지지만 군대가 약하면 당도, 정권도 유지되지 못하고 인민도 노예의 운명을 면치 못한다'는 의미이다. 이 '군사 중시'는 김정일의 선군사상에서는 '군대는 당이고 국가이며 인민'이라는 원리로 이어진다. 이러한 김정일의 '선군사상 원리'는 '선군사상 원칙'으로 구체화됐고, 이 같은 원리와 원칙으로 구성된 김정일의 선군사상이 선군정치 이론으로 구현되었다.

다음으로는 선군혁명영도와 선군정치와의 관계를 알아본다. 김정일은 "수령님께서는 선군혁명령도로 우리 혁명을 개척하시고 승리에로 이끌어 오셨다"면서 "수령님께서 이룩하신 선군혁명령도의 업적과 경험이 바로 오늘 우리가 실시하는 선군정치의 기초에 놓여 있다"고 밝혔다. 당역사연구소가 발간한 한 책자에는 "1960년 8월 25일 조선인민군 근위 류경수 105땅크(탱크) 사단을 찾으시고… 귀중한 가르침을 주신 것은 장군님께서 선군혁명령도를 시작하신 력사가 얼마나 오랜가를 잘 말해 주고 있다. 이때부터 헤아려 보아도 위대한 장군님의 선군혁명 령도사는 장장 40년을 헤아린다"는 표현이 있다. 이 두 주장을 종합해 보면 '군대에 대한 지도 및 지휘'를 의미하는 선군혁명영도는 김일성이 항일유격대 활동을 벌이던 1930년대부터 개척했고, 1960년 8월 25일 김정일의 105탱크사단 방문을 기점으로 김정일이 이를 승계했다고 정리할 수 있다. 결국 1930년대부터 시작된 김일성의 선군혁명영도를 김정일이 1960년 8월 25일부터 승계했고, 김정일은 선군혁명영도의 토대 위에 선군정치를 펼쳐 왔다고 요약된다. 북한은 김정일의 선군정치 사례로 1968년 1월 미국의 정찰선 푸에블로호 납치사건과 미 정찰기 EC-121 격추 사건을 김정일이 지휘한 것과, 1969년 1월 열린 조선인민군 당위원회 제4기 4차 전원회의에서 김창봉, 허봉학 등을 군벌관료주의자로 숙청할 때 김정일이 주도한 역할 등을 제시했다. 북한은 이 같은 김정일의 선군정치가 전면화된 것은 1998년 김정일이 국방위원장으로 취임한 이후라고 주장하고 있다. 이와 관련하여 김정은은 2013년 8월 25일 발표한 담화에서 "위대한 장군님께서는 선군령도의 성과를 공고히 하고 선군정치를 전면적으로 실현하기 위하여 최고인민회의 제10기 제1차 회의(1998년)에서 선군혁명사상과 원칙을 구현한 〈사회주의 헌법〉을 채택하도록 하시였으며…"라고 밝혔다.

10

김일성-김정일주의 들여다보기

'김일성-김정일주의'는 2011년 12월 17일 김정일의 사망 후 권력을 이어받은 김정은이 제시한 북한의 통치이데올로기이다. 김정은은 2012년 4월 6일 "위대한 김정일 동지를 우리 당의 영원한 총비서로 높이 모시고 주체혁명 위업을 빛나게 완성해 나가자"라는 담화를 통해 처음으로 '김일성-김정일주의'를 천명했다. 김정은은 이 담화에서 "오늘 우리 당과 혁명은 김일성-김정일주의를 영원한 지도사상으로 확고히 틀어쥐고 나갈 것을 요구하고 있다"고 밝혔다. 북한은 같은 해 4월 제4차 당대표자회에서 당규약을 통해 김일성-김정일주의를 유일한 지도사상으로 규정하고 지금까지 이를 유지하고 있다.

김정은이 '김일성-김정일주의'를 내세운 배경은, 집권과 함께 새로운 지도사상이 필요하다는 판단에 따른 것으로 분석된다. 북한의 '후계자론'에 따르면, 후계자는 선대 수령의 혁명사상을 심화발전시키는 과업을 가장 중요한 덕목으로 가져야 한다. 김정은은 아버지의 사망으로 권력의 정점에 오르긴 했으나 김정일과는 달리 선대 수령의 혁명사상

특징	위상	본질

• 주체사상 · 선군사상 결합
- '김정일 애국주의'로
  구현
	• 당의 유일 지도사상이자
	  국가 활동의
	  유일 지도적 지침
		• 인민대중제일주의

을 심화발전시켜 놓은 바가 없다. 따라서 선대 수령의 지도사상을 체계
화하려는 의지라도 보여줌으로써 3대 세습의 정당성을 확인받으려고
했고, 이러한 노력이 '김일성-김정일주의'로 나타난 것이다. '김일성주
의'는 주체사상을 만든 아버지 김일성의 업적을 더욱 부각하기 위해
1974년에 김정일이 만들어 낸 이념이다. 이와 마찬가지로 김정은은 아
버지의 업적을 기리며 '김정일주의'를 만들어 낸 후 '김일성주의'와 결합
해 '김일성-김정일주의'를 고안했다. 김정은은 김정일의 업적을 다음과
같이 정리했다.

위대한 장군님께서는 수령님의 혁명사상을 김일성주의로 정식화하시고
김일성주의가 자주 시대의 위대한 지도사상으로 더욱 빛을 뿌리게 하시
였습니다. 특히 장군님께서는 수령님의 총대 중시 사상을 선군혁명 사
상, 선군정치 이론으로 심화발전시키고 사회주의 강성국가 건설 리론을
제시함으로써 김일성주의의 견인력과 생활력을 비상히 높이시였으며 혁
명 실천에서 그 정당성을 힘 있게 확증하시였습니다.

즉, '주체사상의 김일성주의화'와 '선군사상 체계화'가 김정일의 업
적이라는 논지이다. 이에 따라 김일성-김정일주의는 논리적으로 주체

사상과 선군사상으로 이루어졌다고 볼 수 있다. 그런데 김일성-김정일주의는 주체사상이나 선군사상보다는 김정은이 제시한 '김정일 애국주의'라는 김일성-김정일주의의 하위 개념에 의해 실제로 구현되어 왔다. 북한에 따르면 '김정일 애국주의'는 "수령에 대한 절대불변의 충실성을 핵으로 하여 한평생을 애국으로 수놓아 오신 장군님의 업적과 위대성을 특징짓는 사상"으로 규정된다.

2012년 5월 11일 〈조선중앙통신〉에 의해 처음 등장한 '김정일 애국주의'는 조국관·인민관·후대관 등 세 가지 요소로 구성된다. 김정은에 따르면 김정일의 조국관은 '조국이 수령이며 조국의 품이 수령의 품'이다. 즉, 인민의 자주적이고 창조적이며 보람찬 삶이 이루어지는 곳인 '조국'을 김일성 수령이 일제로부터 찾아 주었기 때문에 '수령이 조국'이라는 논리다. 따라서 수령에 충성을 다해야 하며 이것이 애국주의의 최고의 표현이라고 김정은은 주장했다. 김정일의 인민관은 인민을 하늘처럼 여긴다는 것이다. 김정은은 "장군님(김정일)께서는 이 세상에 전지전능한 존재가 있다면 그것은 하느님이 아니라 인민이라고 하시였으며 인민이 있어 나라도 있고, 조국도 있다는 것이 우리 장군님의 애국신조"였다고 밝혔다. 김정일의 후대관은 '선대가 희생하더라도 후대를 잘 키워야 한다'는 것이다. 김정은은 "무슨 일을 하나 하여도 자기 대에는 비록 덕을 보지 못 하더라도 먼 훗날에 가서 후대들이 그 덕을 볼 수 있게 가장 훌륭하게, 완전무결하게 하여야 한다는 것이 장군님의 숭고한 뜻이였으며 늘 하시는 간곡한 당부였다"고 말했다. 김정은은 이 같은 내용의 '김정일 애국주의'를 국가 운영의 핵심 도구로 활용해 왔다. 이어서 김정은은 "우리 당은 온 나라에 김정일 애국주의 열풍을 세차게 일으켜 앙양된 애국의 힘, 일심단결의 위력으로 사회주의 강성국가 건설의 최후 승리를 앞당겨 나갈 것을 요구하고 있다"고 강조했다.

김일성-김정일주의는 김일성과 김정일이 세운 업적을 각각의 사상으로 규정한 후 연결한 것이다. 이에 따라 김일성-김정일주의는 당규약과 헌법에서 절대적 지위를 가질 수밖에 없다. 2021년 개정된 당규약에는 "조선로동당은 위대한 김일성-김정일주의를 유일한 지도사상으로 하는 주체형의 혁명적 당"이라는 내용이 들어 있다. 2019년 개정 헌법은 "조선민주주의인민공화국은 위대한 김일성-김정일주의를 국가건설과 활동의 유일한 지도지침으로 삼는다"라고 명시해 두었다.

김일성-김정일주의는 '인민에 대한 무한 봉사'를 강조한다. 김정은은 2013년 1월 28~29일 열린 노동당 제4차 세포비서대회 연설을 통해 "김일성-김정일주의는 본질에 있어서 인민대중제일주의이며 인민을 하늘처럼 숭배하고 인민을 위하여 헌신적으로 복무하는 사람이 바로 참다운 김일성－김정일주의자"라고 강조했다. 북한은 2021년 제8차 당대회에서 인민대중제일주의를 '사회주의 기본 정치방식'으로 당규약에 넣었다. 인민대중제일주의는 단지 북한이 추진하는 하나의 이념, 일시적인 정책에 그치는 게 아니라, 사회주의 나라라면 따라야 할 기본 정치방식으로 본다는 것이다. 반면 앞에서 설명한 대로 김정일의 조국관은 인민들에게 김일성-김정일-김정은으로 이어지는 수령에 대한 충성을 강조한다. 결국 김일성-김정일주의는 수령과 당이 인민들을 최우선으로 여길 테니 인민들도 수령과 당에 충성하라는 지침으로 요약할 수 있다.

4장

—

북한 경제 변천사

서언

현재까지 적용되는 북한 2019년 개정 헌법에 따르면, 북한은 생산수단의 국유화와 계획경제를 시행하는 사회주의경제체제로서, 자립적 민족경제를 추구한다. 그러나 헌법이 그렇게 규정했더라도 1990년대 이후 경제위기를 극복하는 과정에서 시장은 활성화되었고, 개방도 추진했으며, 기존 경제계획의 강도도 약화되었다. 이와 함께 곡물의 수매가와 판매가를 대폭 올린 2002년의 〈7·1 경제관리개선조치〉 등 '실리 사회주의' 정책을 추진했다. 또 2000년대 이후에는 중공업에 토대를 두면서도 국방공업을 집중적으로 강화한다는 '선군경제노선'도 내놓았다. 지난 70여 년간 사회주의경제를 기본으로 하면서도 여러 가지 수정된 노선과 정책이 나왔던 것이다. 이에 따라 북한 경제 연구에서 다루어야 할 범위가 방대해졌다.

4장에서는 이 방대한 규모의 북한 경제 중에서 몇 가지 대목에 초점을 맞춘다. 첫째, 북한 경제에 관한 개념을 보다 명확히 설정하면서 그 변천을 검토한다. '경제체제', '경제노선', '경제관리 원리', '경제관리 원칙', '경제관리체계' 등의 의미를 북한 원전(元典)에 토대를 두고 명확하게 살펴보면서 각각 어떻게 변화해 갔는지를 추적한다. 예를 들어 북한 공업의 관리체계인 '대안의 사업체계'가 어떤 경로를 거쳐 입안되었다가 폐지됐는지를 검토하는 식이다.

둘째, 1945년 해방 이후 북한 경제를 지도해 온 당과 국가의 중앙기구들에는 무엇이 있었으며, 이들이 어떻게 변천했는지를 알아본다.

셋째, 북한의 기업소 및 협농농장의 연혁과 운영 방식의 변천을 집중 분석한다. 사회주의경제체제를 따르면서도 '독립채산제' 등의 자본주의 요소를 일부 도입한 북한 기업소가 어떻게 운영되어 왔는지도 함께 살펴본다. 이어 협동농장의 전반적인 운영 실태를 역사적으로 검토한다.

북한 경제와 관련해선 이해하기 어려운 대목이 많이 나온다. 김일성은 1969년 한 연설에서 "사회주의 사회에서 생산수단은 경우에 따라서 상품일 수도 있고 상품이 아닐 수도 있으며 따라서 상품인 경우에는 가치법칙이 작용하고 상품이 아닌 경우에는 가치법칙이 작용하지 않을 것"이라고 언급했다. 어떤 생산수단이 상품인지, 가치법칙은 무엇인지 이해하기가 까다롭다. 김일성은 "국가 기업소들 사이에 주고받는 생산수단들은 상품이 아니라 상품적 형태를 가지며 따라서 여기에서는 가치법칙도 상품생산에서처럼 내용적으로가 아니라 형태적으로 작용한다"고 밝혔다. '상품적 형태', '가치법칙의 형태적 작용'은 더욱 난해해 보이는 표현들이다. 4장에서는 이런 용어들에 대해 최대한 쉽게 설명한다.

한편 2장에서 사회주의 사회의 성격으로는 '공산주의적 성격'과 '과도적 성격'이 있다고 언급했는데, 4장에서 '공산주의적 성격'과 '과도적 성격'이 경제 영역에서는 구체적으로 어떻게 작용하는지를 검토한다.

01

북한의 경제체제와 경제노선

북한의 경제체제와 경제노선은 1948년 정권 수립 이후 몇 차례 바뀌었다. 일반적으로 경제체제는 소유권이 누구에게 있는지, 자원의 분배가 어떻게 이루어지는지에 따라 구분된다. 생산수단을 개인이 소유하면 자본주의이고, 국가나 협동단체가 소유하면 사회주의다. 자원의 분배가 시장에 의해 이루어지면 시장경제이고, 중앙정부의 계획에 따라 이루어지면 계획경제다. 이런 기준에서 본다면 북한의 경제체제는 '사회주의'와 '계획경제'다. 2019년 개정 북한 헌법 제19조는 "조선민주주의인민공화국은 사회주의적 생산관계와 자립적 민족경제의 토대에 의거한다"고 쓰여 있다. 여기서 '사회주의적 생산관계'는 북한의 경제체제를 총칭하는 용어로, 사회주의와 계획경제를 포함한 개념으로 분석된다. 경제노선은 경제체제의 실천적 방향타로, 경제체제를 구현하기 위한 구체적 정책 수단을 의미한다. 북한에서는 헌법 19조에 명시된 '자립적 민족경제'를 경제노선으로 삼는다.

북한은 1946년 모든 산업·체신(遞信)·은행 등을 국유화했고, 농

▌북한의 경제체제와 경제노선 비교

경제체제	경제노선
• 사회주의 　- 생산수단의 국유화 · 협동화 • 계획경제 　- 중앙정부에 의한 자원 배분	• 자립적 민족경제 건설 　- '중공업 우선발전, 　　경공업 · 농업 동시발전' 　- '군사 · 경제 병진'

업 · 수공업 · 개인상공업에 대해선 1958년에 협동화를 완료했다. 즉, 1958년을 기점으로 모든 생산수단과 생산물의 사적(私的) 소유를 철폐하는 사회주의 제도를 수립한 것이다. 계획경제 측면을 보면, 북한은 이미 1947년 1차 1개년계획을 수행하면서 '인민경제의 계획적 운영'을 강조했다. 여기서 더 나아가 '중앙집권적 계획경제'의 구체적 내용이 체계화된 것은 1965년 김일성이 밝힌 '계획의 일원화 · 세부화' 방침에서였다. 계획의 일원화는 경제계획의 작성 및 집행에 있어 중앙(내각)의 국가계획위원회부터 일선의 기업소에 이르기까지 일관성 있게 계획화 지시를 내리고 받는 구조를 의미한다. 이를 위해 내각의 성(省)과 위원회, 기업소에 이르기까지 각기 '계획부서'를 가지고 있다. 계획의 세부화는 경제의 산업부문 간, 단위 기업소 간 계획이 서로 정확하게 맞물리도록 하는 체계를 의미한다. 즉, 크고 작은 모든 경영활동을 빈틈없이 맞물리게 함으로써 자연발생적인 요소의 개입(생산의 무정부성 등)을 허용하지 않는다는 것이다.

북한에서 자립적 민족경제란 '생산의 인적 및 물적 요소들을 자체로 보장할 뿐만 아니라 민족국가 내부에서 생산 소비적 연계가 완결되어 독자적으로 재생산을 실현해 나가는 경제체제'로 정의된다. 다만 대외

무역은 완전히 차단하지 않고, 최소한의 원자재와 자본재를 수입하는 보완적 역할만 수행토록 한다. 북한은 1948년 9월에 발표한 〈조선민주주의인민공화국 정강〉에서부터 이미 자립적 민족경제의 발전 의지를 밝혔다. 북한은 6·25전쟁의 피해복구 사업을 어느 정도 마무리한 후 1957년부터 1차 5개년계획을 추진했다. 소련을 비롯한 동유럽 사회주의 국가들의 북한에 대한 지원이 대폭 축소됐음에도 5개년계획은 1년여 정도 앞당겨 완수되었다. 여기서 자신감을 얻은 북한 지도부는 1963년 '자립적 민족경제'를 경제노선으로 정식 제시했다. 여기에는 당시 중국과 소련의 분쟁에서 어느 한편에 서지 않겠다는 전략적 판단도 영향을 미쳤다. '자립적 민족경제' 노선은 김정일 시대를 거쳐 김정은 시대에도 그 기조가 유지되고 있다. 김정은 국무위원장은 2019년 4월 당 7기 4차 전원회의에서 "자력갱생과 자립적 민족경제는 우리식 사회주의의 존립의 기초, 전진과 발전의 동력이고 우리 혁명의 존망을 좌우하는 영원한 생명선"이라고 강조했다. 특히 김정은 시대의 '자립적 민족경제'는 '중앙집권적 자력갱생'이라고도 불린다. 이는 과거 1990년대 경제난 시대에 불가피하게 인정했던 국가 통제 밖에서의 각자도생식 자력갱생을 지양하고, 국가의 통일적 지도와 전략적 관리 밑에서 계획적으로 용의주도하게 추진하겠다는 의지를 의미한다.

남한 내 일부 자료에서는 '중공업 우선, 경공업·농업 동시발전'이나 '경제·군사 병진'을 북한의 경제노선으로 파악하고 있다. 그러나 이들은 '자립적 민족경제 노선'과 병렬적인 차원이 아니라 '자립적 민족경제 노선' 추진을 위한 시기별 전략적 노선으로 판단된다. '중공업 우선발전, 경공업·농업 동시발전' 노선은 1953년 8월 5일부터 9일까지 진행된 당중앙위 제6차 전원회의에서 김일성의 발언을 통해 처음 제시됐다. 김일성은 "인민경제의 각 분야를 전반적으로 동시에 다 복구 건설하기에는 도저히 불가능하다"면서 "우리는 전후 경제 건설에서 중공업의 선차적 복구 발전을 보장하면서 경공업과 농업을 동시에 발전시키는 방향으로 나아가야 할 것"이라고 말했다. 즉, 경공업과 농업의 발전은 중공업과 '완전 동시'는 아니지만, 중공업의 발전을 최대한 따라가며 진행되어야 한다는 의미다. 이에 대해 연안파와 소련파 등이 "인민생활의 개선이 우선"이라며 반대했으나, 결국 1956년 4월에 개최된 제3차 당대회에서 '중공업의 우선적 발전과 경공업, 농업의 동시발전'이라는 노선이 확정됐다.

경제·국방 병진노선은 1962년 12월 10~14일 열린 북한 노동당 중앙위원회 제4기 제5차 전원회의가 계기가 되었다. 북한은 이 전원회의에서 '전 인민의 무장화', '전 지역의 요새화', '전군의 간부화', '전군의 현대화' 등의 '4대 군사로선'을 채택했다. 또 전원회의에서는 "한 손에는 총을, 다른 한 손에는 낫과 망치를"이라는 표어가 제시됐다. 이런 움직임에는 경제발전과 군사력 강화를 동시에 추진해야 한다는 절박한 요구가 담겨 있었다. 여기에는 두 가지 배경이 있다. 첫 번째는 소련과의 관계 악화다. 소련 흐루쇼프의 평화공존론에 북한이 반대하자 소련은 북한에 대한 군사 원조를 대폭 줄였고, 북한은 이에 반발해 독자적으로라도 군사력을 강화하겠다는 결정을 내린다.

두 번째는 한국과 미국으로부터의 안보 위협이다. 미국은 1962년의 쿠바 미사일 사태에서 보여 주었듯이 공산주의 국가들에 강경한 정책을 취했다. 한국에서도 '박정희 정권'이라는 강력한 반공주의체제가 들어섰다. 이런 한미의 대북정책은 북한에 체제위기를 안겨 주었다. 이에 북한은 '경제발전에서 일부 제약을 받더라도 우선 국방력을 강화해야 한다'는 판단을 내리기에 이른다. 결국 군사력 강화와 경제발전을 동시에 추구해야 한다는 이 정책은 1966년 10월 제2차 당대표자회에서 '국방·경제 병진 노선'으로 채택됐다.

02

북한 경제관리의 원리 · 원칙 · 체계

1절에서 설명한 경제체제와 경제노선의 토대 아래, 북한 경제를 실질적으로 가동하는 구조가 '경제관리'다. 북한의 설명에 따르면 '경제관리'에는 계통적으로 '원리', '원칙', '체계'가 있다. 먼저 '경제관리 원리'는 '인민대중이 경제관리에서 실제적 주인'이라는 명제로 설명된다. 이는 사회주의체제가 지닌 본래적 의미에서 기인한다. 사회주의체제는 생산수단의 사적 소유가 철폐되고 생산수단을 '국가나 협동단체가 소유하는'(사회주의적 소유) 사회이다. 일부 개인소유가 존재하나, 생산수단은 사회주의적 소유만 허용된다. 사회주의적 소유를 달리 표현하면, 소수의 자본가나 지주가 아닌 인민대중이 생산수단을 평등하게 점유·사용하게 된다는 의미이고, 그 결과 인민대중은 경제적 활동에서 실제적으로 주인이 된다는 것이다.

'경제관리 원칙'은 이런 경제관리 원리를 좀 더 구체화한 것으로, 사회주의경제를 지도하고 운영하는 기본적인 지침이라고 볼 수 있다. 첫번째 원칙은 '당의 정치적 지도와 국가의 경제기술지도'다. 사회주의체

▌북한 경제관리의 원리 · 원칙 · 체계 비교

경제관리 원리	• 인민대중이 경제관리에서 실제적 주인
경제관리 원칙	• 당의 정치적 지도와 국가의 경제기술 지도 • 중앙의 유일적 지도와 지방의 창발성 • 당위원회의 집체적 지도와 행정지휘관의 통일적 지휘 • 정치도덕적 자극 위주 아래, 물질적 자극과의 적절한 결합
경제관리 체계	• 경제관리의 원리와 원칙을 구현하기 위한 제도와 질서

제에서는 당이 인민대중의 이익을 대표하는 정치조직체이기 때문에 사회주의경제를 지도할 책임이 있다. 즉, 당은 인민대중의 요구와 이해관계에 맞게 경제정책을 세우고 이것이 관철되도록 정치적 방법으로 지도해야 한다는 것이다. 당의 이런 지도 밑에서 국가의 경제기관들은 객관적 경제법칙과 정확한 경제적 계산에 기초해 경제를 과학적으로 관리하고 운영한다. 기업소의 생산목표는 당의 정치적 판단에 따라 확정되고, 국가는 이런 기업소의 생산목표를 달성하기 위해 기업소를 지도한다.

두 번째 원칙은 '중앙의 유일적 지도와 지방의 창발성'이다. 사회주의체제에서는 생산수단이 국가나 협동단체에 있기 때문에 전 사회적 범위에서 하나의 생산유기체를 이룬다. 경제의 모든 부문과 단위들이 유기적으로 연결되어 있는 것이다. 따라서 사회주의경제는 중앙의 유일적인 지도 밑에서만 인민대중의 요구와 이익에 맞게 계획적이고 균형적으로 관리 및 운영될 수 있다. 그러나 지방마다 실정이 다르고 저마다의 특성이 있는 만큼 지방이 창발성(창조성)을 발휘해야 한다고 북한은 주장한다. 그래야 중앙의 유일적 지도가 현실성을 띨 수 있지, 그렇지 않고 중앙의 유일적 지도만 강조하면 중앙의 지도가 관료주의와 주관주의에 빠질 수 있다는 이유에서다.

세 번째 원칙은 '당위원회의 집체적 지도와 행정지휘관의 통일적 지휘'다. 사회주의경제는 전 사회적 범위에서 하나의 생산유기체를 이루는 만큼 행정지휘관 한 사람의 역량만으로는 제대로 관리하거나 경영할 수 없다. 경제관리에 관련된 모든 문제를 당위원회에서 집체적으로 토의해 결정을 내리고, 그런 후에 지배인 등 행정지휘관들이 통일적으로 지휘한다는 것이다. 한마디로 결정은 집체적으로 토의해 내리고, 지휘는 통일적으로 해야 한다는 북한의 구상이다. 그래야 행정경제 일꾼들의 주관과 독단을 없애고 대중의 지혜와 창발성을 적극 발동할 수 있어 생산과 경영활동을 능률적으로 해낼 수 있다는 논리이다.

네 번째 원칙은 '정치도덕적 자극과 물질적 자각의 올바른 결합'이다. '능력에 따라 일하고 필요에 따라 공급받는' 공산주의 사회에 도달하지 못한 사회주의 사회에서는 '개인 이기주의' 같은 낡은 사상이 잔존할 수밖에 없다. 이런 사회에선 근로자들이 불가피하게 자기 노동의 결과에 대해 물질적 관심을 가진다. 따라서 강연 등을 통해 근로자들의 근로정신을 고무하는 정치도덕적 자극과 함께 근로자들에 대한 물질적 자극을 올바르게 결합시켜야 한다는 것이다. 이 네 가지 원칙은 북한 헌법 32조에 규정되어 있다.

북한에서 경제관리체계는 '사업체계'와 '관리기구체계'로 구분된다. '사업체계'는 '경제관리의 원리와 원칙을 구현하기 위한 제도와 질서'로, '관리기구체계'는 '경제관리 조직들의 구조와 기능, 그 상호관계의 체계'로 각각 정의된다. '경제관리 조직'이란 내각의 성(省) 등 국가경제기관과 기업소 및 기업소 내 직장, 작업반 등을 지칭한다. 결국 경제관리체계는 경제관리 조직을 활용해 공업과 농업을 실제적으로 가동하는 제도라고 볼 수 있다. 한 예로 지금은 폐지됐지만, 김일성이 1961년 제안한 '대안의 사업체계'는 공업에서의 경제관리체계였다.

03

북한 경제범주의 이중적 성격

2장 10절에서 사회주의 사회에는 '공산주의적 성격'과 '과도적 성격'이 있고, 두 성격은 함께 존재하며 동시에 기능한다고 설명한 바 있다. 이에 따라 사회주의 사회의 한 구성 부분인 경제 영역에서도 '공산주의적 성격'을 반영한 경제범주들과, '과도적 성격'을 반영한 경제범주들이 함께 존재하며 기능한다. 이런 측면은 ① 생산수단에 대한 사회주의적 소유관계, ② 노동관계, ③ 유통 및 교환관계, ④ 분배관계 등에 적용할 수 있다. 사회주의 국가인 북한의 경제운용을 총체적으로 파악하기 위해서는 이런 측면에 대한 이해가 선행되어야 한다. 북한의 구체적 경제정책은 공산주의적 성격과 과도적 성격의 결합에서 어느 쪽을 강화하고 어느 쪽을 약화하느냐에 따라 정해지기 때문이다.

먼저 생산수단에 대한 사회주의적 소유관계부터 살펴보자. 사회주의 사회에서 생산수단은 개인이 아닌 사회 전체의 소유이다. 이런 의미에서 '생산수단에 대한 사회주의적 소유'라고 부르며, 이는 '전 인민적 소유'와 '협동적 소유'로 구분된다. '전 인민적 소유'란 생산수단이

전체 인민의 소유라는 것을 의미하며, '국가 소유'라고도 불린다. 천연자원·철도·항공운수·중요 기업소·항만·은행 등이 여기에 속한다. '협동적 소유'는 생산수단이 사회단체[1]나 협동단체(협동농장이 대표적 사례)의 소유라는 의미이다. 토지·농기계·배·중소기업소 등이 여기에 속한다.

생산수단에 대한 사회주의적 소유에는 우선 '공산주의적 성격'이 있다. 사회주의적 소유의 두 종류인 전 인민적 소유와 협동적 소유가 모두 자본주의에서처럼 사적 소유가 아니라 집단적 소유에 기초하는데, 집단주의는 대표적인 '공산주의적 요인'으로 규정된다.

그런데 생산수단의 사회주의적 소유에는 공산주의적 성격뿐만 아니라 '과도적 성격'도 있다는 것이 북한의 주장이다. 이는 국가가 생산수

▌경제범주에서의 공산주의적 성격과 과도적 성격

생산수단에 대한 사회주의적 소유	공산주의적 성격	국가와 협동농장만 생산수단 소유: 집단적 소유
	과도적 성격	기업소가 생산수단을 관리 및 이용
노동	공산주의적 성격	명예나 보수가 아닌 당과 수령을 위한 노동
	과도적 성격	자기 자신을 위한 노동
유통 및 교환관계	공산주의적 성격	국가에 의한 소비재와 생산수단의 계획적 공급
	과도적 성격	소비재와 생산수단의 매매
분배	공산주의적 성격	국가의 추가적 혜택
	과도적 성격	노동의 양과 질에 따른 분배

---

1   사회단체의 협동적 소유는 1998년 헌법 개정 당시 포함됐다.

단을 소유하지만, 생산수단을 관리하고 이용하는 주체는 국영기업소라는 점에서다. 즉, 국가가 기자재 공급계획에 따라 국영기업소에 생산수단을 공급하지만, 국영기업소는 경영상 상대적 독립성(8절에서 설명)을 갖고 이 생산수단을 관리 및 운영하며 여기서 얻은 이득을 국가에 납부한다는 점이 '과도적 성격'을 보여 준다는 것이다.

생산수단과 함께 생산을 가능하게 하는 요소 중의 하나인 '노동'도 공산주의적 성격과 과도적 성격을 모두 갖추고 있다. 사회주의 사회에서 노동의 한 측면은 근로자들이 당과 수령, 조국과 인민을 위하여 그 어떤 명예나 보수도 바라지 않고 일한다는 점이다. '천리마기수'2, '80년대 속도'를 이룩한 혁신 근로자들의 노동이 대표적인 사례다. 이러한 측면이 노동의 공산주의적 성격이고, 이를 위해서는 사상 교육을 통해 근로자들의 '정치도덕적 관심성'을 자극하는 작업이 중요하다고 북한은 주장한다.

사회주의 사회에서 노동은 '자기 자신을 위한 노동'이라는 또 다른 측면을 지니는데, 이는 근로자들이 노동의 대가로 분배를 받는 것과 연관된다, 이것이 바로 과도적 성격이다. 또 중노동과 경노동, 공업노동과 농업노동, 정신노동과 육체노동 사이에 차이가 있고, 그 결과 노동지출과 노동보수에서 차이가 발생하는 것도 노동의 과도적 성격을 보여 준다. 노동에는 이 같은 과도적 성격이 있기 때문에 근로자들에 대한 '물질적 관심성' 자극이 중요하다고 북한은 주장한다.

---

2 1956년부터 제기된 노력동원 운동이었던 '천리마운동'에서 높은 성과를 내면 '천리마기수' 지위를 얻었다.

사회주의 사회의 유통에서도 공산주의적 성격과 과도적 성격이 공존한다. 사회주의 사회에서 유통되는 것으로는 '소비재'와 '생산수단'이 있다. 소비재와 생산수단은 모두 국가의 계획적 공급에 의해 유통되는데, 이러한 특성은 공산주의적 성격을 반영한 것이다. 그런데 사회주의 사회에서 소비재와 생산수단에는 국가의 계획적 공급 이외의 거래가 이루어지기도 한다. 우선 소비재는 국가의 계획에 따라 공급되기도 하지만, 상업을 통해서도 '매매'가 이루어진다. 생산수단은 좀 더 복잡한 절차를 따른다. 국가의 계획에 의해 A기업소(생산자 기업소)에서 B기업소(수요자 기업소)로 이동되는 생산수단은 기본적으로 '상품'이 아니다. 그러나 생산수단의 이동을 국가에 의한 직접공급에만 의존할 경우 자재의 과잉 또는 부족 등 부작용이 생기므로, 실제로 이동할 때에는 생산수단을 '상품적 형태'로 간주하고 등가(等價)로 계산을 해야 한다는 것이다. 이를 총체적으로 '상업적 형태'라고 부른다(4절 참조). 이처럼 '상업'이나 '상업적 형태'를 통한 매매 측면은 사회주의의 과도적 성격을 반영한 것이다.

사회주의 사회의 공산주의적 성격과 과도적 성격의 결합 관계는 분배 분야에서도 나타난다. 사회주의 사회에서 주민들은 '노동에 의한 분배'와 '국가와 사회의 추가적 혜택'에 따라 소비품을 분배받는다. 그런데 연금, 상금 등으로 구성되는 '국가와 사회의 추가적 혜택'은 근로자들이 투입한 노동과는 관계없이 국가와 사회의 부담으로 이루어진다. 이러한 측면은 공산주의적 성격이다. 반면 '노동에 의한 분배'(노동보수제)는 근로자들이 투입한 노동의 질과 양에 따라, 즉 '번 만큼' 근로자들에게 분배하는 것을 의미한다. 이는 사회주의 사회가 '능력에 따라 일하고, 필요에 따라 분배받는다'는 공산주의의 높은 단계에 이르지 못하고 과도적 성격을 띠고 있음을 보여 준다.

04

―

사회주의 과도적 성격에 따른 경제범주

3절에서 사회주의 사회의 경제는 생산수단, 분배 등 각 분야에서 공산주의적 성격과 과도적 성격이 결합하여 기능한다고 설명했다. 4절에서는 3절 내용을 토대로 하되, 사회주의의 과도적 성격으로 인해 나타나는 경제범주를 별도로 정리해 본다. 여기에는 ① 상품생산, ② 독립채산제 도입, ③ 기업소 간 생산수단의 등가교환 등이 포함된다.

상품은 교환을 목적으로 생산된 물건이므로 어떤 물건이 상품이 되려면 두 가지 조건이 필요하다. 첫째, 서로 다른 물건이 있어야 한다. 즉, 사회적 분업이 존재해야 한다. 둘째, 소유관계가 분화되어 있어야 한다. 소유권을 얻는 사람과 소유권을 잃는 사람이 있어야 한다는 뜻이다. 사회주의 사회에 사회적 분업이 없거나, 소유의 형태가 국가소유뿐이라면 상품이 존재할 수 없다. 그런데 사회주의 사회에서도 서로 다른 물건을 생산한다. 또 생산수단에 대한 국가적 소유·협동적 소유가 있고, 소비품에 대한 개인소유도 있는 등 소유가 분화되어 있다. 이에 따라 사회주의 사회에서도 상품생산과 상품유통이 존재하게 된다.

■ 과도적 성격에 따른 사회주의 경제범주

사회주의 과도기적 성격	• 상품생산 • 독립채산제 실시 • 기업소 간 생산수단의 등가교환

이런 측면들은 모두 사회주의의 과도적 성격에 기인한다. 소유 형태가 모두 국가소유로 일원화되는 공산주의 높은 단계에 진입한다면 상품생산은 불가능하다.

독립채산제(獨立採算制)도 사회주의의 과도적 성격으로 인해 도입된 기업소 관리방법이다. 사회주의 사회에는 자본주의의 낡은 잔재인 개인 이기주의, 놀고먹으려는 습성, 물질적 자극에 대한 관심 등이 존재하는 과도기적 성격이 있다. 이런 상황에서 기업소는 국가소유라며 국가가 직접 기업소의 생산 및 관리 업무를 맡는다면, 근로자들은 국가에만 의존하고 열심히 노력하지 않는 현상이 벌어질 수 있다. 즉, 국가가 기업소의 매출이나 수익에 관계없이 자금을 지원하는 예산제로 기업소를 운영하면 그 기업소가 제대로 가동될 수 없다는 것이다. 이러한 우려를 바탕으로 북한은 국가가 생산수단과 자금을 기업소에 맡기고 기업소가 경영상 상대적 독자성을 가지고 원가, 가격, 수익 등의 경제공간(경제적 수단)을 활용해 수입과 지출을 맞추어, 수익이 나면 국가와 기업소가 이를 분배하도록 하는 기업소 관리운영 방법인 독립채산제를 도입했다. 사회주의가 만약 공산주의적 성격만 지녔다면 독립채산제는 도입될 수 없다.

3절에서 일부 설명했지만, 기업소 간 생산수단의 등가교환도 사회주의 사회의 과도적 성격과 연관이 있다. 북한에서 계획경제에 따라 국영기업소 간 유통되는 설비, 원료 등 생산수단은 두 가지 측면에서 상품이 아니다. 첫째, A기업에서 생산된 생산수단이 B기업으로 이동해도 A, B기업이 모두 국가의 소유이므로 소유형태의 분화가 발생하지 않기 때문이다. 둘째, 생산수단이 국가의 기자재 공급 계획에 따라 A기업소에서 B기업소로 공급되는 것이지, A기업소와 B기업소가 독자적으로 매매하는 것이 아니기 때문이다. 김일성은 "생산수단은 군대에 보내는 무기처럼 국가에서 필요하다고 할 때에는 기업소가 요구하지 않더라도 기업소에 공급한다"고 말한 적이 있다. 자재는 국가 계획에 따라 공급된다는 점을 강조한 말이다.

그런데 이러한 교환 방식을 따르다 보니 자재가 제대로 공급되지 않을 경우 생산에 막대한 차질을 입고 자재를 사장(死藏)하는 경우가 발생한다는 문제점이 드러났다. 이에 북한은 기업소 간에 오가는 생산수단이 '매매'가 아니라 '공급'되는 것이라고 해도 가격, 원가 등을 고려해 등가로 교환해야 한다는 새로운 정책을 시행했다. 예를 들어 '김책제철연합기업소'가 생산한 철강을 '승리자동차연합기업소'로 넘기는 경우, 국가가 정한 철강 가격에 상응하는 자재를 승리자동차로부터 받는다는 것이다. 이러한 생산수단의 등가교환은 사회주의의 과도적 성격에 기인한다. 즉, 사회주의 사회에서는 기관본위주의와 지방본위주의가 심해 다른 국가기관이나 기업소의 일에 관심이 없고, 국가재산을 자기 재산처럼 애호하는 집단주의 정신이 결여되어 있으며, 국가를 위한 노동보다는 자기 자신을 위한 노동에 진력하는 사회 현상들이 빚어진다. 이런 상황에서 국영기업소들 간 생산수단 거래에 엄격한 계산 통제를 가하지 않으면 자재를 마음대로 쓰는 등 기업소 운영에 커다란 문제가 발생할 것이라고 북한은 판단한 것이다. 그렇다면 생산수단이 상품이 아닌데, 어떻게 기업소 간에 거래가 이루어질 수 있는 것일까? 여기서 북한은 독특한 논리를 개발했다. 바로 생산수단은 '상품적 형태'를 띤 것이고, 가치법칙은 '형태적으로' 작용한다는 논리이다. 가치법칙이란 상품의 가치는 해당 상품의 생산을 위해 사회적으로 필요한 노동시간에 따라 결정되며, 상품은 이 가치에 따라 교환되는 것이 상품생산 사회의 기본적 경제법칙이다. 따라서 상품이 아니면 가치법칙은 적용되지 않는다. 그러나 북한은 생산수단이 상품은 아니나 마치 상품으로 간주되듯이, 가치법칙도 상품생산에서처럼 '내용적으로' 작용하지 않고 '형태적으로' 작용한다고 각각 간주한 것이다.

초기 경제 지도체제 변화 1
공장위원회에서 유일관리제로

1945년 해방 직후 북한 지역에는 평안도 등 5개 도(道)에 조직된 '인민위원회'가 통치권을 행사했다. 도 인민위원회가 맡은 주요 임무 중의 하나는 일본인들이 경영하던 공장, 기업소들을 접수하는 일이었다. 인민위원회의 감독하에, 종업원들로 구성된 잠정적 자치기구인 '공장위원회'가 이들 공장과 기업소를 실질적으로 운영했다. 몇 달 운영되던 '공장위원회 체제'는 곧 중앙집권화의 길을 걸었다. 1945년 11월 평양에 설치된 '북조선 5도 행정국'의 10개 국(局) 중 산업국이 공장, 기업소들을 관장하기 시작한 것이다. 5도 행정국에 이어 1946년 2월에 창립된 북조선임시인민위원회 내에서도 '10국 체제'는 그대로 유지되었다. 여기서도 공장과 기업소를 관리하는 부서는 산업국이었다.

　1946년 8월 교통, 운수, 체신, 은행 등에 대한 국유화 조치를 계기로 각 공장과 기업소는 탄광을 제외하고 산업국의 관리하에 들어갔다. 이와 함께 '기획국'이 북조선임시인민위원회 내에 새로 조직되어 계획을 총괄했다. 1946년 11월 30일에는 북조선임시인민위원회 정령 제

■ 초기 경제 지도체제의 변화 과정 1

1945. 8~	1945. 11~1949. 11.	1949. 11~1961.
• 도(道) 인민위원회 산하 '공장위원회'	• 5도 행정국과 북조선임시인민위원회의 10개국 중 산업국, 기획국 등	• 유일관리제 - 중앙부터 공장까지, 당이 아닌 행정기관과 공장 간 위계질서 확립

123호 〈산업국 기구 개정에 관한 건〉과 정령 제124호 〈국영기업 관리령〉이 공포됐다. 1948년에 기획국은 '국가계획위원회', 산업국은 '산업성(産業省)'으로 각각 승격됐다. 산업성 산하에는 화학산업관리국, 제철산업관리국 등의 국(局)이 설치되었다. 현재의 '성-국 체제'의 틀이 형성된 것이다. 이로써 공장, 기업소 지도를 위한 중앙 차원의 경제지도체계는 어느 정도 정비되었다.

그러나 공장, 기업소는 정비가 제대로 되지 않았다. 전반적으로 규율이 부재했고, 책임감도 없었다. 노동력이 절대적으로 부족한 데다 빈번하게 유동하여, 공장을 관리하고 운영할 수 있는 행정이나 기술 인력이 부족하다는 것 등이 그 이유였다. 여기서 북한은 1949년 11월 19일 김일성의 연설을 계기로 '유일관리제'를 채택한다. 유일관리제는 중앙 차원의 경제부문별 지도기관인 각 성(省) 단위에서와 공장 단위에서, 해당 기관(조직) 책임자가 '유일적으로' 아래를 지도하는 체제다. 유일관리제에 대해 김일성은 이렇게 언급했다.

유일관리제라 함은 상(相, 장관)으로부터 로동자에 이르기까지 계획의 량적 및 질적 실행을 보장하는 전 사업 과정에 대한 완전한 책임을 져야 한다는 것을 의미한다. 상부 지도자의 지시와 명령을 두말없이 제 기한에 실행하는 사업 작풍을 확립하여야 한다. 지도일군들은 아래 일군들과 협의하며 그들의 요구와 제의를 참작하며 그들의 창의 창발성을 고무하여야 한다. 그러나 지도일군이 일단 결정을 내린 다음에는 그 결정은 아무런 시비도 없이 그대로 실행하여야 한다.

김일성의 이 발언은 국가의 중앙부서인 산업성의 최고책임자에서부터 공장의 말단 노동자에 이르기까지 위계적 질서를 형성하고, 상부 행정 관리자가 하부를 유일적으로 지도하면서도 이들과 협의를 해나가는 복무 시스템을 확립해야 한다는 뜻을 담고 있다. 이는 국가 차원에서의 유일관리제 실행과 공장 차원에서의 유일관리제 실행을 모두 아우른 발언으로 보인다.

공장 차원의 유일관리제에서 핵심 역할은 지배인이 맡는다. 그래서 '지배인 유일관리제'라고 불린다. 지배인은 공장의 관리와 운영에 관한 모든 권한을 가지고 결과에 책임을 진다. 다만 지배인에 대한 인사권은 중앙정부가 지닌다. 지배인의 역할은 국가의 지시를 공장 내에서 충실히 수행하는 것이다. 지배인은 중앙과 근로자들을 연결하는 고리 역할을 맡은 셈이다. 지배인 유일관리제는 6·25전쟁 후 김일성에 의해 더욱 강조되었다. 김일성은 기업소 지배인을 경제 분야에서의 군대 지휘관에 비유하면서, 기업소의 유일 관리자로서 생산을 책임지는 직책으로 규정했다. 다만 지배인은 국가의 지시를 기업소 내에서 충실히 수행하는 역할에만 머무른다는 한계는 가지고 있었다. 한 예로 지배인은 기업소의 생산계획에 참여할 수 없었다.

06

초기 경제 지도체제 변화 2
군중노선의 대두

1949년에 채택된 '유일관리제'는 대략 1954년 후반부터 국가 차원과 공장 차원 모두에서 문제점을 드러냈는데, 이번 절에서는 국가 차원의 문제점을 다룬다. 북한은 해방 이후 잠정적으로 추진했던 지방분권적 경제지도체계를 점차 중앙집권화하는 방향으로 나아갔다. 북한은 전후복구 3개년계획 기간(1953~1956) 동안 중앙의 경제관리체계를 개편하면서 각 성(省)을 세분화하는 작업을 추진했다. '중공업성', '화학건재공업성', '경공업성' 등 3개 성으로 분리된 산업성 체제가 그런 사례다. 5절에서 언급했듯이, 북한은 이렇게 확대된 중앙행정기관들이 공장과 기업소를 지도하기 위해 유일관리제를 실시했다.

그러나 유일관리제는 현실적으로 제대로 이행되지 못했다. 그 이유는 두 가지다. 첫째는 행정적 위계 지도가 형식화되었기 때문이다. 이는 주로 중간 및 하급 간부들의 자질 부족에서 비롯되었다. 정치적으로 경험이 부족한 간부들이 임명되다 보니 아래를 제대로 지도할 수 없게 된 것이다. 특히 검열사업 부문에서 그러했다. 검열이 형식적으로

■ 초기 경제 지도체제의 변화 과정 2

문제 발생	위계적 행정지도의 부실화로 '유일관리제'의 전반적 사문화 (1954~1956)	
대응책	국가 차원(1956~)	최고지도자 등 당·정 간부들의 현지지도
	기업소 차원(1961~)	'대안의 사업체계' 실시: 군중노선 도입

진행되거나 검열 대상을 위협하는 '경찰식' 검열이 이루어지는 경우가 많았다. 또 업무가 중복되거나 계통이 아예 무시되는 경우도 있었다.

둘째는 행정적 위계 지도가 제대로 기능했다 하더라도, 유일관리제의 기본 원칙인 기관책임자(예를 들면 산업상)의 '유일적 지도 원칙'과 '민주주의적 협의제 원칙' 간의 상충이 심해졌다. 유일관리제를 강화한다는 명분하에 아래와의 집체적 협의를 무시하는 경향이 나타났고, 거꾸로 아래와의 집체적 지도를 강조하다 보니 유일관리제를 무시하는 경향이 나타났던 것이다. 전자(前者)로부터는 기관 책임자의 관료주의, 후자(後者)로부터는 기관 책임자의 책임 회피라는 부작용이 각각 나타났다.

이처럼 유일관리제가 제대로 작동하지 못하자 북한 지도부는 행정 관료의 역량에 의존하기보다는 직접 근로자들에게 호소하는 방법을 선택했다. 최고지도자를 비롯한 당정 간부들이 근로자들 속으로 들어가 이들의 창발성을 발동시키고 애국심을 고취시켜 공장과 기업소의 생산성을 높이려는 전략으로 선회한 것이다. 이 전략은 김일성이 1956년 12월 당 전원회의에서 행한 "사회주의 건설에서 혁명적 대고조를 일으키기 위하여"라는 제목의 연설에서 비롯되었다. 흔히 '천리마운동'으로 불리는 군중노선이 탄생한 것이다.

북한은 군중노선의 대표적 성과로 1957년 김일성의 강선제강소 현지지도를 든다. 당중앙위원회가 강선제강소에 1957년도 경제계획을 수행하려면 선철 23만 톤이 요구된다고 하자, 기술자들과 일부 행정관료들은 로(爐)의 생산능력이 18~19만 톤에 불과하다면서 요청을 거부한다. 그러나 김일성은 강선제강소로 현지지도를 나가 노동자들에게 나라의 어려운 사정을 설명하면서 노동자들의 애국심을 고취시킨다. 김일성은 이때 "소련이 요구하는 경제노선(경공업·농업 중심)을 받아들이지 않자 소련에서의 원조가 급격히 줄었다"면서 "이를 극복하고 경제성장을 이룰 수 있는 것은 노동자들의 열의뿐"이라고 호소했다. 그러자 노동자들이 엄청난 생산 열의를 발휘하여 선철 23만 톤 생산을 실현했다는 일화다. 한편 공장 및 기업소 관리 차원에서 유일관리제, 즉 지배인 유일관리제를 대체한 것은 1961년에 김일성이 제시한 '대안의 사업체계'다. 이는 7절에서 설명한다.

기업소 관리체계 변화
대안의 사업체계

국가차원의 유일관리제가 문제점을 드러냈듯이, 공장과 기업소 차원에서의 '지배인 유일관리제'도 마찬가지였다. 첫 번째 요인은 지배인의 실무능력 부족이다. 지배인 유일관리제는 지배인 단독책임제인데, 지배인이 이를 수행할 만한 초보적인 능력을 갖추지 못한 경우가 많아 지배인의 권위가 추락했다. 지배인은 지배인대로 관료주의적 행태를 보였다. 지배인들이 능력이 있는 근로자들의 의견 제시를 자신의 권위에 대한 도전으로 받아들여 이들을 기피하고, 사무 처리를 지연하거나 직권을 남용하는 사례가 적지 않았던 것이다.

두 번째 요인은 지배인과 노동자들 간의 협의 체계가 형식화되었다는 점이다. 지배인 유일관리제는 노동자들의 적극적인 열의를 유도해낼 수 있느냐가 성패의 관건이었다. 다시 말해 노동자들과의 민주적이고 집체적인 협의가 중요했다. 이를 위해 일반 근로자들은 '생산협의회'라는 기구를 통해 기업소 운영에 참여했다. 하지만 생산협의회 운영도 시간이 지나면서 관료화·형식화되었다. 일부 기업소에서는 생산

■ 기업소 관리체계의 변화 과정

1949~1961년	1961~2019년

• 지배인 유일관리제
  - 지배인이 공장 관리 및 운영의
    모든 권한과 책임 보유
	• 대안의 사업체계
	  - '공장당위원회'의 집체적 지도
	  - 기사장이 생산 전 과정 지도
	  - 중앙에서 자재 확보, 기업소에 공급
	  - '후방 부지배인제' 신설

협의회를 근로자들이 자신들의 애로사항을 호소하는 회의로 간주하고 요구 조건만 제시했다. 또 다른 기업소에서는 생산능률 제고, 노력 절약, 오작품 퇴치, 원가 저하, 자재 절약 등 중대한 다섯 가지 문제를 두고 고작 한 시간가량 회의한 뒤 마무리 짓기도 했다. 즉, 노동자가 생산의 주인으로서가 아니라 지배인 등 상부의 지시에 복종하는 일종의 피고용자로서의 위상만 갖게 되었다는 것이다.

이런 이유들로 인해 지배인 유일관리제는 1956년 12월 이후 점차 유명무실해져 갔다. 대신 중앙 차원에서 군중노선이 등장한 것과 발맞추어 공장, 기업소도 새로운 지도체계로 전환되었다. 바로 '대안의 사업체계'였다. '대안의 사업체계'라는 이름은 김일성이 1961년 12월 남포시 대안구역 대안전기공장을 현지지도한 자리에서 새로운 공업관리체계 개선책을 제시했다고 해서 붙은 명칭이다.

대안의 사업체계는 '청산리정신·청산리방법'(5장 1절 참조)을 기업소에 적용한 것이다. 즉, 당의 지도를 강화하고 위가 아래를 지원하는 체계를 확실하게 하는 기업소관리체계로서, 그 내용은 네 가지다. 첫째, 공장당위원회를 최고지도기관으로 하여 해당 기업소를 집단적으로 관리하고 운영토록 한 점이다. 지배인 1인이 아닌 공장당위원회가 집체적 토론을 통해 업무를 결정하고 당일군(공장당위원장)은 당사업을, 행정일군(지배인)은 행정사업을, 기술일군(기사장)은 기술관리사업을 각각 담당한다는 것이다. 기업소에서의 위상은 공장당위원회가 가장 높고, 이어 지배인과 공장당위원장이 동격으로 자리한다. 지배인 밑에는 기사장과 부지배인들이, 이들 밑에는 공장의 여러 부서들이 각각 있다. 공장당위원장 밑에는 조직부, 선전부 등 공장당위원회의 여러 부서들이 위치한다. 북한은 이를 통해 근로자들의 역량을 집체적으로 모아 기업소를 효과적으로 관리하고 운영할 수 있다고 보았다.

둘째, 생산지도체계의 변화다. 북한은 지배인 유일관리제 아래에서는, 통일적으로 진행되어야 할 계획, 생산지도, 기술지도가 분산되는 결함을 가지고 있다고 판단했다. 또 기술을 잘 모르는 지배인이 생산계획과 생산지도를 맡는 것도 문제라고 보았다. 이를 시정하기 위해 북한은 그동안 지배인 밑에서 각기 운영되던 생산지도부, 계획부, 기술부를 통합해 이를 기사장이 지휘토록 했다. 즉, 기사장이 계획의 작성·생산의 조직·기술의 지도 등 전 생산과정을 통일적으로 지도하게 했다. 지배인은 부지배인·기사장·직장장 등을 지휘하면서 자재 확보나 후방 공급(노동자 복지) 확보 등 기업소의 관리, 운영 전반을 통솔토록 했다. 기존의 생산지도 업무에서는 벗어났지만, 지배인 업무의 중요성이 약화되지는 않았다.

셋째, 자재를 '위'에서 확보해 '아래'에 공급토록 했다. 김일성은 "성, 관리국에서는 공장, 기업소들에 자재를 책임지고 공급해 주며, 공장, 기업소들에서는 직장들에, 직장에서는 생산 현장과 기대(機臺, 작업 현장)들에 자재를 현물로 책임지고 날라다 주는 체계로 되여야 할 것"

이라고 말했다. 지금까지는 기업소의 자재 담당 직원들이 성(省)의 '지시서'에 의거해 필요한 자재를 생산하는 기업소들과 계약을 맺고 자재를 구입했다. 그러나 대안의 사업체계에서는 내각의 성(省), 또는 관리국 사이에 물자 공급 계약을 맺고 그 계약에 따라 해당 성이나 관리국에서 자재를 공장에 보내 주도록 한 것이다. 예를 들어 지금까지 '대안전기공장'이 동(銅)을 공급받기 위해서는 '남포제련종합기업소'와 직접 계약을 맺었다면, 앞으로는 대안전기공장을 지도하는 내각의 '기계공업총국'이 남포제련소를 지도하는 '유색금속관리국'과 계약을 맺는다는 것이다. 그리고 운반 방법도 대안전기공장 근로자가 남포제련소에 가서 동을 실어 오는 대신 유색금속관리국이 남포제련소에 과업을 주어 동(銅)을 계약대로 대안전기공장에 보내도록 한다는 것이다. 북한은 이런 자재공급 체계의 원활한 이행을 위해 각 성 및 국에 '자재상사'를 설치했다.

넷째, 기업소에서 일하는 노동자와 그 가족들의 복지를 위한 '후방사업체계'를 개선한 점이다. 우선 기업소에 '후방 부지배인제'를 신설하고, 그 밑에 식량부, 부식물공급부, 주택관리부, 편의시설부 등을 두었다. 이러한 체계에서는 직장장을 비롯한 생산 담당 근로자들이 생산에만 전념하게 되는 장점이 있다고 북한은 주장했다.

북한의 대표적인 경제학자인 박영근은 대안의 사업체계를 "당위원회의 집체적 지도 밑에 모든 경영활동을 진행하며, 정치사업을 앞세우고 생산자 대중을 발동하여 제기된 경제과업을 수행하며, 우(위)가 아래를 책임적으로 도와주며, 경제를 과학적으로, 합리적으로 관리운영하는 가장 우월한 사회주의경제관리체계"라고 평가했다.

08

기업소 관리방법 1
독립채산제의 시행

대안의 사업체계가 북한 기업소의 관리체계라고 한다면, 기업소의 관리방법은 '독립채산제'다. 대안의 사업체계가 기업소를 운영하는 '체계'(시스템)라면, '독립채산제'는 기업소가 원료와 노동력을 가지고 생산한 상품을 판매해 수입과 지출을 맞추는 경영활동의 방법인 셈이다. 북한은 1946년 김일성이 '독립채산제 실시'를 언급한 이후 60여 년에 걸쳐 독립채산제의 중요성을 강조해 왔다. 2016년 헌법에서도 "국가는 경제관리에서 대안의 사업체계의 요구에 맞게 독립채산제를 실시하며 원가, 가격, 수익성 같은 경제적 공간을 옳게 리용하도록 한다"고 규정했다. 그러나 독립채산제는 제대로 이행되어 오지 못했다. 독립채산제가 내세운 '명분'과 북한이 채택한 사상 중심의 정치체제라는 '현실'이 충돌했기 때문이다. 독립채산제는 2012년 김정은 시대가 열리면서 '사회주의 기업 책임관리제'에 점차 자리를 내주다가 2019년 개정 헌법에서 삭제됐다. 이번 절에서는 독립채산제의 개념과 이 제도가 어떻게 변천해 왔는지 연혁을 살펴본 후 종합적인 평가를 내린다.

■ 독립채산제의 개념과 평가

독립채산제 개념	독립채산제 평가
기업소가 국가의 중앙집권적 지도 밑에 경영상 상대적 독자성을 갖고 경영하며 수입과 지출을 맞추고 국가에 이익 부여	기업소의 효율적 경영 위해 기업소에 자율성을 부분적으로 부여했으나, 기업소에 대한 국가의 중앙집권적 통제 벽을 넘지 못해 정착 실패

독립채산제란 '기업소들이 국가의 중앙집권적인 계획적 지도 아래 경영상 상대적 독자성을 가지고 경영활동을 하면서 수입과 지출을 맞추고 국가에 리익을 주는 계획적이며 합리적인 관리운영 방법'으로 정의된다. 원래 사회주의 국가에서 기업소는 국가 소유이기 때문에 매출과 이익을 고려하지 않아도 되는 '예산제'로 운영할 수 있다. 그러나 예산제로 운영하다 보면 근로자들이 국가에만 의존하면서 책임의식과 생산의욕이 떨어질 수 있다. 그래서 국가가 생산수단과 자금을 기업소에 맡기고, 기업소에 운영상의 상대적 독자성을 부여한 후 수입과 지출을 따져 이익을 내라고 한 것이 독립채산제이다. 다만 여기에는 대전제가 따른다. 이는 기업소의 모든 생산활동과 관리운영이 국가의 계획적 지도 밑에서 이루어져야 한다는 것이다. 이런 구조는 북한에서 그동안 기업소의 '상대적 독자성'이 강화되는 조치가 여러 차례 취해질 때에도 변함이 없었다.

기업소가 '경영상 상대적 독자성'을 갖고 있다는 것은 세 가지 차원에서 설명된다. 첫째, 기업소는 생산수단을 '소유'하는 것이 아니라 생산수단에 대한 '이용권'과 '관리권'만 가지고, 경영상의 '독자성'을 보유한다는 점이다. 둘째, 경영상의 독자성은 구체적으로 ① 생산수단을 포함한 국영기업소의 재산을 관리하고 이용하며, ② 기업소 지출을 자체의 수입으로 충당하는 것이다. 셋째, 기업소의 독자성은 절대적인 것이 아니라 상대성을 띠고 있다는 점이다. 이는 기업소의 경영활동이 국가의 중앙집권적인 계획적 지도 밑에서 이루어지고, 기업소는 국가가 하달한 현물지표 생산계획을 무조건 이행해야 한다는 점에서 드러난다. 만약 기업소가 '절대적 독자성'을 갖고 있다면 국가의 계획적 지도 등에 이의를 제기할 수 있으나, 이는 사회주의경제에서는 불가능하다.

북한에서는 독립채산제가 1946년 8월 산업의 국유화가 단행된 후 그해 12월부터 국영기업소의 관리방법으로 자리 잡았다. 김일성은 1946년의 한 연설에서 "국영기업의 계획적 관리운영에서 기본으로 되는 것은 독립채산제를 옳게 실시하는 것"이라고 말했다. 김일성은 "기업소를 비능률적이고 불합리하게 경영을 해 손실을 가져오게 한다면 국가에 재정부담이 커지게 될 것"이라며 "로동 생산능률을 높이고 원료, 자재를 절약하며 생산물의 원가를 계통적으로 낮춤으로써 매개 국영기업소마다 수익성을 높여 더 많은 국가축적을 보장해야 한다"고 강조했다. 계획경제의 틀은 유지하되, 기업이 손해를 보지 않도록 원가 절하 등을 통해 독립채산제를 제대로 실시해야 한다는 것이다. 한편 북한은 독립채산제가 적용되는 대상도 확대해 나갔다. 1962년에는 중앙의 기업소에, 1970년대 초에는 지방 공장과 비생산적 부문인 유통 부문에까지 독립채산제를 적용했다.

그러나 북한에서 독립채산제는 원칙의 강조와 현실에서의 부침을 되풀이했다. 북한 당국은 여러 차례 독립채산제 강화, 즉 기업소에 경영상 상대적 독립성을 확대하고, 원가나 가격 등의 경제적 수단을 제대로 활용해야 한다고 강조했으나, 실제 정책은 그렇게 시행되지 못했다. 북한은 1973년 독립채산제 강화를 주장했다. 그러나 기업소의 독자성보다는 중앙의 지도성을 강화했다. 이는 "독립채산제는 국가의 유일적인 계획에 기초하여 실시된다. 국가의 중앙집권적인 계획적 지도를 떠나서 독립채산제에 대해 생각할 수 없다"는 경제학자 김태윤의 주장에서 잘 드러났다.

북한은 1984~1985년에 걸쳐 또다시 독립채산제를 실질적으로 강화하겠다는 방침을 밝혔다. 김정일은 "독립채산제에 관한 규정을 현실의 요구에 맞도록 한층 더 완성시켜야 한다"고 지시했다. 이에 따라 국가가 기업소를 대상으로 기존의 현물지표 이외에 생산액지표(현금지표)를 내리고 기업소가 이의 이행을 위해 계획을 독자적으로 수립하도록 허용했다. 또 초과이윤이 생길 경우 이를 국가와 기업소가 분배하는데, 기업소의 몫을 이전의 20%에서 50%로 인상했다. 가격, 원가, 수익 등 경제적 공간을 중시해야 한다는 주장이 〈노동신문〉 등 북한 언론에 수시로 실렸다. 북한은 이와 함께 1984년 6월에는 기존 기업소 이외에, 사무기관을 제외한 비생산 부문의 전 기관과 기업소에까지 독립채산제 실시 대상을 확대했다.

그러나 북한은 1986년에 들어서 갑자기 독립채산제에 대해 부정적 인식을 드러냈다. 당시 이근모 총리는 1987년 "정치사업을 경시하여 경제기술 사업과 물질적 자극을 중심으로 경제를 관리운영하면 경제기관·기업소의 일꾼과 근로자들 속에 기관본위주의와 개인이기주의를 조장하여 사회주의 제도의 우월성을 발휘하지 못하고 경제 건설에 중대한 화를 초래한다"고 말했다. 이런 인식에는 당시 소련과 중국에서 일어났던 '경제 개혁'이 '정치 개혁'으로 비화하는 과정을 본 북한 지도부의 우려가 반영되었다. 이에 따라 1984~1985년에 취해졌던 일련의 기업소 관리방법상의 개혁적 조치도 유야무야됐다.

하지만 1990년대에 들어서자 북한은 다시 독립채산제 강화를 역설했다. 김정일은 "공장, 기업소의 경영활동 결과를 생산계획 수행과 함께 질적 지표인 원가계획 수행과 결부하여 평가하기 위한 구체적인 방법론을 세우고 절약과제 수행에 따르는 장려금제를 바로 실시하여 모든 일군(일꾼)들과 근로자들이 원가계획 수행에 깊은 관심을 가져야 한다"고 강조했다. 원가를 단순히 줄이는 차원에서 한발 더 나아가 원가를 낮추기 위한 '원가계획'의 수행 수준을 놓고 기업소를 평가하겠다는 것이다. 또 절약을 많이 하는 근로자들에게는 그에 따른 '장려금'을 즉각 지급했다. 이는 1990년대 들어서 국가가 자재를 기업소에 보내지 못할 정도로 경제 상황이 더욱 악화되고 있지만, 기업소는 어떻게 해서라도 수입과 지출을 맞추어 보라는 차원에서 일종의 자구책으로 독립채산제 강화를 또다시 강조한 것이라고 볼 수 있다.

탈북민들에 따르면 독립채산제가 제대로 이행되면 국가와 기업소에 큰 기여를 할 수 있다. 만약 어떤 기업소가 계획을 120% 달성했다고 하면, 계획의 100퍼센트분에 대한 이윤(계획이윤) 중 상당 부분은 국가가 가져가지만, 초과분 20%에 대해서는 자재비, 전기료 등을 제외하고 남은 이윤(순수이윤) 중 대부분이 기업소로 가기 때문이다. 그러나 실제로는 계획을 초과 달성하는 기업소는 드문 데다, 기업소가 설사 손해를 보아도 국가가 '이 기업소는 국가적으로 긴요한 상품을 생산하고 조달했다'는 등의 이유로 손실을 보전해 주는 사례가 많아 독립채산제 이행이 형식에 그치는 경우가 많았다. 결국 기업소의 효율적 경영을 위해 기업소에 자율성을 부여한다고 했으나 기업소를 대상으로 한 국가의 중앙집권적 통제라는 벽을 넘지 못해 정착하는 데에는 실패했다고 볼 수 있다.

09

협동농장 운영 변화 1
분조관리제의 도입

북한에서 협동농장이 처음 설립될 때 그 생산조직의 중심은 '작업반'이었다. 작업반에는 '농산(식량 생산) 작업반', '남새(채소) 작업반', '과수작업반', '축산작업반', '관개작업반', '기계화(트랙터, 트럭 운용) 작업반' 등이 있고, 농장원들은 이들 작업반 중 하나에 소속된다. 지역에 따라서는 공예(산림·특수 작목), 잠업, 담배 등의 작업반을 둔다. 대개 자연부락 하나에 작업반 1개가 조직되고, 자연부락이 큰 경우 2개또는 그 이상의 작업반이 조직된다. 작업반은 보통 70~80명이 기본적으로 배치되고, 100여 명에 이르는 곳도 있다. 작업반의 하부조직으로분조가 있으나, 초기에 분조는 단순 작업조직에 불과했다.

작업반 중심의 협동농장 운영은 시간이 흐르면서 몇 가지 문제점을드러냈다. 첫째, 작업반의 규모(70~100명)가 커 토지 이외의 생산수단에 대한 책임소재가 명확하지 않아 이를 효과적으로 사용하기가 여의치 않았다. 또 작업반 내부 인력 관리에서도 허점이 생겨 노동력이유동화(流動化)되면서 노동의 낭비를 초래했다. 둘째, '작업반 우대제'3가 시행되었지만, 각 작업반원의 '노력일(勞力日)'4과 노력공수를

■ 분조관리제 운영 변화 1

1965년	1996년
• 분조관리제 도입 - 10~25명으로 구성 - 분조별 독립 생산단위 - 계획 생산분, 분조단위 차등 분배 - 초과 생산분, 국가수매	• '새로운 분조관리제' 도입 - 5~10명으로 축소 (가족단위 구성도 가능) - 분조별 독립 생산단위 - 계획 생산, 분조단위 차등 분배 - 초과 생산, 분조의 자유 처분 허용 - 생산목표량 하향 조정

그 작업반원의 실제 생산 결과와 결부하여 평가하는 방식이 제도화되지 않았다. 초과 생산분을 작업반원에게 평균적으로 분배했기 때문이다. 그 결과 작업반원들 사이에서 계획과제를 초과 수행하려는 열의는 사라지고, 자신의 노력공수를 늘리려는 데만 관심을 쏟게 했다.

이런 문제점들을 해소하기 위해 북한은 1965년 당중앙위원회 4기 15차 전원회의에서 작업반 내의 분조를 중심으로 협동농장을 운영하는 '분조관리제'를 채택했고, 1966년부터 시행에 옮겼다. 그 내용은 다음과 같다. 첫째, 분조에 일정한 농지와 농기구 및 노동력 등 생산수단을 고정시켜 분조가 독립적으로 농업생산을 할 수 있게 하고, 생산계획을 작업반이 아닌 분조에 하달했다. 둘째, 한 분조의 규모를 작업반보다 훨씬 적은 통상 10~25명 정도로 하고, 각 연령층을 배합했다. 셋째,

---

3 '작업반 우대제'는 기존의 작업반별 평균 분배에서 벗어나 생산계획을 초과한 작업반에게 초과분을 배분하는 제도이다.

4 '노력일'은 작업반원이 '하루 몇 시간 노동에 참여했다'는 단순 계산이 아니고, 각 작업반원의 하루 노동을 질과 양을 토대로 평가한 것을 의미한다. '노력공수'는 이런 노력일을 숫자로 표시한 단위다. 예를 들어 노동 강도가 강한 '모내기'의 하루 작업 정량을 완수하면 1.6의 공수를, 노동 강도가 약한 '모뜨기'의 경우는 1.2를 받는다.

분배는 분조의 생산성을 감안하여 생산성이 높은 분조는 1공수당 현금과 현물의 배당을 높이는 방식으로 우대했다.

북한은 1990년대 중반 구소련을 비롯한 동유럽 사회주의 국가들의 붕괴와 김일성 사망 등으로 심각한 경제위기에 직면했고, 그 여파로 대규모 아사자가 발생하자 1996년 기존의 분조관리제를 수정한 '새로운 분조관리제'를 채택했다. '새로운 분조관리제'에서는 우선 분조의 규모를 이전의 10~25명에서 5~10명으로 더욱 줄였다. 그러다 보니 어느 분조는 가족이나 친척들만으로 구성되는 경우도 생겼다. 분조의 생산목표도 줄여 분조의 생산 부담을 경감해 주었다. 즉, 생산량이 크게 감축된 과거 3년간(1993~1995년)의 평균 수확량과 1993년 이전의 10년간 평균 수확량을 합해 나눈 평균치보다 약간(통상 10%) 낮게 생산목표량을 설정해 주었다. 또 분조의 초과 생산분을 이전에는 국가가 수매했으나, 이제는 해당 분조원에게 현물로 분배하거나 자유롭게 처분할 수 있도록 했다.

그러나 새로운 분조관리제도 제대로 정착하지 못했다. 그 원인은 분조에 주어진 생산목표가 여전히 높아 할당된 목표를 초과하기가 어려웠다는 점이다. 생산목표치를 낮추는 조치를 취했어도 비료 부족, 신(新) 종자 개발 미비 등 농업 생산 자재와 생산 기반이 좋지 않아 식량 생산량은 매년 내려갔다. 그 결과 새로운 분조관리제는 도입된 다음 해인 1997년부터 시들해졌다. 특히 대기근의 여파로 어떤 정책도 효과를 내기가 어려웠다. 북한은 이를 타개하기 위해 김정은 시대가 들어선 후 2014년 기존의 분조관리제 내에 '포전담당책임제'를 도입하는 조치를 취했다. 이는 14절에서 설명한다.

경제노선 변화 1
중공업 우선에서 혁명적 경제정책까지

북한은 동유럽 사회주의 국가들의 붕괴, 소련·중국의 한국과의 수교, 식량난 등으로 체제위기가 심화되자 1990년대 초 경제노선을 수정했다. 북한은 1993년 12월 8일 당중앙위원회 제6기 제21차 회의에서 제3차 7개년계획(1987~1993)의 실패를 인정하고 1994년부터 1996년까지를 '완충기'로 설정했다. 북한은 이 기간 내 경제노선을 기존 '중공업 우선발전, 경공업·농업 동시발전'에서 '농업제일주의·경공업제일주의·무역제일주의'로 변경하면서 이를 '혁명적 경제전략'이라고 칭했다. 중공업도 기존대로 생산수단을 생산하는 산업이 아닌, '경공업과 농업의 발전에 연계되는 중공업'이라는 의미에서 '선행부문'이라고 불렀다. 특히 무역제일주의까지 천명함으로써 기존 자립적 민족경제 노선의 내용은 상당히 철회했다. 북한은 1994년 예산에서 전년 대비 농업에 대한 투자는 6%, 경공업은 5.4%로 각각 인상하고, 석탄·전력·철도운수는 0.5% 인하했다. 북한의 이 같은 경제노선 변경은 식량과 소비재의 생산을 늘려, 어려워진 주민들의 의식주 상황을 돌파해

1956	1993	1998
• '중공업 우선발전, 경공업·농업 동시발전'	• '농업·경공업·무역제일주의' (혁명적 경제전략)	• '중공업·농업 동시발전' (혁명적 경제정책) - '실리 사회주의' 제시

보기 위함이었다.

'혁명적 경제전략'은 3년이라는 짧은 기간 유지되었지만, 북한 경제사에서 상당한 의미가 있는 정책이었다. 북한은 6·25전쟁 이후 1950년대 중반 치열한 파벌 논쟁을 벌이면서 '중공업 우선, 농업·경공업 동시발전' 노선을 취해 왔다. 그런데 '혁명적 경제전략'의 내용은 김일성을 비롯한 만주파의 입장에서 보자면 1950년대 논쟁 당시 연안파와 소련파가 들고나온 주장이었다. 연안파와 소련파는 주민들의 생활수준 향상이 급선무라면서 축적보다는 소비에, 중공업보다는 농업·경공업에 경제정책의 우선순위를 두어야 한다고 주장했다. 그럼에도 당시 연안파·소련파를 숙청했던 만주파가 이번엔 연안파·소련파의 주장을 받아들였다는 사실은 1990년대 초반 북한의 경제위기가 얼마나 심각했는지를 보여 준다.

그러나 북한은 완충기가 끝나는 1997년 들어 다시 '중공업 우선'으로 돌아갔다. 혁명적 경제전략을 추진해 보았으나, 공장 가동률이 20~30%에 머무는 등 경제상황이 호전될 기미가 보이지 않자, '중공업의 기반마저 무너져서는 안 된다'는 절박감을 갖고 '3대 제일주의'를 폐기한 것이다. 북한 학자 리명호는 "사회주의는 사회주의적(집단주의) 방법에 의해 관리, 운영되어야 하는데 사회주의경제관리에 자본주의적 관리방법을 끌어들이려 했다"고 '혁명적 경제전략'을 비판했다. '혁명적 경제전략'이라는 용어는 1997년 3월 이후 북한 전역에서 사라진다.

김정일은 1997년 6월 19일에 발표한 담화를 통해 자력갱생에 의한 경제 재건과 자립적 민족경제를 강조했다. 북한은 1998년에는 중공업 (기간산업)과 농업을 강조하면서 이를 '혁명적 경제정책'이라고 지칭했다. 북한은 이를 관철하기 위해 ① 중공업 부문 정상화, ② 전력 증산 운동, ③ 감자농사 혁명, ④ 토지정리 사업 등 4개 중점 분야를 선정하면서 '제2의 천리마 대진군'이라는 노력동원 캠페인을 전개했다.

특히 '혁명적 경제정책'은 '실리 확보'를 목표로 삼았다는 측면에서 주목받았다. '실리'라는 개념은 〈노동신문〉 1998년 9월 17일 자에 실린 "자립적 민족경제를 끝까지 견지하자"라는 제목의 〈로동신문〉, 〈근로자〉 공동사설에서 공식화됐다. 공동사설은 앞부분에서 자립적 민족경제 노선의 필연성을 주장한 후 "경제 사업에서는 허세가 있을 수 없다. 전반적인 경제발전에 실지로 이바지하는 문제에 힘을 집중하는 것이 중요하다"고 강조했다. 〈노동신문〉 2000년 1월 19일 자는 "경제 사업에서 실리를 보장하는 것은 사회주의경제의 본성이며 당의 혁명적 경제정책의 중요한 요구"라고 강조했다. '실리를 보장한다'는 말은 구체적으로 원료와 자재, 전력과 자금, 설비와 노동력을 가능한 한 적게 쓰면서도 생산성을 높여 이윤, 또는 물질적 이익을 확보하는 것을 의미한다. 또한 과학기술에서도 과거에는 질이 떨어져도 생산량 달성에 도움이 된다면 수용했지만 이제는 최상의 수준을 갖춘 것만 받아들인다는 것이다. 특히 실리가 보장되지 않으면 이미 생산 중인 물건도 그만두어야 한다는 주장을 펼치기까지 했다. '혁명적 경제정책'이 강조한

'실리 중시' 정책은 2001년 김정일의 〈10 · 3 담화〉와 2002년 〈7 · 1 경제관리개선조치〉로 이어졌다.

11

〈10 · 3 담화〉와 〈7 · 1 경제관리개선조치〉

지금까지 북한의 경제노선과 기업소의 관리체계 및 관리방법의 변천을 살펴보았다. 1990년대 말 기준으로 북한의 경제노선은 자립적 민족경제에 실리를 가미한 '혁명적 경제정책'이다. 기업소의 관리방법은 독립채산제로, 국가의 중앙집권적 통제는 유지되지만 원가, 가격, 수익성을 이전보다 더 강조하는 형태다. 기업소 관리체계는 '대안의 사업체계'다. 그런데 북한은 2000년대에 들어서자마자 기업소 관리체계 및 관리방법을 포함해 경제정책 전반을 대폭 수정하는 조치를 취했다. 2001년 "강성대국 건설의 요구에 맞게 사회주의경제관리를 개선 강화할 데 대하여"라는 김정일의 〈10 · 3 담화〉와 2002년 〈7 · 1 경제관리개선조치〉(〈7 · 1 조치〉)가 그것이었다. 이 중 〈10 · 3 담화〉는 계획의 분권화, 상품 가격 및 분배 방식의 수정 등을 포함한 경제정책 변화의 기본 골격이고, 〈7 · 1 조치〉는 그 구체적 실행방안이라고 볼 수 있다. 이 절에서는 〈10 · 3 담화〉와 〈7 · 1 조치〉를 비교하고 정리한다.

〈10 · 3 담화〉를 관통하는 키워드는 1998년부터 강조되어 온 '실리'

■ 〈10 · 3 담화〉와 〈7 · 1 조치〉 비교

〈10 · 3 담화〉(2001)	〈7 · 1 조치〉(2002)

• 사회주의 원칙 아래 실리 확보
• 계획 체계 수정
  – '국가계획위원회는 전략적 지표만 계획,
    소소한 지표는 해당 기관과
    기업소가 담당'
• 사회주의 물자교류 시장 도입
• 가격 재조정
• 분배 재조정
• 기업소 경영관리 개선
	• 가격 재조정
	  – 가격 제정 기준 변경
	  – 가격 인상: 평균 25배
	• 분배 재조정
	  – 분배원칙 변경
	  – 임금 인상: 평균 18배
	• 기업소 경영관리 개선
	  – 독립채산제 강화

다. 건국 이후 계획경제를 추진하면서 생긴 각종 비효율이 누적되면서 북한경제는 1990년대 들어 심각한 위기상황에 몰렸다. 현물 생산목표 달성의 집착에 따른 자재 낭비, 국가가 상품 가격 제정 과정에 막대한 보조금을 지원하는 데 따른 국가재정의 파탄, 국정 가격은 싸고, 농민 시장은 비싼 데 따른 농민 시장의 비대화 등이 비효율과 비정상의 사례들이다. 이런 비효율을 제거하고 이윤을 추구해야 한다는 것이 〈10 · 3 담화〉의 핵심이다. 그러나 여기에는 대전제가 있다. 바로 '사회주의 원칙'을 확고히 지킨다는 것이다. 생산수단의 사회주의적 소유나 계획 경제의 틀은 유지하면서 '생산성 향상'을 위해, 즉 실리 확보를 위해 경제정책과 기업소 관리체계 및 관리방법을 수정해 나간다는 것이다. 2001년 이후 북한의 경제정책은 '사회주의 원칙하에서의 실리 추구'로 정리됐고, 이는 김정은 시대에 들어서도 변함이 없다.

북한은 실리 추구를 위해 〈10 · 3 담화〉에서 다양한 정책 수단을 제시했다. 첫째, 계획은 반드시 이행되어야 한다는 점을 강조하면서 계획 작성에 대한 일부 권한을 아래로 이양했다. 내각 기구인 '국가계획위원회'가 모든 계획을 지도하는 데에서 벗어나, 국가계획위원회는 전략적 의의를 가지는 지표만 계획하고 소소한 지표와 세부 규격지표들은 해당 기관이나 기업소가 계획하도록 규정한 것이다. 이는 기존의 '계획의 일원화' 방침을 수정한 것이다.

둘째, '사회주의 물자교류 시장'의 도입이다. 기업소에 대한 기존의 자재 공급방식은 각 성(省)들에 설치된 자재상사 간 계약으로 자재상사가 해당 기업소에 직접 자재를 공급하는 식이었다. 일종의 중앙집권식 계획적 공급이었다. 그런데 〈10·3 담화〉는 이런 식의 공급은 유지하되, 기업소 간에 자재를 주고받는 거래도 허용하겠다는 뜻을 밝혔다. 어떤 기업소가 자신의 생산물 중 일정한 양을 다른 기업소에 팔 수 있게 한다는 것이다. 다만 그 교환되는 물자의 종류와 범위에는 한도가 있고 반드시 은행을 통해 결제토록 했다.

셋째, 김정일은 〈10·3 담화〉에서 "식량 가격, 상품 가격을 '경제생활의 전반적인 련관 속에서 면밀하게 분석하고 타산하여 옳게 풀어 나가야 한다"고 지시했다. 가격 문제는 8개월 후인 〈7·1 조치〉에서 구체적으로 방안이 제시된다.

넷째, 김정일은 〈10·3 담화〉에서 "사회주의 분배원칙을 옳게 실시해야 한다"고 지시했다. 사회주의 분배원칙이란 노동의 양과 질에 따라 분배하는 것으로, '일한 만큼, 번 만큼 분배'하는 원칙을 의미한다. 이는 분배에서의 평균주의와 무임승차를 폐지하는 것을 뜻한다. 사회주의 분배원칙의 준수도 〈7·1 조치〉에서 그 구체적 방안이 제시됐다.

다섯째, 기업소 경영관리 개선으로 인한 독립채산제의 강화다. 독립채산제는 8절에서 설명했듯이 강화와 쇠퇴를 되풀이했다. 북한은

1990년대에 들어서 독립채산제를 강화하는 쪽으로 방향을 잡았다. 1998년 헌법 개정에서는 처음으로 '독립채산제 실시'가 포함됐다. 그러나 제대로 이행되지 못하다가 2001년 김정일의 〈10·3 담화〉에서 다시 강조되었다. 2001년의 독립채산제 강화 조치는 가격과 임금의 현실화 등을 내용으로 하는 〈7·1 조치〉와 연결되어 이루어졌기 때문에 실질적인 효과를 수반한 것으로 분석됐다.

〈7·1 조치〉는 북한 스스로 '1946년의 토지개혁에 버금간다'고 공언할 정도로 획기적인 경제정책이었다. 〈7·1 조치〉는 2001년 김정일의 〈10·3 담화〉 내용의 구체적 방안을 담았다. 그 중에서도 가격체계·분배체계 수정과 기업소 관리방법 개선이 핵심이다. 가격 측면을 보면, 북한은 가격제정 원칙을 대폭 수정하고 가격을 대폭 인상했다. 첫째, 가격제정의 기준을 기존의 석탄이나 전력 가격 대신 식량 가격으로 변경했다. "사람들의 물질생활에서 식량보다 더 귀중한 것은 없기 때문"이라는 것이다.

둘째, 가격 결정 과정에서 국제 시세와 '수요와 공급'을 고려했고, 그 결과 상품 가격을 고정하지 않았다. 쌀, 기름을 비롯한 중요지표 상품에 대해 '한도가격'을 설정하고 수요와 공급에 따라 10일에 한 번씩 '적절한 가격'을 산출했는데, 대개 5~10% 차이가 있었다.

셋째, 곡물을 비롯한 모든 가격제정에서 국가 보조를 없앴다. 기존에 북한은 kg당 쌀 수매는 80전, 쌀 판매는 8전이라는 생산비와 비교해 턱없이 낮은 가격을 책정했다. 대중소비품은 싸게 판다는 이른바 '가치와 가격의 배리' 원칙에 따른 결정이었다. 그러나 이로 인해 국가는 한 해에 수십억 원의 적자를 부담했다. 〈7·1 조치〉는 이런 국가

보조금을 폐지한다는 정책이었다.

넷째, 곡물을 비롯한 상품의 가격을 생산자들을 우대한다는 원칙에 따라 제정하면서 평균 25배 올렸다. 쌀은 수매가를 kg당 80전에서 40원(50배)으로, 판매가를 8전에서 44원(550배)으로 대폭 인상했다.

분배 측면에서 〈7·1 조치〉는 첫째, 노동의 양과 질에 따라 분배하는 이전의 '사회주의 분배원칙'을 부활시켰다. 북한은 1958년 사회주의 제도가 수립된 후 '사회주의 분배원칙'을 기업소와 협동농장에 적용했다. 그러나 시간이 갈수록 이 원칙이 무너지고 '평균주의 배분'이 대체해 나갔다. 일을 잘했든 못했든 출근 일수만 확보되면 똑같이 나눠주었던 것이다. 이는 북한 지도부가 공산주의 사회의 장점을 대중들에게 각인하기 위한 조치였다. 그러나 그 부작용이 워낙 심해지자 2002년 〈7·1 조치〉를 통해 사회주의 분배원칙으로 돌아간 것이다.

둘째, 공짜를 철폐했다. 이전에는 가급금(수당), 간식비, 관람비, '무임승차권' 등의 명목으로 무상지급이 많았는데, 〈7·1 조치〉를 기점으로 이를 폐지했다. 또 노동자가 생산활동에 참가하지 않아도, 임금의 60% 정도는 받을 수 있었던 제도도 폐지됐다.

셋째, 임금노동제와 인센티브제를 도입했다. 북한은 가격 인상에 따라 주민들의 구매력 확보를 위해 임금(생활비)을 평균 18배 인상했다. 그러나 이는 '기준임금'이었고, 실제로는 일을 많이 한 사람은 많이 받는 반면 적게 한 사람은 덜 받도록 했다. 결론적으로 공짜는 없애고, 사회주의 분배원칙에 따라 일한 만큼 벌어들인 생활비로 쌀을 포함한 생필품을 구매토록 한 것이 〈7·1 조치〉의 분배 방식이다.

북한은 '실리' 확보를 위해 '번 수입' 지표를 도입하고 이를 기업소 평가에 적용했다. 〈7·1 조치〉 이전까지 북한의 기업소들은 현물지표 이행률을 기준으로 평가를 받았다. 이에 따라 기업소들은 수요가 있든 없든, 판매가 되든 안 되든 생산하기 쉬운 품목이나 가격이 높은 품목을 선정해 이를 집중적으로 생산했다. 북한이 '번 수입지표'를 도입한 것은 이 같은 불합리를 극복하기 위한 조치였다. '번 수입'이란 기업소의 총판매수입에서 임금을 제외한 생산비를 공제한 금액이다. 임금은 거의 일정하다는 점을 감안할 때 번 수입을 늘리기 위해서는 생산효율성을 높여 생산비를 줄여야 했다. 또 판매량을 늘려 총판매수입을 늘려야 했는데, 이를 위해선 계획생산뿐 아니라 계획 외 생산이 중시됐다. 특히 생산만 하면 판매가 되지 않아도 계획달성으로 평가받는 제도는 폐기됐다. 기업소는 이처럼 '번 수입'을 가지고 국가납부와 종업원들의 생활비를 부담하게 되었다.

12

경제노선 변화 2
선군경제노선 채택

북한의 경제노선은 '자립적 민족경제 노선'이고, 그 바탕에 '중공업 우선노선'과 '군사·경제 병진노선'이 있다. 북한은 그 중 '중공업 우선노선'을 1999년부터 '국방공업 우선'으로 수정하기 시작했다. 김정일은 같은 해 1월 1일 당중앙위원회 책임일군들과 나눈 담화에서 "군사는 국사 중의 제일국사이며 국방공업은 부강 조국 건설의 생명선"이라며 "군사와 국방공업을 떠나서는 경제강국도 건설할 수 없으며 나라와 인민의 안녕도 생각할 수 없다"고 말했다. 이후 국방공업의 중요성을 강조해 온 북한은 2003년 8월 "당이 제시한 선군시대의 경제건설로선을 철저히 관철하자"라는 김정일 담화를 통해 '선군경제노선'으로 정식화했다.5 담화는 "선군시대에는 경제 건설도 군사중시, 군사선행의 원칙에서 해나가야 한다"면서 "국방공업을 우선적으로 발전시키면서 경공업

---

5   재일조총련 기관지 〈조선신보〉는 2003년 4월 11일 자에서 "김정일 장군님께서는 지난
    해 9월 국방공업을 우선적으로 발전시키면서 경공업과 농업을 동시에 발전시킬 데 대
    한 '선군시대 경제 건설의 방향'을 제시하였다고 한다"라고 보도한 바 있다. 그러나 김
    정일 명의로 선군경제에 관한 담화가 나온 것은 아니었다.

■ 북한의 경제노선 변화 과정 2

1998	'중공업·농업 동시발전' (혁명적 경제정책)
2003	'국방공업 우선발전과 경공업·농업의 동시발전' ('선군경제노선')

과 농업을 동시에 발전시킬 데 대한 경제건설로선은 우리 당의 선군혁
명령도, 선군정치의 실현을 물질경제적으로 확고히 담보하는 경제건
설로선"이라고 강조했다.

그렇다면 '국방공업'이란 어떤 내용일까? 북한의 경제학자 김원국은
다음과 같이 정의했다.

국방공업은 나라의 자위를 실현하는 데 필요한 무기와 물질기술적 수단
을 생산 보장하는 경제의 한 분야이다. 국방공업은 군사적 목적에 리용되
는 모든 물자가 아니라 그 가운데서도 군사적 목적에만 전용으로 쓰이는
물건을 생산하는 공업 부문으로서 여기에서 중요한 것은 각종 무기와 탄
알, 군사장비를 생산하는 부문이다.

국방공업은 오로지 군사적 목적으로만 사용될 수 있는 물자를 제조
하는 공업이라는 것이다. 자강도 희천시에 있는 '희천공작기계종합공
장'은 민수 분야에선 트랙터를, 군수 분야에서는 탱크를 각각 생산하는
데, 국방공업을 우선적으로 발전시키는 선군경제노선하에서는 탱크
생산에 더욱 총력을 기울인다는 의미다. 이를 위해 중공업·경공업·
농업에서 국방공업에 필요한 기계설비와 원료, 자재, 동력 등을 우선

적으로 보장하는 것이 선군경제노선이다. 북한의 경제이론가 이기성은 "국가의 경제투자에서 국방공업의 몫을 먼저 조성하고 로력, 설비, 자재, 전력 등 필요한 모든 것을 최우선적으로 보장하는 것"이라고 말했다. 여기서 궁금해지는 대목은 국방공업과 중공업 간 상관관계다. 북한의 설명에 따르면 국방공업은 중공업에 토대를 두고 있으며, 역으로 국방공업의 발전은 중공업 제품에 대한 수요를 빨리 늘려 중공업 발전을 적극 추동한다는 것이다. 즉, 병기를 제조하는 국방공업은 중공업인 기계공업에 바탕을 두어야 하며, 국방공업의 발전에 수반되는 최신 과학기술이 다시 중공업 발전에 기여하는 상호 선순환의 기능을 한다는 설명이다.

선군경제노선은 1960년대의 국방-경제 병진노선과는 경제를 바라보는 관점에서 차이가 있다. 북한이 1966년 천명했던 경제-국방 병진노선은 경제자원의 배분에서 국방 부문을 소홀히 해서는 안 된다는 문제의식에서 출발했다. 따라서 국방-경제 병진노선은 "경제에 무리가 가더라도 국방력을 강화하는 데 힘을 넣을 수밖에 없다"는 입장이었다. 반면, 선군경제노선은 "경제를 빠르게 발전시키기 위해서라도 국방공업을 우선적으로 발전시켜야 한다"는 논리다. 이와 관련하여 1999년 6월 16일 자 〈노동신문〉은 "한때 사회주의 배신자들은 국방에 힘을 넣으면 경제가 주저앉고 사회발전이 뒤떨어진다고 하면서 나라의 국방력을 체계적으로 약화시켰다"면서 "이것은 군대를 단순히 물질적 부의 소비자로만 보는 그릇된 관점에 기초한 것"이라고 지적했다. 한마디로 경제력이 군사력의 기초이기는 하지만, 군사력 또한 경제력의 담보이며 경제발전의 추동력이라는 의미다.

13

—

경제노선 변화 3
경제건설 총력집중 노선 채택 등

'중공업 우선 노선'과 함께 북한의 또 다른 경제노선인 '경제·국방 병진 노선'은 2013년 3월 31일 열린 당중앙위원회 전원회의에서 '경제·핵무력 건설 병진노선'으로 수정됐다. 김정은은 이날 보고를 통해 "전쟁 억제력을 포기했다가 침략을 당한 발칸반도와 중동의 교훈을 잊지 말아야 한다"고 채택 배경을 설명했다. 김정은은 경제·핵무력 건설 병진노선이 "사회주의 강성국가 건설과 조국통일을 앞당기는 보검"이자 "우리 실정에 맞게 경제발전과 국방력 강화에서 최대의 효과를 낼 수 있게 하는 현실적 노선"이라고 의미를 부여했다. 북한은 이 병진노선을 통해 핵보유국을 완성해 안보위기를 해소해 나가면서 경제개발에 매진하여 경제강국을 건설한 후 통일문제에서도 주도권을 잡겠다는 것이다.

전원회의에서는 병진노선을 관철하기 위한 12개 과업을 제시했는데, 핵·미사일 분야의 주요 내용은 다음과 같다.

• 우주과학기술 발전에 박차를 가하여 통신위성 등 발전된 위성을 많이

2013	• 경제-핵무력 건설 병진노선 - 핵무력 강화로 방위력 다지기 - 경제강국 건설 가속화와 인민생활 획기적 향상
2018	• 경제건설 총력집중 노선 - 당·국가의 사업에서 경제 사업 최우선 - 자원 배분에서 '인민경제' 우선 고려

발사함.

• 핵보유를 법적으로 고착시키고 세계의 비핵화 실현 시까지 핵무력을
질량적으로 확대·강화함.

• 전쟁 억제력과 수행전략의 모든 측면에서 핵무력의 중추적 역할을 높
이는 전법과 작전을 완성하며 핵무력의 전투 준비태세를 완비함.

• 책임 있는 핵보유국으로서 핵확산을 방지하고 아시아·세계의 평화와
안전을 수호하며 세계 비핵화 실현을 위해 적극 노력함.

북한의 이 같은 방침과 관련, 전성훈 전 통일연구원장은 "북한의 경
제·핵무력 건설 병진노선은 북한이 더 이상 원자력의 평화적 이용과
군사적 사용을 구분하지 않겠다는 뜻"이라며 "비유컨대 평화적 용도와
군사적 목적에 각각 사용되는 두 개의 칼이 아니라 평화·군사의 양날
을 가진 하나의 칼을 마음대로 휘두르겠다는 의미"라고 분석했다. 즉,
북한은 핵무력을 단순한 정치적 무기로 보는 것이 아니라, 실전에 배
치해서 사용할 수 있는 무기로 인식하고 있다는 것이다.

북한이 이처럼 핵무력을 완성해 나가면서 경제강국 건설에 집중하
겠다는 노선을 채택함에 따라 경제관리방법에도 변화가 생겼다. 김정

은은 2013년 3월 전원회의 결론에서 "당당한 핵보유국이 된 오늘 우리에게는 강위력한(매우 위엄 있고 힘이 강한) 전쟁 억제력에 기초하여 경제 건설과 인민생활 향상을 위한 투쟁에 자금과 노력을 총집중할 수 있는 유리한 조건이 마련되었다"면서 "모든 역량을 총집중하여 경제강국 건설에서 결정적 전환을 이룩해야 한다"고 강조했다. 이에 따라 북한은 그동안 당의 지도와 통제가 핵심이었던 기존의 경제관리방법을 수정해 내각과 기업소(지배인과 근로자)가 생산활동에서 명실상부하게 주도적 역할을 할 수 있도록 했다.

기존의 경제관리방법이었던 '대안의 사업체계'와 '농업지도체계'에서는 기업소와 협동농장의 운영이 당과 국가의 절대적인 지도와 통제하에 이루어졌음을 부인할 수 없다. 그러나 북한은 2013년 3월 전원회의 이후 기업소와 협동농장의 운영을 하나씩 수정해 나갔으며, 이를 '우리식 경제관리방법'이라고 명명한 후 기업소를 대상으로는 '사회주의기업 책임관리제'로, 농업을 대상으로는 '포전담당책임제'로 각각 체계를 구체화했다.

북한은 2018년 4월 당중앙위원회 제7기 3차 전원회의에서 '경제-핵무력 건설 병진노선' 대신 '사회주의경제건설 총력집중 노선'을 채택했다. 김정은은 전원회의 보고를 통해 다음과 같이 말했다.

지난해 국가 핵무력 완성을 선포한 후 우리의 주동적인 행동과 노력에 의하여 전반적 정세가 우리 혁명에 유리하게 급변하고 있다. 조선반도와 지역에서 긴장 완화와 평화에로 향한 새로운 기류가 형성되고 국제정치 구도에서 극적인 변화들이 일어나고 있다.

김정은은 이런 변화들에 대해 '경제-핵무력 건설 병진노선의 위대한 승리'라고 평가하고 "우리 공화국이 세계적인 정치사상강국, 군사강국의 지위에 확고히 올라선 현 단계에서 전당, 전국이 사회주의경제 건설에 총력을 집중하는 것, 이것이 우리 당의 전략적 노선"이라고 밝혔다. 이 노선의 구체적 내용은 두 가지다. 첫째, 당과 국가의 사업에서 경제 사업을 우선시하면서 경제발전에 나라의 인적, 물적, 기술적 잠재력을 총동원하는 것이다. 둘째, 국가의 자원 배분에서도 군사 분야에 집중하던 기존의 방향성을 지양하고 인민경제 부문을 우선적으로 고려하는 것이다. 즉, '국방공업 우선'이라는 기존의 '선군시대 경제노선'에서 벗어나 국방공업을 인민경제발전에 기여하도록 이끄는 방향으로 돌리겠다는 뜻으로 읽힌다. 한 예로, 탱크를 만들던 군수공장에서 트랙터 등 농업에 기여하는 기계 설비들을 더 생산한다는 것이다. 이와 함께 북한은 군사 훈련장으로 사용하던 강원도 원산의 갈마반도를 국제적인 관광휴양지로 개발하고 있으며, 이전보다 훨씬 규모가 큰 군대병력을 경제 건설 현장에 투입하고 있다.

14

협동농장 운영 변화 2
포전담당책임제의 도입

1996년 도입된 '새로운 분조관리제'는 전반적인 경제사정의 악화로 제대로 시행되지 못했다. 그러다 2002년 〈7·1 경제관리개선조치〉를 계기로 '새로운 분조관리제'가 활성화됐다. 〈7·1 조치〉는 첫째, 협동농장에 생산계획 수립 권한을 부여했다. 이는 기업소에 생산계획 수립 권한이 일부 부여된 것과 같은 맥락이다. 둘째, 농산물 수매가격이 백미 1kg에 82전에서 40원으로 50배 가량 인상됐다. 그만큼 농민들의 수입이 늘어난 것이다. 수매량도 기존의 70~80%에서 50~60%로 낮추어 농민들에게 돌아가는 현물의 몫이 늘어났다. 그 대신 협동농장은 처음으로 농지사용료를 국가에 납부하게 되었고, 그 결과 생산비용은 현실화(인상)됐다. 농지사용료의 도입은 국가와 협동농장의 관계가 소유주와 사용자의 관계로 바뀌어 감을 의미한다는 점에서 주목받았다. 농장은 국가로부터 받아 간 만큼, 사용한 만큼만 사용료를 내게 된 것이다. 결국 농장의 생산물 중 40%는 토지사용료와 관개용수·전기사용료 등 생산비 몫으로 국가에 납부되고, 30%는 국가수매를 통해 농

▌분조관리제 운영 변화 2

〈7·1 경제관리개선조치〉 (2002~)	분조 내 '포전담당책임제' 도입 (2012년 〈6·28 방침〉 이후~)
• 농장이 생산계획 작성 • 수매가격 인상 • 수매량 하향 • 농지사용료 국가 납부	• 포전담당, 가족 단위로 구성(3~6명) • 수매가격 인상 확대 • 수매량 하향 확대 • 농장이 생산계획 작성

민에게 현금 분배가 이뤄진다. 나머지 30%가 현물로 각 분조의 실적에 따라 차등 분배된다.

　북한은 〈7·1 조치〉의 연장선상에서 2004년 '포전담당책임제'를 시범적으로 시행했다. '포전담당책임제'란 분조를 작은 규모(3~6명)로 나누어 '포전담당자'를 두고 이들에게 포전을 떼어 주어 경작하게 한 후 생산물의 일정 비율을 국가에 납부하고 나머지를 포전담당자들이 나누어 갖는 제도다. 포전담당은 거의 가족 단위로 구성됐다. 그러나 분조를 이렇게 가족 단위로 세분화하면 개인주의가 발동하여 농민들을 집단주의 사상으로 무장하기 어려울지도 모른다는 우려가 나와 이 제도는 제대로 시행되지 못했다. 결국 이 정책의 옹호자인 당시 박봉주 총리와 이에 반대한 박남기 당계획재정부장 간의 갈등만 심화됐다.

　하지만 2012년 김정은 시대가 출범하면서 포전담당책임제는 다시 부상했다. 포전담당책임제는 김정은 위원장의 2012년 〈6·28 방침〉, 2014년 〈5·30 담화〉 등을 통해 구체화됐다. 2014년 2월 김 위원장은 평양에서 열린 '전국분조장대회'에 보낸 서한에서 "분조에서 생산한 알곡 가운데서 국가가 정한 일정한 몫을 제외한 나머지는 농장원들에게 그들이 번 노력일에 따라 현물을 기본으로 하여 분배하도록 하여야 한다"고 밝혔다. 북한은 2009년 제정된 〈농장법〉을 2015년 6월까지 네 번 수정하면서 포전담당책임제의 법적 기반도 탄탄히 다졌다.

김정은 시대에 포전담당책임제는 2004년 시범 시행했을 때에 비해 더욱 구체화됐다. 2012년 〈6·28 방침〉에 따르면 생산물을 국가와 포전담당이 7 대 3으로 분배한다는 관측이 제기됐다. 이 비율에 대해서는 국내에서 6 대 4, 3 대 7 등 여러 관측이 나오고 있는데, 북한 당국이 아직 수확량 배분에 관한 정확한 규정을 내놓고 있지 않기 때문이다. 보통 국가수매와 생산비 명목으로 국가가 가져가는 양은 수확량의 70% 정도가 된다. 다만 국가 몫이 점차 줄어들고 있다는 것만은 사실인 듯하다. 이와 함께 수매가격도 인상된 것으로 보인다. 한 예로 2002년 〈7·1 조치〉 당시 백미가 kg당 수매가격이 40원으로 올랐으나, 〈6·28 방침〉 이후에는 800~900원 선으로 인상된 것으로 알려졌다. 백미 kg당 시장가격이 2천~5천 원 정도로 인상되어 수매가격과 시장가격의 차이가 너무 컸기 때문이다. 한편 생산량 중 30%를 받은 포전담당자들은 자가(自家) 소비 이외의 현물을 시장에서 팔 수 있어 과거 낮은 국정 가격에 의한 수매 때보다는 보다 많은 수익을 올릴 수 있게 되었다.

15

기업소 관리방법 2
사회주의기업 책임관리제 도입과 〈기업소법〉 수정

북한 기업소의 관리방법인 '독립채산제'는 시행된 지 60여 년이 넘도록 제대로 기능하지 못했다. 독립채산제는 기업소가 중앙의 계획적 지도는 받지만, 원가·가격 등 경제적 수단을 잘 활용해 이윤을 낼 수 있게 한 관리방법이다. 그러나 실제로는 북한 당국이 '중앙집권적 계획적 지도'를 워낙 강조하다 보니 생산성이 떨어져 이윤 창출을 어렵게 만들었다. 이윤 창출은커녕 기업소 운영에 심각한 문제점을 불러왔다. 첫째, 기업소에 대한 평가 기준을 기업소가 중앙에서 부여받은 현물지표의 이행 수준으로 삼은 점이다. 이런 평가 기준으로 인해 기업소들 사이에서 생산목표는 낮게 잡고, 자재는 많이 확보하려 하는 현상이 나타나 기업소들 간 자재공급 과정에서 '병목 현상'이 벌어졌다. 어느 기업소가 생산한 자재가 적시에 적당한 양만큼 다른 기업소로 가야 그 기업소가 원활하게 생산을 할 수 있는데, 그렇게 되지 못한 것이다. 또 기업소가 '생산량 목표만 달성하면 좋은 평가를 받는다'는 판단에 사로잡혀 상품의 질을 고려하지 않게 되었다. 둘째, 기업소 이윤의 대부분

▌기업소 관리방법 변화 2

2014. 5~	• 사회주의기업 책임관리제 도입 • 〈기업소법〉수정 　- 기업소가 계획권 · 생산조직권 등 보유
2019. 8~	• 개정 헌법에서 '대안의 사업체계' 폐지 　- 사회주의기업 책임관리제 활성화 　- 독립채산제 정착 효과

을 국가가 가져가고 기업소에는 극히 일부만 남기도록 했다는 점이다. 이런 상황에서 독립채산제는 형식에 머무를 수밖에 없었다.

독립채산제의 시행을 어렵게 만들었던 중앙집권식 계획적 지도가 실제로 기능하게 된 것은 '대안의 사업체계'와 깊은 연관이 있다. 북한은 1972년 〈사회주의 헌법〉에서부터 "대안의 사업체계에 맞게 나라의 경제를 지도관리한다"는 조항을 넣었다. 1998년 헌법부터는 "국가는 경제관리에서 대안의 사업체계의 요구에 맞게 독립채산제를 추진한다"는 조항을 넣었다. 그런데 대안의 사업체계에서는 지배인과 기사장을 비롯한 경제 관료들보다는, 당위원회를 중심으로 한 당의 책임자들이 지닌 권한이 더 강했다. 게다가 당료들은 일반적으로 '경제원리'에 의한 기업소 경영보다는 근로자들의 '사상'이나 '정신력'을 강조하는 경향이 있었다. 이른바 '정치사업', 즉 '사람과의 사업'을 과도하게 강조하면서, 물질적 자극보다 정치도덕적 자극을 더 앞세웠던 것이다. 이러다 보니 원가나 가격 같은 경제적 개념은 뒤로 밀려 버렸다.

이런 불합리한 요인을 시정하기 위해 북한은 기업소 관리방법에서 몇 가지 개선책을 강구했다. 북한은 1980년대 중반 이후 국가가 현물지표(생산량) 달성이 현실적으로 어렵다고 판단한 기업소에는 현물지표와 함께 액상지표(생산액)를 하달하고, 이 액상지표만 달성해도 계획을 수행한 것으로 인정했다. 더 나아가 액상지표를 달성하기 위해 중앙에서 하달한 계획 외의 생산과 판매를 허용했다. 또 기업소에 대한 평가는 현물지표에 의한 국가생산계획 실행률과 함께 그 기업소가 생산, 판매해서 거둔 실적 모두를 종합하여 계산하도록 했다. 11절에서 설명한 2001년 김정일의 〈10·3 담화〉는 이런 조치들의 종합판이었다.

기업소 관리방법의 개선은 2012년 김정은 시대가 들어서면서 근본적인 차원에서 이루어졌다. 김정은이 집권한 다음 해인 2012년부터 북한에선 '우리식 경제관리방법'이라는 이름하에 기업소와 농장의 운영에서 이전과는 차원이 다른 조치가 취해지기 시작했다. 우리식 경제관리방법 중 기업소와 관련된 정책이 '사회주의기업 책임관리제'와 〈기업소법〉이다. '사회주의기업 책임관리제'는 2014년 5월 30일 김정은 위원장의 "현실발전의 요구에 맞게 우리식 경제관리방법을 확립할 데 대하여"라는 담화에서 본격적으로 소개됐다. 김 위원장은 "사회주의기업 책임관리제는 공장, 기업소, 협동단체들이 생산수단에 대한 사회주의적 소유에 기초하여 실제적인 경영권을 가지고 기업활동을 창발적으로 하여 당과 국가 앞에 지닌 임무를 수행하며 근로자들이 생산과 관리에서 주인으로서의 책임과 역할을 다하게 하는 기업 관리방법"이라고 밝혔다. 이전의 독립채산제에 관한 규정과 비교하면 무엇보다 "국가의 중앙집권적인 지도"나 "국가의 계획적 관리 원칙" 등의 어귀가 삭제된 데다, "경영상 상대적 독자성"이 아니라 "실제적인 경영권"이라고 표현했다는 차이점이 눈에 띈다. 즉, 기업 관리방법에서 기업소의 권한을 대폭 확대한 것이다.

기업소 권한 확대의 구체적 내용은 2014년 11월과 2015년 5월 두 번 수정 및 보충된 〈기업소법〉에 규정되어 있다. 〈기업소법〉에는 우선 '경영권'이라는 개념이 처음 들어갔다. "기업소의 경영권을 바로 행사하는 것은 사회주의기업 책임관리제를 정확히 실시하기 위한 도구"라는 표현이 등장한 것이다. 〈기업소법〉은 '경영권'의 구체적 내용을 적시했다. 첫째, 기업소는 자체로 계획을 작성할 수 있는 권한이 있어, 원자재 확보가 가능한 상품을 생산할 수 있게 됐다. 이는 2001년 김정일의 〈10·3 담화〉 이후 정책적 차원에서 허용되어 온 기업소의 계획권을 법적으로 뒷받침한 것이다. 둘째, '가격제정권'이다. 기업소는 자체 계획에 의해 생산된 물품이나, 수요자와의 주문 계약에 의한 생산품에 대해선 가격을 제정할 수 있는 권한을 갖게 됐다. 셋째, '재정관리권'이다. 기업소는 이전에 경영활동 자금이 부족하면 이를 은행 대부로 해결했다. 그러나 〈기업소법〉에 따르면 경영활동 자금이 부족할 경우 은행대부 이외에 '주민 유휴 화폐자금'(주민 개인의 여유자금)을 이용할 수 있도록 했다. 넷째, 기업소는 생산을 위한 조직 및 생산공정 관리를 할 수 있는 권한을 얻었다. 다섯째, '노동력 조절권'이다. 기업소는 노동력을 내보내거나 받아들이거나 기업소끼리 주고받을 수 있는 권한을 갖게 됐다. 이 밖에 기업소는 ① 제품개발권, ② 품질관리권, ③ 무역과 합영·합작권 등을 보유하게 됐다. 북한은 이렇게 기업소의 경영권을 실질적으로 보장해 오다, 2019년 8월 헌법 개정을 통해 기존 '대안의 사업체계'를 폐지함으로써 1947년 이후 부침을 거듭해 오던 독립채산제도 실질적으로 정착하게 되었다.

5장

당규약에 숨겨진
'조선로동당'의 실체

자유민주주의체제 국가에서는 당이 국가 내에 있다. 한국에는 '국민의힘', '더불어민주당', '정의당' 등이 있다. 하지만 북한은 당이 국가 내에 있는 것이 아니라 당이 국가를 지도하는 당-국가체제다. 북한에서 '조선로동당'의 위상이 어떤지는 당규약 서문에 잘 나타나 있다. "조선로동당은 근로인민대중의 모든 정치조직들 가운데서 가장 높은 형태의 정치조직이며 정치, 경제, 군사, 문화를 비롯한 모든 분야를 통일적으로 이끌어 가는 령도적 정치조직, 혁명의 참모부이며 조선인민의 모든 승리의 조직자, 향도자이다." 한마디로 노동당은 수령의 영도를 받아 국가와 대중을 지도하는 최고의 권력기구다.

그동안 북한 노동당에 대해선 수많은 연구물이 나왔다. 제 1차부터 8차 당대회에 걸친 노동당의 역사를 비롯해 노동당이 어떻게 조직되어 있으며, 각 조직이 어떤 역할을 맡고 있는지 등 노동당과 관련 있는 모든 분야를 분석한 책과 논문이 많이 출간된 상태다. 이 책에서는 기존 자료와는 달리, 주로 당규약 서문에 초점을 맞추어 노동당을 분석한다. 당규약은 노동당을 규율하는 최고규범이다. 특히 그 서문에는 노동당의 지도사상, 성격, 목적, 사업방식 등이 망라되어 있어, 역대 당규약 서문을 이해하면 노동당이 역사적으로 어떤 길을 걸어 왔는지를 파악할 수 있다. 5장에서는 2021년 당규약 서문을 중심으로 역대 당규약 서문과 비교해 분석한다.

5장에서는 이와 함께 노동당의 조직 중 우선적으로 '당 총비서'와 '당중앙군사위원회'를 뽑아, 그 연혁과 위상을 검토한다. '당 총비서'를 선정한 것은 1980년 이후 노동당을 대표하는 직책명이 몇 차례 바뀌었기 때문이다. 1980년 규약에는 '당중앙위원회 총비서'로, 2010년 규약에는 '조선로동당 총비서'로, 2016년 규약에는 '조선로동당 위원장'으로 변화했다. 그러나 2021년 규약에서는 다시 '조선로동당 총비서'로 회귀했다. 이 배경은 무엇인지를 중점적으로 분석한다. '당중앙군사위원회'와 관련해 알아볼 것은 두 가지다. 하나는 1982년 당중앙위원회에서 분리되어 독립기구가 된 이 기구가 당중앙위원회와 어느 정도 대등한지의 문제다. 다른 하나는 군대지휘권과 관련한 문제다. 1980년 당규약에는 "당중앙위원회가 인민군대를 지휘한다"는 조항이 있었다. 그러나 2010년·2016년 규약에서는 이런 조항이 삭제됐다가 2021년 규약에서 다시 포함됐는데, 그 배경을 알아본다.

이어 '당의 기층조직'과 '당의 하부조직'에 대해 설명한다. 당의 중앙조직과 도·시·군 조직에 관한 내용은 비교적 이해하기가 수월한 편이다. 그러나 그 이하 단위에서 조직되는 기층당인 '초급당', '분초급당', '부문당', '당세포' 등은 그 기준이 애매해 이해하기가 쉽지 않다. 또 당의 중앙조직과는 별도로 지방에는 어떻게 당 조직이 이루어지는지도 함께 살펴본다. 행정구역별로 조직되는 지방 당조직과 부문별로 조직되는 당조직이 어떻게 조직되고 운영되는지 점검한다.

01
—

노동당 규약 서문序文 분석
2021년 당규약 중심으로

북한의 당규약은 1946년 8월 29일 '북조선공산당'과 '조선신민당'이 합당(제1차 당대회)해 창립된 '북조선로동당'의 규약으로 처음 탄생했다. 당시 5장 41조에 이르렀던 당규약은 변천을 거듭해, 2021년 1월 제8차 당대회 때 채택된 규약은 총 9장 60조로 구성됐다. 2021년 당규약 서문에 따르면 노동당의 지도사상은 '김일성-김정일주의'라고 명시되어 있다. 노동당의 성격은 '김일성-김정일주의를 지도사상으로 하는 주체형의 혁명적 당'이라는 대목에서 나타난다. 즉, 초기 노동당 때처럼 연안파, 소련파, 국내파 등 여러 파벌의 주장이나 이론이 아니라, 오로지 '김일성-김정일주의'를 지도사상으로 삼고 독자적으로 혁명을 해나가는 정당이라는 것이다.

2021년 당규약 서문에 따르면 노동당은 노동자, 농민, 지식인 등 근로인민대중 중에서 사회주의 위업 승리를 위해 투쟁하는 선진투사들로 조직된다. 이는 레닌의 5대 당조직 원칙에 기반을 둔 것이다(본론 1절 참조). 레닌은 혁명이 성공하기 위해서는 노동자, 농민에게 혁명 과업

■ 당규약 서문의 구성

구분	내용
지도사상	김일성-김정일주의
성격	김일성-김정일주의를 유일 지도사상으로 하는 주체형 혁명적 당
구성	근로인민대중 중 사회주의 위업 승리 위해 투쟁하는 선진투사
목적	'당면 목적'과 '최종 목적'
과업	당중앙의 유일적 영도체계 확립 등
당사업의 기본	사람과의 사업
당사업의 방식	항일유격대식
사회주의 기본 정치방식	인민대중제일주의

을 맡겨서는 안 되고, 반드시 이들 중 선진분자들로 구성된 당을 조직해야 한다는 점을 강조했다. 노동당의 목적에는 '당면 목적'과 '최종 목적'이 있는데, 그 변천사는 5~6절에서 다룬다. 노동당의 과업은 광범위하다. 그 중에서 대표적인 것은 ① 당중앙의 유일적 영도체계 확립을 중핵으로 내세우며, ② 전당을 김일성-김정일주의로 일색화하며, ③ 수반(김정은)을 중심으로 하는 전당의 통일단결을 백방으로 강화하며, ④ 당중앙의 영도 밑에 조직규율을 따라 하나와 같이 움직이는 엄격한 혁명적 제도와 질서를 세우는 것 등이다. 여기서 주목할 만한 대목은 2016년 당규약에서 '당의 유일적 영도체계'를 '당중앙의 유일적 영도체계'로 수정한 부분이다. '당중앙'은 김정은 총비서를 가리키는 호칭인데, 2021년 규약에서는 이 부분과 함께 총비서에게 '당의 조직권'을 새로 부여하는 등 김정은의 위상을 더욱 높였다.

　노동당의 '당사업'과 '당사업방식'은 앞에서 언급한 노동당의 과업들을 완수하기 위한 '일머리'를 의미한다. 북한은 1970년 제5차 당대회 이후 당사업의 기본을 '사람들과의 사업'[1]으로 삼아 왔다. 이와 관련하여 김일성은 "우리 당은 처음부터 당사업의 기본을 사람과의 사업으로 규정하고 당 건설과 당 활동에서 나서는 모든 문제를 사람과의 사업을 통하여 풀어 나가도록 하였다"고 말했다. '사람과의 사업', 즉 '정치사업'의 핵심은 모든 정책들을 입안하고 추진하는 데 있어서 당·국가기구의 간부들이 인민대중 속으로 들어가 함께 논의하는 한편, 명령과 지시가 아니라 해설과 설복을 통해 열성과 창의성을 발휘할 수 있도록 이끈다는 의미이다. 김일성의 다음과 같은 언급은 '사람과의 사업'의 의미를 명확히 한다.

자본주의 사회에서는 정치사업이 필요 없습니다. 자본주의 사회에서는 돈으로 사람들을 부려 먹기 때문에 돈이면 그만입니다. … 그러나 사회주의 사회에서는 사정이 다릅니다. 우리나라에서는 모든 사람이 세상에 태어나자마자 밥 먹을 권리를 보장받고 있으며 누구에게나 먹고살 걱정이 없습니다. 그러므로 사회주의 사회에서는 강압적 방법으로나 돈을 가지고서는 사람들을 일 시킬 수 없습니다. 사회주의 사회에서는 반드시 정치사업을 앞세워 모든 근로자들이 왜 일을 하여야 하는가 하는 것을 깨닫고 자발적으로 일하도록 하여야 합니다.

1970년 제5차 당대회부터 2021년 제8차 당대회까지 당규약 서문에서 사람과의 사업은 당사업의 기본으로 일관되게 유지되었다. 그러나

---

1   북한에선 '사람과의 사업'을 '정치사업'으로도 표기한다.

구체적인 사업방식은 당규약 개정 때마다 표현을 달리해 왔다. 대표적인 사업방식은 '계급노선과 군중노선', '청산리정신 및 청산리방법'이다. 계급노선과 군중노선은 2절에서 설명하고, 이번 절에서는 '청산리정신 및 청산리방법'에 대해 언급한다.

'청산리정신 및 청산리방법'은 농업 부문에서의 관리개선방식 겸 대중지도방식이다. 이는 김일성이 1960년 2월 7일 평안남도 강서군 청산협동농장을 현지지도하면서 "사회주의적 농촌경리의 정확한 운영을 위하여"라는 제목으로 한 연설에서 제시됐다. '청산리정신'은 당정 간부가 군중 위에 군림하는 것이 아니라 군중의 이익을 위해 일하며, 군중을 교양, 개조하여 공산주의 사회까지 끌고 간다는 '사상적 측면'에 강조점이 있다.

'청산리방법'은 '청산리정신'을 달성하기 위한 구체적 실천에 강조점이 있다. 청산리방법의 내용은 이렇다. 첫째, 위 기관이 아래 기관을, 위 사람이 아래 사람을 각각 도와준다. 둘째, 위 기관이나 위 사람은 늘 현지에 내려가 실정을 깊이 알아보고 문제를 해결할 방법을 찾는다. 셋째, 사업을 할 때 정치사업, 사람과의 사업을 기본으로 한다. 북한에서 청산리정신과 청산리방법은 일반적으로 함께 붙어 언급된다. 1956년 말부터 실시된 '천리마운동'으로 대변되는 '군중노선'이 더욱 이론화된 것이 '청산리정신 및 청산리방법'이다.

북한은 청산리사업을 2010년 당규약에서 삭제하고 '주체의 사업방식'이라는 표현으로 대체했다. 이는 종합시장이 개설되는 등 경제환경이 급변한 상황에서 당원들과 인민대중들에게 50년 전의 대중동원 방식을 적용하는 것은 바람직하지 않다는 북한 지도부의 판단이 작용한

것으로 보인다. '주체의 사업방식'이란 모든 사업에서 김일성의 '주체
사상'을 앞세운다는 의미인데, '청산리정신, 청산리방법'을 왜 이것으
로 교체했는지 그 배경은 알기 어렵다. 2021년 당규약 개정에서는 '주
체의 사업방식'이 '항일유격대식 사업방법'으로 변경됐다. '항일유격대
식 사업방법'이란 유격대 간부들이 배낭을 메고 유격구에 들어가 유격
대원들과 생사고락을 함께하면서 이들의 애로사항을 청취하고 해결해
주는 한편, 이들을 격동시켜 전의(戰意)를 고취하는 것이다. 결국 청
산리정신 및 청산리방법, 주체의 사업방식, 항일유격대식 사업방법
모두 의미는 서로 비슷하지만 시대 흐름에 맞춰 용어만 바꾼 것으로 보
인다. 당규약상 사회주의 기본 정치방식인 '인민대중제일주의'에 대한
설명은 3장 10절 '김일성-김정일주의 들여다보기'로 대체한다.

02
—
계급노선과 군중노선은 어떻게 다른가?

북한에서 '계급노선'은 국가가 노동자계급의 요구를 철저히 관철하고 그들의 이익을 철저히 옹호하는 것을 의미한다. 계급노선은 우선 노동계급의 사회적 지위를 높이 평가한다. 북한의 《조선말대사전》(2017)에 따르면 "로동계급은 사회주의, 공산주의를 건설하는 것을 력사적 사명으로 하는 가장 선진적이며 선진적인 계급"이라고 정의된다. 가장 선진적인 계급이기 때문에 혁명과 건설 부문에서 제기되는 모든 사업을 추진할 때에는 언제나 노동계급의 입장이 확고하게 반영되어야 한다는 것이다. 이런 차원에서 북한은 1946년부터 추진한 반제반봉건 민주주의 혁명 단계부터 노동계급을 '영도계급'으로 내세웠고, 노동계급의 계급적 요구를 혁명의 모든 노선과 정책의 출발점으로 삼았다.

김일성이 1970년 제5차 당대회에서 '온 사회의 노동계급화'를 제창한 것은 계급노선을 중시하는 정책적 방향성을 더욱 심화하겠다는 판단에서 나왔다. 당대회에서 김일성은 북한이 사회주의 공업화를 달성했다고 자평하고, 향후에는 사회주의의 완전승리에 이어 공산주의를

▌계급노선과 군중노선 비교

구분	내용
계급노선	• 노동계급이 가장 선진적 • 노동계급의 이익 철저 고수

군중노선	• 당과 국가의 간부가 대중의 힘을 믿고 대중 속에
	  들어가 이들을 설복
	• 대중은 국가의 정책을 자신의 것으로 수용,
	  창의력과 열의 발휘

건설하는 데 박차를 가해야 한다고 당원과 주민들을 독려했다. 김일성은 사회주의의 완전승리의 지표로 '온 사회의 노동계급화'를 제시하고, 향후 농민과 지식인 등 모든 계급을 노동계급으로 바꿔야 한다고 주장했다. 즉, 사회주의의 완전승리는 계급노선의 완결판인 셈이다. 한편 '계급투쟁'은 '계급노선'과는 차원이 다른 개념으로, 노동계급과 부르주아계급 간 대립을 의미한다. 계급투쟁은 사회주의 제도 수립 전과 후의 내용이 다르다. 사회주의 제도 수립 전에는 자본주의 제도와 지주·자본가 계급을 타도하는 것을 의미한다. 반면 사회주의 제도 수립 후에는 ① 외부의 적대분자와 전복된 착취계급의 파괴책동을 분쇄하는 투쟁과, ② 노동자·농민·지식인들의 낡은 사상을 없애고 이들을 혁명화·노동계급화해 '공산주의 인간'으로 만드는 투쟁을 의미한다.

계급노선이 '노동계급'의 요구를 옹호한다면 군중노선은 '군중'[2]의 요구를 옹호한다. 군중노선은 당과 정부의 간부들이 군중 속에 들어가 이들과 고락을 함께하면서 이들을 위해 복무하고, 군중들도 자신들이 맡

---

2 1958년 사회주의 제도 수립 이후 '군중'은 노동자·농민·근로인텔리가 해당된다.

은 임무를 완수한다는 것을 의미한다. 이 과정은 4단계를 거쳐 실현된다. 첫 번째 단계에서는 당정 간부들이 인민대중의 의사와 요구를 집대성한 국가의 정책을 수립한다. 두 번째 단계에서는 인민정권이 국가의 정책을 철저히 군중의 이익에 맞추어 관철한다. 이를 위해 간부들은 '군중의 무궁무진한 힘을 이용해 문제를 풀어 간다'는 관점을 갖고 군중 사이로 들어가 그들을 의식화·조직화한 후 국가정책을 군중에게 정확히 알려 주어 이들의 창의력과 열의를 고조시킨다. 세 번째 단계에 이르면 군중들은 '국가의 정책을 자신의 것으로 인식하고 자신의 힘과 지혜에 의지해 철저히 실현해 간다'는 관점을 가진다. 그 결과 네 번째 단계로 군중은 참다운 자유와 권리를 보장받고, 행복한 생활을 할 수 있다는 것이다. 이런 단계를 거쳐 군중노선이 관철되면, 군중이 국가와 사회의 주인이 되는 사회를 실현할 수 있다는 것이 북한의 주장이다.

계급노선과 군중노선은 북한의 '당사업방식'의 하나다. 계급노선과 군중노선은 1970년 제5차 당대회에서 '당사업의 기초'라면서 당규약에 처음 들어갔다. 1980년 당규약은 "조선로동당은 모든 당사업의 기본 원칙으로서 계급로선과 군중로선을 관철한다"고 규정했다. 그런데 2010년 규약부터는 '당사업의 기초'나 '당사업의 기본 원칙'이라는 표현은 삭제되고 "조선로동당은 계급로선과 군중로선을 철저히 관철하여 혁명진지, 계급진지를 굳건히 다지며…"라는 식으로 수정됐다. 그러나 그 의미는 동일한 것으로 분석된다.

북한에서 '계급노선'과 '군중노선'은 별도가 아니라 '결합하여' 기능한다. 이는 어떤 노선이나 정책이 '좌우 편향'에 흐르지 말아야 한다는 북한의 사업방식과 연관된다. 혁명을 지나치게 중시해(계급노선) 군중을 무관심하게 대해서도 안 되지만, 군중을 포섭하는 데 지나치게 치중해 (군중노선) 혁명을 도외시해서도 안 된다는 것이다. 다만 북한은 계급 노선과 군중노선 중 계급노선을 좀 더 중시한 것으로 보인다. 이와 관련하여 김정일은 "로동계급의 요구는 사회적 진보에 리해관계를 가지는 모든 계급과 계층의 요구와 일치하며, 로동계급의 요구를 구현한 사회는 각이한 계급과 계층의 요구에도 맞는 사회"라고 말했다. 노동 계급의 요구를 충족해 주면 다른 계급의 요구도 들어주게 되는 셈이라는 의미다.

03

—

노동당의 지도사상 변화

마르크스-레닌주의에서 김일성-김정일주의로

1946년 노동당 1차 당대회와 1948년 제 2차 당대회에서 북한은 당규약에 당의 지도사상(이념)을 명시하지 않았다. 다만 '부강한 민주주의적 조선독립국가 건설과 인민대중의 정치, 경제 및 문화생활 수준의 향상'을 당의 목표로 제시했다. 그러다 1956년 제 3차 당대회 때 규약 개정을 통해 '당'이라는 장(章)을 새로 만든 후 "조선로동당은 맑스-레닌주의 학설을 자기활동의 지도적 지침으로 삼는다"는 구절을 넣었다. 당의 지도사상을 처음으로 언급하면서 이를 '맑스-레닌주의'로 삼은 것이다.

이는 2장 1절에서 설명한 것처럼, 북한의 사회주의 건설 과정과 연관이 있다. 김일성 등 북한 공산주의자들은 해방 직후 '사회주의'라는 말 대신 '민주주의', '반제반봉건혁명'이라는 용어를 주로 썼다. 그러다 1956년 제 3차 당대회를 계기로 '사회주의' 건설을 국정의 지표로 삼은 것이다. 제 3차 당대회에서 규약 개정 보고를 한 박정애는 "당규약이 해당한 시기의 역사적 조건과 당 앞에 제기된 과업에 따라 변경되어야 한다"면서 당규약 개정을 해야 할 세 가지 이유 중의 하나로 "역사발전

▌당대회에서 채택된 지도사상의 변화

1956 (제 3차 당대회)	마르크스-레닌주의
1970 (제 5차 당대회)	마르크스-레닌주의와 마르크스-레닌주의를 창조적으로 적용한 주체사상
1980 (제 6차 당대회)	김일성의 주체사상
2012 (제 3차 당대표자회)	김일성-김정일주의

의 객관적 법칙과 조성된 정세에 따라 우리 땅에 새로운 과업, 즉 공화국 북반부에서의 사회주의 건설을 위한 과업이 제기됐다"고 밝혔다. 다시 말해, 이제부터는 프롤레타리아독재에 의거한 사회주의 건설을 본격적으로 추진해야 한다는 것이다. 그런데 사회주의 건설을 위해선 그 시조(始祖) 격인 마르크스-레닌주의를 당의 지도사상으로 채택하지 않을 수 없었던 것이다. 1961년 제 4차 당대회에서는 마르크스-레닌주의에 '항일무장의 혁명 전통'이 추가되었다. 이는 1958년 제 1차 당대표자회를 계기로 소련파·연안파를 완전 숙청하고 만주파로 당·정·군을 일색화한 후 만주파의 항일무장투쟁을 부각하기 위한 조치였다.

1970년 제 5차 당대회 때는 노동당의 지도사상과 관련된 북한의 정치적 상황이 이전과 매우 달라졌다. 김일성이 1955년에 최초로 제시한 주체사상이 1970년대에 들어 김정일에 의해 '김일성주의'화하는 등 이론으로서의 체계를 갖춰 나가면서 이를 지도사상에 반영할 필요가 생겼다. 다른 한편으로는 1967년 갑산파 숙청을 계기로 김일성 유일체제가 확립된 데 이어 김일성에서 김정일로의 권력 부자세습이 가시화되었다는 정치적 측면도 지도사상에 반영할 필요가 생겼다. 즉, 노동당의 지도사상을 '마르크스-레닌주의'로 고정하기가 여의치 않게 된 것이다. 마르크스-레닌주의에서는 1인 독재체제를 용인하지 않기 때문이다. 그렇다고 마르크스-레닌주의를 폐기할 수도 없었기에, 결국 마르크스-레닌주의와 주체사상 모두를 지도사상으로 채택하게 된 것이다.

1970년대 중후반 북한의 대내외 정세는 노동당의 지도사상에 다시 변화를 주는 방향으로 흘러갔다. 우선 마르크스-레닌주의가 종주국 소련을 비롯한 사회주의 진영에서 더 이상 중시되지 않았다. 소련은 이미 1961년 흐루쇼프 시절 프롤레타리아독재를 폐지했다. 둘째로 남한과의 관계에서, 비록 1974년을 전후해 1인당 GNP에서는 역전당했지만, 국방력 등 전반적인 국력이 남한보다 우세를 유지하고 있었다. 월남의 패망이 상징하듯이 사회주의 진영의 국력도 막강했다. 특히 1974년부터 본격 추진된 김정일로의 권력세습 작업도 마무리 단계에 들어섰다. 이런 유리한 정세에 힘입어 북한은 1980년 제6차 당대회를 열고 김정일로의 권력세습을 대내외에 공표하는 한편, 당의 지도사상에서 마르크스-레닌주의를 삭제하고, 김일성이 만든 주체사상을 유일한 지도사상으로 채택했다. 다만 마르크스-레닌주의의 핵심 중 하나인 프롤레타리아독재는 유지했다.

노동당의 지도사상은 2011년 12월 17일 김정일이 사망하자 다시 바뀌었다. 김정일의 권력을 이어받은 김정은은 당시 당의 지도사상을 어떻게 설정할지를 놓고 딜레마에 빠졌을 것이라고 추정된다. 1980년도 이후 주체사상이 노동당의 유일 지도사상으로 자리매김했지만, 경제난 등으로 인해 북한 사회 내부에서는 주체사상의 위상이 현저히 떨어져 있었다. 이는 탈북민들의 이야기를 들어 보면 발견할 수 있는 한결 같은 공통점이다. 북한이 1990년대 중후반 이후 심각한 경제난을 겪고 외부로부터 식량 지원을 받으면서부터 주체나 주체사상은 설 자리를 잃을 수밖에 없었다. 주체를 내세우면서 다른 국가에게 도움을 받는다는 것이 앞뒤가 맞지 않기 때문이다. 실제로 1996년부터 2001년까지 신년 〈노동신문〉 공동사설에서 '주체사상'에 관한 언급은 전혀 없었다. 그러나 김정은으로서는 할아버지와 아버지의 상징인 주체사상의 근간을 훼손할 수 없는 입장이다. 이런 측면에서 주체사상의 근본적 틀은 유지하면서도 일부 내용에 변화를 준 '김일성-김정일주의'라는 지도사상을 김정은이 내세운 것으로 분석된다(3장 10절 참조).

04

노동당의 성격 변화

노동계급의 당에서 김일성-김정일주의 당으로

'조선로동당'은 1946년 8월 평양에서 창립된 '북조선로동당'과 1946년 11월 서울에서 창립된 '남조선로동당'이 합당해 1949년 6월 평양에서 창립되었다. 북조선로동당은 김일성의 만주파가 주도한 '북조선공산 당'과 김두봉 등 연안파가 주도한 '조선신민당'이 합당해 생긴 정당이 다. 남조선로동당은 박헌영이 주도한 '조선공산당', 백남운이 주도한 '남조선신민당', 여운형이 주도한 '조선인민당'이 합당해 생긴 정당이 다. 즉, 조선로동당은 창당 때부터 좌익에 속하는 여러 정파의 연합체 로 구성되었다. 김일성 등 만주파는 만주에서, 김두봉 등 연안파는 중 국 연안에서 각각 항일투쟁을 벌였다. 박헌영, 백남운, 여운형은 국내 에서 항일운동을 벌였다. 여기에 소련에서 주로 한인 2~3세들이 구성 한 소련파도 노동당 내 일정 부분을 차지하고 있었다. 또 함경북도 갑 산군에서 김일성과 함께 항일운동을 벌인 박금철 등의 갑산파도 있었 다. 다시 말해, 노동당이 창립될 때만 해도 김일성의 만주파는 노동당 을 구성하는 여러 정파 중의 하나였다. 그래서 1956년의 제 3차 당대

▌당규약에 명시된 노동당의 성격

1956 규약	'로동계급과 근로대중의 선봉적 조직적 부대'
1980 규약	'김일성 동지에 의해 창건된 주체형의 맑스-레닌주의당'
2010 규약	'김일성 동지의 혁명사상, 주체사상을 유일한 지도사상으로 하는' 주체형 혁명적 당
2012 규약~	'김일성-김정일주의를 유일한 지도사상으로 하는 주체형의 혁명적 당'

회에서 노동당의 성격은 "우리나라 로동계급과 전체 근로대중의 선봉적
·조직적 부대"로 규정됐고, 이는 1970년 제5차 당대회까지 유지됐다.

하지만 이 같은 노동당의 집단지도체제 성격은 시간이 갈수록 김일
성에 의해 붕괴되었고, 점차 '김일성의 당'으로 변화하여 갔다. 김일성
은 6·25전쟁 중 박헌영을 '미국의 간첩'으로 몰아 남로당을 숙청했다.
연안파와 소련파는 김일성과 권력다툼을 벌이다 1956년 8월 종파사건
을 계기로 김일성에 의해 숙청됐다. 1967년 5월에는 마지막으로 남은
갑산파의 박금철마저 '개인 영웅주의'라는 명목으로 숙청됐다. 그런 후
김일성은 주체사상을 활용하여 수령유일독재체제·권력세습체제 구
축을 본격 추진했다. 결국 김정일이 후계자로 공개된 1980년 제6차
당대회에서 노동당은 모든 파벌이 배제된 '김일성의 당'으로 꾸려졌다.
개정 당규약은 "조선로동당은 위대한 수령 김일성 동지에 의해 창건된
주체형의 혁명적 맑스-레닌주의 당"이라고 규정했다. 한마디로 노동
당 창당에 참여했던 다른 파벌들은 역사의 무대에서 사라졌고, 노동당
은 오직 김일성이 만든 당으로 변질된 것이다.

'김일성의 당'으로 규정된 노동당은 2010년 당규약 개정에서 그러한
성격을 더욱 강화했다. 1980년 규약에서는 그나마 '맑스-레닌주의당'

이라는 표현이 들어 있었으나, 2010년 규약에서는 이 표현마저 삭제됐다. 규약 서문의 첫 문장은 "조선로동당은 위대한 수령 김일성 동지의 당"이라고 명확하게 규정했다. 이어 "조선로동당은 위대한 수령 김일성 동지의 혁명사상, 주체사상을 유일한 지도사상으로 하는 주체형의 혁명적 당"으로 규정했다. 2010년 규약 개정에 앞서 북한은 김일성 사망 3개월여 후인 1994년 10월 〈조선로동당은 위대한 수령 김일성 동지의 당이다〉라는 김정일의 논문을 통해 다음의 네 가지 이유를 들어 노동당이 왜 아버지 김일성의 당인지를 설명했다. 첫째, 김일성이 노동계급의 당 건설의 근본 원리와 원칙, 그 실현 방도를 새롭게 밝히고 주체의 당 건설 이론을 전면으로 체계화했다. 둘째, 김일성이 노동당을 유일사상체계가 튼튼히 선 혁명적 당으로 건설했다. 셋째, 김일성이 노동당을 조직성과 규율성을 가진 전투적 당으로 건설했다. 넷째, 김일성이 노동당을 인민대중 속에 뿌리를 박은 대중적 당으로 건설했다. 다섯째, 김일성이 당의 위업을 대를 이어 확고히 계승해 나갈 수 있도록 노동당을 전망성 있게 건설했다. 결국 노동당은 김일성이 창건했고, 김일성이 만든 주체사상에 의해 지도되는, '명실상부한 김일성의 당'이 된 것이다.

2011년 12월 17일 김정일이 사망한 다음 해인 2012년 4월에 열린 4차 당대표자회에서 개정된 당규약에 따르면 노동당은 "위대한 김일성 동지와 김정일 동지의 당", 혹은 "김일성-김정일주의당"으로 수정됐다. 이는 김정일의 사망에 따른 자연스러운 변화라고 여겨진다. 후계자로서 지낸 기간이 짧았던 김정은으로서는 선대 수령의 지도사상을 체계화하고 정식화하는 것이 급선무였다. 이 때문에 김정일이 김일성

294

의 주체사상을 '김일성주의'라고 체계화했듯이, 할아버지 김일성과 아버지 김정일의 사상을 묶어 일단 '김일성-김정일주의'로 명명한 것으로 보인다. '김일성-김정일주의를 유일한 지도사상으로 한다'는 노동당 규약은 2016년 당규약 개정 때나, 2021년 당규약 개정 때나 변함이 없었다. 앞으로 북한에서 '김일성-김정일주의'가 좀 더 이론화된다면 노동당의 성격에 대한 해석도 다시 나올 수 있다.

노동당의 당면 목적과 최종 목적 1

노동당 규약에 '노동당의 목적'이 처음 포함된 것은 1956년의 제 3차 당 대회에서였다. 북한은 이 대회에서 노동당의 당면 목적으로 '전국적 범위에서 반제반봉건적 민주혁명의 과업 완수'를, 최종 목적으로 '공산주의 사회 건설'을 각각 제시했다. 해방 이후 북한의 첫 정권기관인 북조선임시인민위원회가 북한 지역에서 추진했던 제국주의 반대, 봉건적 압박과 착취에서의 해방 등을 목표로 한 '반제반봉건 민주혁명'을 '전국적 범위에서', 즉 남한 지역에도 추진하는 것을 당면 목적으로 하고, 이 목적이 달성되면 남북한 전체에 공산주의 사회를 건설하는 것을 최종 목적으로 삼겠다는 뜻이었다. 1956년 시점에서 '제국주의 반대'는 '미 제국주의 반대'를 의미한다. 북한은 이 과업을 수행하기 위한 혁명 주체를 '북반부 인민과 남반부의 모든 애국적 역량(노동자·농민·소자산계급·민족자본가)'이라고 적시했다.

노동당의 '당면 목적'과 '최종 목적'은 점차 변화하는 남북한의 정치적·경제적 상황에 따라 그 내용이 변경되었다. 1961년제 4차 당대회

제 3차 당대회 (1956)	당면 목적	전국적 범위에서 '반제반봉건적 민주혁명' 완수
	최종 목적	공산주의 사회 건설
제 4차 당대회 (1961)	당면 목적	북반부에서 '사회주의 완전승리', 보장 전국적 범위 '반제반봉건적 민주주의 혁명' 수행
	최종 목적	공산주의 사회 건설
제 2차 당대표자회 (1966)	당면 목적	북반부에서 '사회주의 완전승리', 보장 전국적 범위 '민족해방 민주주의 혁명' 수행
	최종 목적	공산주의 사회 건설
제 5차 당대회 (1970)	당면 목적	북반부에서 '사회주의 완전승리', 보장 전국적 범위 '민족해방 인민민주주의 혁명' 수행
	최종 목적	공산주의 사회 건설

에서는 당면 목적이 "공화국 북반부에서의 사회주의 완전승리 보장과 전국적 범위에서의 반제반봉건적 민주주의 혁명 과업 수행"으로 바뀌었다. '공화국 북반부에서의 사회주의의 완전한 승리'가 추가된 것이다. 1958년에 사회주의 개조가 완료됨으로써 사회주의 제도를 확립한 북한이 이제부터는 '사회주의의 완전승리'를 쟁취하겠다는 의지를 표명한 것이다. '사회주의의 완전승리'는 농민을 노동계급화해 무계급 사회로 만들고 협동적 소유를 전민 소유(국유화)로 전환하는 것을 의미한다. 이를 위해서는 생산력 발전이 요구되는데, 북한이 제 4차 당대회가 열린 1961년부터 시작된 제 1차 7개년계획의 목표를 '사회주의 공업화'로 내세운 것은 이런 배경에서였다. '전국적 범위에서의 반제반봉건적 민주주의 혁명'이라는 당면 목적은 제 3차 당대회 때와 표현은 유사하나 내용에서는 차이가 있다. 혁명의 주체를 주로 '남반부 인민'으로

수정하고, '민주주의 혁명'의 구체적 사례를 제시했다는 점에서다. 북한은 '남반부 인민'들이 독자적 정당을 만든 후 '파쇼 독재'(박정희 정부)를 타도하고 주한미군 축출, 토지개혁, 산업국유화 등의 '반제반봉건 민주주의 혁명'을 해야 한다고 선동한 것이다.

노동당의 당면 목적은 1966년 2차 당대표자회와 1970년 제5차 당대회를 통해 다시 변경됐다. 2차 당대표자회는 제4차 당대회 때의 당면 목적 중 '공화국 북반부에서 사회주의 완전승리'는 그대로 두고, '전국적 범위에서 반제반봉건 민주주의 혁명'을 '전국적 범위에서 민족해방 민주주의 혁명'으로 수정했다. '반제반봉건'이 빠지고 '민족해방'이라는 개념이 새로 들어간 것이다. '민족해방'이라는 용어는 제4차 당대회 때 주장했던 '주한미군 축출'을 압축적으로 표현한 것으로 분석된다. 비록 '반제반봉건'이라는 표현은 삭제됐어도, '민주주의 혁명'은 제4차 당대회 때와 같이, 남한에서 토지개혁과 산업국유화 등이 이루어져야 한다는 의미다.

1970년 제5차 당대회에서는 '민족해방 민주주의 혁명'이 '민족해방 인민민주주의 혁명'으로 수정됐다. '민주주의 혁명' 앞에 '인민'이 추가된 것이다. 여기서 '인민민주주의'는 해방 직후 김일성이 주로 언급한 '인민민주주의' 개념과는 다르다. 해방 직후 '인민민주주의'는 '전체 인민이 반제반봉건 투쟁에 참여하자'는 의미였다. 그러나 제5차 당대회 때의 '인민민주주의 혁명'에서 '인민'은 '남한의 인민', 그 중에서도 남한의 노동자·농민·근로인텔리를 지칭하며, 이들이 남한의 매판자본가(買辦資本家, 반민족적 자본가), 지주, 파쇼독재를 타도하도록 한 뒤 연공(聯共) 정권을 수립하자는 것이 '인민민주주의 혁명'의 내용이다.

북한의 이 같은 전략 수정에는 당시 국제정세와 남북관계 상황이 작용했다. 즉, 미국이 월남전에 점점 깊숙이 개입하자 북한은 미국이 주한미군에 신경을 덜 쓸 것이라고 보고, 미군으로 상징되는 외세를 남한에서 철수시키려는 '민족해방' 노선을 채택한 것이다. 또 남한이 1961년 박정희 군사정부가 들어선 이후 경제발전에 매진하면서 국력의 기반을 다져 나가자, 더 늦기 전에 남한의 노동자와 농민을 중심으로 통일전선 세력을 구축해 남한의 군사정부를 타도한다는 '인민민주주의 혁명' 노선을 채택했다고 볼 수 있다.

한편 1980년 제6차 당대회 때의 규약은 1970년 규약과 당면 목적은 동일했다. 그러나 최종 목적은 '온 사회의 주체사상화와 공산주의 사회 건설'로 수정됐다. '온 사회의 주체사상화'가 추가된 것이다. 이는 1980년대에 주체사상의 이론화에 전력을 기울이겠다는 의지의 표명으로 보인다. 실제로 1982년에 김정일의 〈주체사상에 대하여〉라는 논문이 나오는 등 이 당시 주체사상의 이론화가 상당한 수준에서 진척됐다.

06

노동당의 당면 목적과 최종 목적 2

북한은 1980년 제6차 당대회를 개최한 이후 30년 동안 당의 큰 행사인 당대회나 당대표자회를 열지 못했다. 여러 가지 이유가 있겠지만, 1980년대 말부터 불어닥친 경제난과 국제적 고립으로 북한의 대내외 상황이 매우 어려웠기 때문이다. 선군정치를 선택한 김정일로서도 노동당에 큰 관심을 갖기가 여의치 않았다. 그러다 북한은 2010년 9월 28일 '제3차 당대표자회'를 개최했다. 2008년 뇌졸중으로 병석에 있던 김정일이 김정은으로의 후계구도 정착을 위해 개최한 행사였다. 3차 당대표자회에서 북한은 당규약을 개정했는데, 노동당의 목적을 수세적으로 대폭 수정했다.

우선 당면 목적에서 1980년 당규약까지 유지했던 '북반부에서의 사회주의의 완전한 승리'가 사라지고 '사회주의 강성대국'이라는 완화된 표현으로 바뀌었다. 최종 목적에서도 '공산주의 사회 건설'이라는 표현이 삭제되고, '온 사회를 주체사상화하여 인민대중의 자주성 완전실현'으로 대체됐다. 김일성 때부터 수십 년 동안 강조해 온 '사회주의 → 사

▍노동당의 당면 목적 및 최종 목적의 변화 2

제3차 당대표자회 (2010)	당면 목적	공화국 북반부에서 사회주의 강성대국 건설, 전국적 범위에서 민족해방 민주주의 혁명
	최종 목적	온 사회를 주체사상화하여 인민대중의 자주성 완전실현
제4차 당대표자회 (2012)	당면 목적	2010년과 동일
	최종 목적	온 사회를 김일성-김정일주의화하여 인민대중의 자주성 완전 실현
제8차 당대표자회 (2021)	당면 목적	공화국 북반부에서 부강하고 문명한 사회주의 사회 건설, 전국적 범위에서 사회의 자주적이며 민주주의적 발전 실현
	최종 목적	공산주의 사회 건설

2016년 규약은 2012년과 동일

회주의 완전승리 → 공산주의 건설'이라는 전통적인 노동당의 목적이 사라진 것이다. 이와 함께 당면 목적을 1980년의 "전국적 범위에서 민족해방 인민민주주의 과업 수행"에서 "전국적 범위에서 민족해방 민주주의 과업 수행"으로 수정하며 '인민'이라는 단어를 생략했다. 이는 2010년 당시 한국의 정치 · 경제 · 사회 상황을 감안할 때 '남한의 노동자 · 농민 · 근로인텔리'들이 한국 정부를 붕괴하기를 기대하기란 어렵겠다는 북한 지도부의 판단에 따른 결정으로 보인다.

2011년 12월 17일 김정일이 사망하고 김정은 시대가 열린 다음 해인 2012년 4차 당대표자회에서 개정된 당규약 중 눈에 띄는 대목은 '주체사상'이라는 용어를 삭제한 점이다. 2010년 규약의 최종 목적이었던 "온 사회를 주체사상화하여 인민대중의 자주성을 완전히 실현하는 데 있다"라는 문구 중 "온 사회를 주체사상화하여"를 "온 사회를 김일성-김정일주의화하여"로 바꾼 것이다. 물론 김일성-김정일주의화라는 것도 주체사상에서 파생된 이념이라는 점을 감안하면 근본적인 내용은 동일하다고 볼 수 있다. 다만 이런 수정에는 김일성과 김정일이 모두 사망한 데다, 극심한 경제난으로 인해 주체사상이라는 개념이 주민들에게 제대로 효과를 내지 못하고 있다는 김정은 정권의 판단이 작용했다고 분석된다.

2016년 당규약은 당면 목적과 최종 목적이 2012년 규약과 동일하다. 그러나 2021년 당규약에서는 당면 목적과 최종 목적의 내용이 대폭 바뀌었다. 당면 목적은 "공화국 북반부에서 부강하고 문명한 사회주의 사회를 건설하며 전국적 범위에서 사회의 자주적이며 민주주의적인 발전을 실현하는 데 있다"고 규정했다. 2012년 규약과 비교할 때 무엇보다 주목되는 대목은 "민족해방 민주주의 혁명"이라는 표현이 삭제되고 "사회의 자주적이며 민주주의적인 발전 실현"으로 수정된 것이다. 이 수정에 담긴 의미에 대해선 상반된 견해가 나오고 있다. 하나는 북한이 이른바 '남조선혁명론'을 폐기했다는 의견이다. 북한의 '남조선 혁명' 포기 여부를 둘러싸고 지금까지 불거졌던 논쟁에서 북한이 이를 포기하지 않았다는 주장의 가장 강력한 논거가 바로 '민족해방 민주주의 혁명'이라는 표현이었으므로 이 용어가 사라진 이상 '남조선혁명론'도 폐기된 것이라는 주장이다.

다른 하나는 그렇게 보기에는 시기상조라는 주장이다. 2021년 당규약에서 언급된 '자주적'이라는 표현은 원래 '주한미군 철수'를 의미하는 것이며, '민주주의적 발전'도 이전의 '민주주의 혁명'과 유사한 개념이라는 논지다. 규약의 다른 부분에 "조선로동당은 남조선에서 미제의 침략 무력을 철거시키고 남조선에 대한 미국의 정치군사적 지배를 종국적으로 청산하며 온갖 외세의 간섭을 철저히 배격하고…"라는 내용이 있는 것을 보면 북한이 '민족해방'을 실제로 포기했다고 보기 어렵다는 주장이다. 또 "조선로동당은 전 조선의 애국적 민주력량과의 통일전선을 강화하며…"라는 내용도 들어 있어, '민주주의 혁명'도 포기했다고 보기 힘들다는 것이다. 결국 북한이 남조선혁명론을 포기한 것은 아니나, 과거보다는 소극적이라고 판단된다. 향후 북한의 언행을 예의주시할 필요가 있다.

2021년 당규약 개정의 최종 목적에서는 "공산주의 사회 건설"이 부활했다. 이와 함께 "사회주의 완전승리를 앞당긴다"는 표현도 '당면 목적'에는 나와 있지 않으나, 당규약 내용 후반부에 '사회주의 건설의 총로선'의 일부로 포함되었다. 이 같은 규약 수정은 김정은이 할아버지 김일성이 추구했던 '사회주의 완전승리'와 '공산주의 건설'을 다시 추진하겠다는 의지를 갖고 있음을 보여 주는 행보로 분석된다(2장 9절 참조). 즉, 핵무기 보유로 국제사회에서 높아진 국가적 위상을 토대로 '사회주의 완전승리 → 공산주의 건설'이라는 국가발전의 청사진을 주민들에게 제시함으로써 자신의 권력 토대를 굳건히 하겠다는 통치전략이 담긴 것이다.

07

노동당 최고책임자의 직책 변화

1946년 8월 말 '북조선노동당 창립대회'(제1차 당대회)가 개최됐을 때 당의 최고책임자는 '당중앙위원회 위원장'이었다. 당시 43명의 중앙위원이 선거되었고, 이 중에서 연안파 계열의 조선신민당 대표 김두봉이 초대 당중앙위원회 위원장으로, 만주파 김일성과 국내파 주영하가 부위원장으로 각각 선거됐다. 이 3명 이외에 연안파 최창익, 소련파 허가이 등 모두 5명이 당중앙위원회의 일상적 지도를 위한 '정치위원회' 멤버가 됐다. 그 이후 당대회를 거치면서 당중앙위원회의 최고책임자를 비롯한 산하조직은 변천에 변천을 거듭했다. 이번 절에서는 1980년 제6차 당대회 이후부터 노동당 최고책임자가 어떤 직책하에 어떤 권한을 갖고 있었는지를 살펴본다.

1980년 당규약을 살펴보면, 첫째, 총비서는 당중앙위원회의 총비서다. '노동당 전체의 총비서'가 아닌 것이다. 노동당에는 당중앙위원회와 별도로 거의 동렬 기관인 '당중앙검사위원회'가 있었기 때문이다. 둘째, 총비서의 지위와 역할에 대한 별도 조항도 없었다. 셋째, 총비서

■ 노동당(2021)의 구조

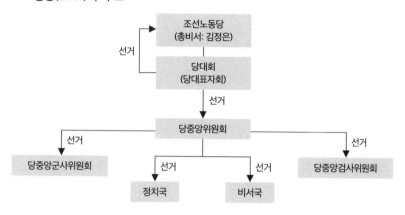

는 6개월에 한 번 열리도록 규정된 당중앙위원회 전원회의에서 선출된
다. 그런데 2010년 규약에서 총비서의 역할이 구체화되고 그 지위가 상
승했다. '당중앙위원회의 총비서'가 아니라 '당의 총비서'로 승격했으
며, 당중앙위원회 전원회의에서 선거되는 것이 아니라 당대회에서 추
대된다. 지위와 역할도 ① 당의 수반, ② 당을 대표하며 전당을 령도,
③ 당중앙군사위원회 위원장 겸임으로 확대되었다. 북한은 1980년 제
6차 당대회 이후 당중앙위원회 소속인 '군사위원회'(즉, '당중앙위원회
군사위원회')를 1982년 '당중앙군사위원회'로 독립시켰다(8절 참조). 결
국 당중앙위원회의 총비서가 아닌 '노동당의 총비서'는 '당중앙위원회'
·'당중앙군사위원회'·'당중앙검사위원회'를 지도하는 셈이 되었다.

  2016년 규약에서 '조선로동당 총비서'는 '조선로동당 위원장'이라는
명칭으로 수정됐지만, 그 지위와 역할은 '조선로동당 총비서'와 거의
같았다. 다만 '당의 수반'이 '당의 최고영도자'로 바뀌었다. 여기서 국
내 학계에서는 '조선로동당 위원장'의 연혁을 놓고 논란이 빚어졌다.

■ 당규약별 노동당 최고책임자 직책명

1980년 규약	2010년 규약	2016년 규약	2021년 규약
'당중앙위원회 총비서'	'조선로동당 총비서'	'조선로동당 위원장'	'조선로동당 총비서'

한쪽에서는 이번 조선로동당 위원장은 67년 전인 1949년 북조선노동당과 남조선노동당이 합당해 조선노동당을 만들 때 김일성이 받은 '노동당 위원장'이라는 직책과 같다고 한다. 즉, 김일성은 당시 '당중앙위원회 위원장' 자격으로 북한을 통치했는데, 2016년 규약 개정에서는 1949년의 '당중앙위원회 위원장'을 줄여서 '당위원장'이라고 표현했다는 것이다. 그러나 2016년 규약 개정에서 나온 '조선로동당 위원장'은 67년 전의 '당중앙위원회 위원장'과는 성격이 완전히 다른 새로운 직책으로 봐야 한다. 2016년의 '조선로동당 위원장'의 지위와 역할은 당중앙위원회는 물론 당중앙군사위원회와 당중앙검사위원회를 모두 지도하는 상위 직책이기 때문이다.

2021년 당규약에서는 2016년의 '조선로동당 위원장' 대신 다시 '조선로동당 총비서'라는 용어로 회귀했다. 총비서의 지위와 역할은 ① 조선로동당의 수반, ② 당을 대표하며 전당을 조직령도, ③ 당중앙군사위원회 위원장으로, 2010년과 동일하다. 북한이 '총비서' 제도를 다시 부활시킨 것은 2011년 12월 사망한 김정일 국방위원장을 2012년 '영원한 총비서'로 추대했던 것과는 상충하는 조치다. 이는 김정은을 김일성·김정일과 같은 반열에 올리려는 의도로 보인다. 또 2010년 규약에서는 당 총비서를, 2016년 규약에서는 당위원장을 각각 '추대'한다고 했는데, 2021년 규약에서는 당대회에서 '선거'하는 것으로 수정됐다. 물론 추대와 별 차이가 없겠으나, 선거로 바꾼 것은 국제사회에 정상국가로서의 이미지를 보여 주려는 의도로 분석된다.

08

당중앙군사위원회 연혁

북한 노동당 조직의 한 축인 '당중앙군사위원회'의 전신(前身)은 '당중
앙위원회 군사위원회'였다. 1962년 벌어진 쿠바 사태에서 소련이 미국
에 양보하자, 이를 소련의 굴복으로 간주한 북한은 자체 군사력을 강
화해야 한다고 결의했다. 이를 위해 북한은 1962년 12월 10일부터 14
일까지 열린 당중앙위원회 제4기 5차 전원회의에서 '4대 군사노선'(전
인민의 무장화·전 국토의 요새화·전군의 간부화·군 장비의 현대화)을 채
택하면서 당중앙위원회 산하에 별도로 '군사위원회'를 설치했다. '당중
앙위원회 군사위원회'가 조직된 것이다. 북한은 1970년 제5차 당대회
에서 '당중앙위원회 군사위원회'에 관한 조항을 규약에 처음으로 포함
시키면서(27조) 그 임무를 "당 군사정책 집행방법을 토의 결정하며, 군
수산업과 인민군대와 모든 무력의 강화를 위한 사업을 조직하며, 우리
나라의 군사력을 지도한다"고 규정했다. 여기서 '군사력 지도'가 '북한
군 지휘'를 포함하는지 애매했으나, 1980년 당규약에서는 "당중앙위원
회 군사위원회가 우리나라의 군대를 지휘한다"라고 명확히 규정했다.

	1980년 규약	2010년 규약	2021년 규약
명칭	• '당중앙위원회 군사위원회'	• '당중앙군사위원회'	• '당중앙군사위원회'
권한	• 당 군사정책 수행방법 결정 • 군대 지휘권 보유	• '당대회와 당대회 사이 군사 분야에 나서는 모든 사업을 당적으로 조직지도' • 군대 지휘권 삭제	• '당대회와 당대회 사이의 당의 최고 군사지도기관' • 군대 지휘권 부활

당중앙위원회 군사위원회는 시간이 갈수록 그 위상과 역할이 강화됐다. 1982년 11월부터 당중앙위원회 군사위원회는 '당중앙군사위원회'로 불렸다. 당중앙위원회의 산하기관이 아니라 독립기관이 된 것이다. 특히 1994년 김일성 사망 후 3년이 지난 1997년 10월 김정일을 당총비서로 추대할 때는 당중앙위원회와 공동명의자가 됐다. 즉, 당중앙군사위원회는 당중앙위원회의 내부조직이면서도 군대를 담당한다는 원래의 기능은 완전 독립된 것으로 분석되었다.

2010년 당규약 개정에서 당중앙군사위원회는 "당대회와 당대회 사이에 군사 분야에 나서는 모든 사업을 당적으로 조직 지도한다"는 역할을 부여받았다. '당적으로' 지도한다는 것은 군사정책보다는 '정치적 측면'에서 군대를 지도하는 데 전권을 가졌다는 의미다. 2010년 규약은 이와 함께 당중앙군사위원회의 역할로 "당의 군사로선과 정책을 관철하기 위한 대책을 토의 결정하며…"로 규정했다. 1980년 규약과 비교할 때 '군사로선'이 추가된 것이다. 즉, '전군의 간부화' 등 4대 군사노선 같은 노선을 이전에는 당중앙위원회가 결정했으나, 이제는 당중앙군사위원회가 맡는다는 의미다. 또 하나 주목할 대목은 "우리나라의 군대를 지휘한다"는 조항을 삭제했다는 점인데, 이는 당중앙군사위원회가 '당적으로' 군사 분야 사업을 전담하는 것과 연관된 것으로 분석된다. 1998년 헌법에서는 "국방위원장은 일체의 무력을 지휘통솔한다"고 규정했다. 따라서 2010년 규약 중 당중앙군사위원회 권한에서 '군대 지휘 조항'을 삭제한 것은 당중앙군사위원장과 국방위원장 간 지휘권 충돌을 해소했다는 점에서 의미가 있다.

2016년 규약의 당중앙군사위원회에 관한 규정은 2010년 규약과 동일하다. 그러나 2021년 규약에서는 당중앙군사위원회의 권한과 관련하여 일부 변화가 있었다. 우선, 당중앙군사위원회에 군대지휘권을 다시 부여하였다. 이 조치는 조선인민군이 '당의 군대'라는 측면을 보다 명확히 한 것으로 볼 수 있다. 또한, 이전 규약의 "당대회와 당대회 사이에 군사 분야에 나서는 모든 사업을 당적으로 조직 지도한다"는 표현을 "당대회와 당대회 사이의 당의 최고군사지도기관"으로 대체했다. '당적 지도'보다는 '군사 지도'에 더욱 방점을 찍은 것이다. 이런 측면은 김정은 정권 들어 중요한 군사정책을 거의 당중앙군사위원회를 통해 결정한다는 점에서 알 수 있다. 2022년 9월 25일부터 10월 9일까지 각종 미사일을 발사하며 이루어진 군사훈련을 주관한 기관도 당중앙군사위원회였다. 결국 김정은 시대에는 당중앙군사위원회가 군사에 관한 명실상부한 최고지도기관이 된 것이다.

09

노동당의 하부조직

북한 노동당은 크게 상부구조와 하부구조로 구분된다. 상부구조는 '중앙당'이고, 하부구조는 '지방당 조직'과 '부문별 당조직'으로 나뉜다. 중앙당은 '당대회', '당중앙위원회', '중앙검사위원회' 등으로 조직되며, 행정부를 포함한 북한 전체를 통치한다. 하부구조 중 '지방당 조직'은 도(직할시), 시(구역)·군, 리·동별로 조직된다. '부문별 당조직'은 중앙행정기관, 군대, 공장, 기업소, 학교, 병원 등 모든 생산 및 사업 단위에 조직된다. 부문별 당조직은 그 규모와 중요도에 따라 해당 지방당의 지도를 받는다.

지방당 조직 중 도(직할시), 시(구역)·군, 리·동은 위상이나 조직방법에서 약간 차이가 있다. 도(직할시)당, 시(구역)당, 군당 조직의 최고지도기관은 '당대표회'이다. 당대표회는 당의 실무사업을 전담하는 '당위원회'를 선거하는데, 시(구역)·군 이상 당위원회의 책임자를 '책임비서'라고 부른다. 리·동 당의 최고지도기관은 '초급당 총회'이며, 여기서 '초급당위원회'를 선거한다. 초급당위원회에는 시·군 단

노동당 하부조직	행정구역: 도(직할시), 시(구역) · 군, 리 · 동
	생산 및 사업단위: 행정기관, 학교, 기업소 등

위 이상의 당위원회와는 달리 비서처나 전문 부서가 없으며, 단지 비서와 2~3명의 부비서, 그 밑에 3~5명의 부원을 둔다. 리 밑에 있는 '협동농장 작업반'과 동 밑에 있는 '인민반'의 최고지도기관은 '당세포총회'이다(10절 참조).

부문별 당조직 체계는 '완전독립 당조직'과 '부분독립 당조직'으로 구분된다. 완전독립 당조직의 근거는 "당중앙위원회는 정치, 군사, 경제적으로 중요한 부문에 정치기관을 조직한다"고 명시된 규약 19조다. 완전독립 당조직은 당원 수가 방대하고 전국적인 조직망하에 지도체계를 갖춘 조직에 설치되며, 인민군을 비롯해 한국의 경찰 역할이라고 할 수 있는 '사회안전성', 한국의 국가정보원과 비슷한 '국가보위성', 한국의 한국철도공사 역할을 맡는 철도성 등이 이에 해당된다. 이들 기관들은 '당위원회'와 그 집행기관으로 '정치국(부)'를 두고 있다. 예를 들어, 인민군에는 '인민군 당위원회'와 '총정치국'이, 사회안전성에는 '사회안전성 당위원회'와 '총정치부'가 각각 있다. 이들 기관들은 도당 기능을 수행하는 것으로 간주되어 해당 거주지역의 당위원회(도 · 시 · 군당위원회)에 속하지 않고 당중앙위원회의 지도를 받는다. 예를 들어, 총정치국 자체도 당중앙위원회 비서국 조직지도부의 지도를 받는다. 즉, 조직지도부는 총정치국을 비롯한 모든 군에 생활지도를 하고 군부 고위층에 대한 인사권을 가진다.

'부분독립 당조직'은 당원 수가 '완전독립 당조직'만큼 많지 않은 조직으로, 당중앙위원회와 거주 행정구역(주로 시, 군)의 당위원회 양쪽으로부터 지도를 받는 기관이다. 실례로 내각의 외무성은 당원 수를 감안할 때 초급당위원회의 기능을 하는 조직으로 간주하여 모든 당원들은 평양시 중구역 당위원회에 소속되지만, 당생활지도는 당중앙위원회 당생활지도과가, 당정책지도는 당중앙위원회 국제부가 각각 관장하는 것이다. 이처럼 내각의 성, 기업소, 교육·사회문화기관, 병원 등은 규모와 당원 수에 따라 행정구역별 직급을 부여받고 그 상급단위의 지도를 받는다. 예를 들어 특급~1급 기업소, 김일성종합대학, 적십자종합병원 등은 군당위원회와 동등한 기능을 수행해 도(직할시) 당위원회의 지도를 받는다. 2~3급 기업소나 소규모 대학교 또는 소규모 병원 등은 리·동 초급당위원회의 직급을 부여받고 시·군당의 지도를 받는다. 북한에는 2~3급 기업소나 소규모 사회·교육·문화기관들의 숫자가 월등히 많기 때문에 초급당위원회가 대다수를 차지한다.

10
―

노동당의 기층조직

2021년 북한 노동당 규약에 따르면 5장에 '기층조직'에 관한 설명이 나온다. 기층조직이란 당원 수가 많지 않은 당조직으로, 지역과 생산·사업 단위에 설치된다. 기층조직의 구체적 형태로는 ① 당세포, ② 분초급당, ③ 초급당, ④ 부문당이 있다. 가장 말단 조직인 당세포는 당원이 5~30명인 단위에 조직된다. 분초급당은 당원이 31~60명인 독립적인 단위에 조직된다. 초급당은 당원이 61명 이상인 단위에 조직된다. 3 부문당은 초급당(분초급당)과 당세포 사이에 당원이 31명 이상 있는 단위에 조직된다. 사업 단위의 기층조직인 〈노동신문〉사의 사례를 보면, 전체 당원이 200명이라면 61명 이상이기 때문에 초급당이 설치된다. '노동신문사 초급당위원회'가 조직되는 것이다. 그런데 편집국

---

3 2016년 당규약에 따르면 초급당은 '당원 31명 이상 단위', 부문당은 '31명 이상 생산 및 사업 단위'에 조직된다고 명시되어 분류 기준이 애매했으나, 2021년 당규약에서는 초급당은 '당원 61명 이상'이라고 규정하며 초급당과 부문당의 차이가 보다 명확해졌다.

분류	기준
당세포	당원 5~30명
분초급당	당원 31~60명(독립적 단위)
초급당	당원 61명 이상
부문당	초급당과 당세포, 분초급당과 당세포 사이 당원 31명 이상

에만 당원이 31명 이상일 수 있다. 만약 편집국의 당원이 31명 이상이면(예를 들어 50명, 100명) '부문당'이 설치된다. 부문당이 없으면 많은 수의 전 당원이 초급당회의에 참석하게 되고, 이렇게 되면 당생활지도가 여의치 않기 때문에 부문당을 설치하는 것으로 분석된다. 또 편집국 정치부에 당원이 20명이라면 당세포, 즉 '정치부 당세포'가 조직된다. 또 〈노동신문〉 특별취재반에 당원이 31명이고 독립적으로 운영된다면, 여기에는 분초급당, 즉 '특별취재반 분초급당'이 조직되는 것이다.

규약 41조에 따르면 당세포는 "당원들의 당생활의 거점이며 당과 대중의 혈맥을 하나로 이어 주는 기본 단위이며 당원들과 근로자들을 조직동원하여 당의 로선과 정책을 관철해 나가는 직접적인 전투단위"이다. 노동당의 당조직을 실질적으로 움직이는 기초 중의 기초 단위라는 말이다. 이 당세포를 주관하는 세포비서의 역할은 막중하다. 〈노동신문〉사 정치부장과 '정치부 당세포 비서'와의 관계는 미묘하다. 평소 정치부 관련 업무를 할 때와 '정치부 당세포'가 개최될 때 사이에는 상당한 차이가 있다. 평소에는 세포비서가 부원이기 때문에 정치부장의 지시를 받을 수 있으나, 당세포회의가 열리면 그런 상하관계는 지켜지지 않고, 세포비서의 전적인 주도로 당세포회의가 진행된다. 김일성은

"당세포생활에서는 그 누구도 특수한 존재가 될 수 없으며 위원장이나 국장이나 지도원이나 할 것 없이 모두가 다 같은 의무와 권리를 가진 세포의 한 사람"이라며 "당원들은 당생활 과정에서 결함이 있는 당원에 대하여서는 누구나 다 비판할 수 있다"고 강조했다. 내각 총리도 당생활을 할 때는 내각 당위원회 산하의 당세포에 소속된 한 명의 당원일 뿐이고 세포비서의 통제를 받는 것이다. 초급당, 분초급당, 부문당의 조직과 운영도 당세포와 거의 동일하다.

한편 당세포를 비롯한 기층당 조직들의 주요 업무는 규약에 10가지로 정리되어 있다. 그 중 핵심은 "당원들과 근로자들이 당중앙을 견결히 옹호하고 당의 로선과 정책을 철저히 관철하며 당중앙의 유일적 령도 밑에 하나와 같이 움직이는 혁명적 규율을 세우도록 한다"는 첫 번째 업무다.

6장

—

당과 인민의 연결고리, 국가기구

서언

북한은 당-국가체제이지만, 실제로 북한이라는 국가를 현실적으로 가동하고 대내외 정책을 추진하는 주체는 최고인민회의, 국무위원회, 내각, 지방의회 등 국가기구이다. 그렇다면 당과 국가가 각각 맡은 업무의 경계선은 어디일까. 그것은 '당의 행정대행 금지'라는 원칙이다. '당의 행정대행'이란 당이 내각의 행정경제부서들의 업무에 끼어들어 이들을 제쳐놓고 업무를 수행하는 것을 의미한다. 예를 들어 군(郡)당의 책임비서들이 논에 모를 어떻게 심으라, 석탄을 어느 집에 얼마를 주라, 협동농장 작업반에 비료를 얼마씩 내주라 하고 지시를 하는 것이다. 김일성과 김정일은 노동당에 이 같은 행정대행을 하지 말라는 지시를 수시로 내렸다. 김정은도 마찬가지다. 노동당은 일반대중을 정치적 · 심리적으로 각성시켜 이들이 자발적 · 창의적으로 혁명과 건설에 나서도록 고무하고 격려하는 '정치기관'이고, 국가기구는 노동당이 결정한 노선과 정책을 시행하는 '집행기관'이라는 것이다. 결국 국가기구는 당과 인민대중을 연결하는 '포괄적 인전대(引傳帶, transmission belt)'로서의 역할을 담당한다.

'조선민주주의인민공화국'이라는 국가의 성격과 목표, 각 국가기구의 조직 및 역할 등은 북한 헌법에 명시되어 있다. 6장에서는 북한 헌법에 관한 내용을 알아보기에 앞서, 국가의 최고의사를 결정할 수 있는 원동력인 '주권'을 '국민주권'과 '인민주권'으로 나누어 그 특징을 비교하고 소개한다. 특히 '인민주권'과 사회주의 국가와의 연관성을 검토한다. 이어 1948년 제정된 이후 2019년 개정될 때까지 북한 국가기구의 변천사를 헌법을 통해 크게 세 가지 범주로 나누어 설명한다. 첫째, 북한 헌법 전체로 볼 때 어떤 정책적 변화가 이루어져 왔는지를 분석한다. 북한은 〈조선민주주의인민공화국 헌법〉에서 〈사회주의 헌법〉

으로, 주석에서 국방위원장을 거쳐 국무위원장 제도로 이행했는데, 그 의미와 특징을 검토한다.

둘째, '국방위원회'와 '국방위원장'이 1972년 〈사회주의 헌법〉에서 등장한 이후 2016년까지 그 지위와 권한이 어떻게 변천했는지를 헌법 조문에 입각해 분석한다. 국방위원회는 강화됐다가 약화되는 부침을 겪었으나, 국방위원장은 지위와 권한이 점진적으로 강화됐는데, 왜 이런 현상이 벌어졌는지 살펴본다.

셋째, 2016년 개정 헌법에 등장한 '국무위원회'와 '국무위원장'의 지위와 권한이 어떤 과정을 거쳐 현재에 이르게 됐는지를 알아본다. 국무위원회와 국무위원장이라는 제도에는 아버지 김정일의 상징인 '선군정치'에서 벗어나려는 김정은의 의지가 반영되었다는 점을 부각한다.

한편 6장에서는 지방 국가기구인 '지방인민회의'와 '지방인민위원회'의 변천 과정, 특히 지방인민회의와 인민위원회가 상호 어떤 관계를 맺었는지 알아본다. 끝으로 북한 지방행정기관으로는 '농촌경리위원회'등 특별기관들이 있는데, 이들의 연혁과 역할도 소개한다.

01
—

국민주권론과 인민주권론

2019년 개정된 북한 헌법에 따르면, 국가기구에는 최고인민회의를 비롯해 국무위원회 위원장·국무위원회·최고인민위원회 상임위원회·내각·지방인민회의·지방인민위원회·검찰소와 재판소가 있다. 이같은 국가기구들이 조직될 수 있는 것은 해당 국가가 '주권'을 보유하고 있기 때문이다. 그런데 주권은 역사적으로 군주에게 모든 정책결정권이 있는 '군주주권'에서 1789년 프랑스 대혁명 이후 주권이 국민에게 있다는 '국민주권'으로 변화했다. 이를 '넓은 의미의 국민주권'이라고 할 때, '국민주권'은 '(좁은 의미의) 국민주권'(*nation sovereignty*)과 '인민주권'(*people sovereignty*)으로 다시 구분된다.

'좁은 의미의 국민주권'에서 주권의 주체는 '전체로서의 국민'이라는 추상적이고 비조직적인 존재다. 이에 따라 주권이 대표에 의해 행사되는 '대의제'가 채택될 수밖에 없다. 대의제에서 대표자는 국민이라는 개념의 추상성으로 인해 그를 선출한 국민의 지시나 명령을 따르지 않는다. 주권의 주체와 그 행사자가 분리되는 것이다. 그래서 대표자에

▌국민주권론과 인민주권론 비교

(좁은 의미의) 국민주권론 (The Theory of Nation Sovereignty)	인민주권론 (The Theory of Popular Sovereignty)
• 주권 주체: 전체로서의 국민 • 대의민주주의 • 삼권분립	• 주권 주체: '실존하는 개개인의 집단' • 직접민주주의 • 삼권분립 불가능: 중앙집중제

의한 권력 남용의 가능성을 막기 위해 권력 분립의 원리가 필수적인 전제가 된다.

반면 인민주권에서는 주권의 주체가 '현실적이면서 구체적인 개개인의 집단'이다. 즉, 개인으로서의 국민이 주권의 담당자이고, 각 유권자는 '1/유권자의 수'만큼의 주권을 보유, 행사하므로 대의제가 아니라 직접민주주의 제도를 그 이상으로 한다. 주권의 주체와 주권의 행사자가 일치하기 때문에 대표는 그를 선출한 주권자의 지시와 통제에 따라야 하고, 권력 분립보다는 권력 집중이 요청된다.

자유민주주의체제 국가들은 대개 '좁은 의미의 국민주권'과 '인민주권'을 조화시킨 헌법 체제를 유지하고 있다. 한국의 경우, 선거를 통해 선출된 국회의원이 주권자를 대신해 주권을 행사하는 대의민주주의를 채택한다. 또한 한국의 국회의원은 자신을 선출한 주민의 지시나 명령에 따르지 않는다. 이런 점들에서 한국은 '좁은 의미의 국민주권'이 적용되는 국가이다. 그러나 헌법 개정을 할 시에는 국민투표를 거쳐야 하고, 국가 안위에 관한 중요 정책에 대해선 국민투표를 실시할 수 있다. 국민투표는 직접민주주의라는 점에서 인민주권의 내용도 일부나마 한국의 경우에 적용된다.

북한의 경우는 당이 국가를 지도하는 당-국가 체제로 인해 주권이 누구에게 있느냐 하는 문제가 복잡하다. 북한 헌법 4조에는 "근로인민은 자기의 대표기관인 최고인민회의와 지방 각급 인민회의를 통하여 주권을 행사한다", 5조에는 "군인민회의부터 최고인민회의에 이르기까지 각급 주권기관은 일반적, 평등적, 직접적 원칙에 의하여 비밀투표로 선거한다"고 명시되어 있다. 형식적으로는 '좁은 의미의 국민주권'의 특징인 '대의제'를 택한 것이다. 그러나 실제로는 인민주권론이 적용된다. 한 예로 "각급 주권기관의 대의원은 선거자들과 밀접한 련계를 가지며 자기 사업에 대하여 선거자들 앞에 책임진다. 선거자들은 자기가 선거한 대의원이 신임을 잃은 경우에 언제든지 소환할 수 있다"는 헌법 7조를 들 수 있다. 인민이 대의원을 소환하는 등 직접 주권을 행사한다는 점에서 인민주권을 따른다고 보아야 한다. 또 최고인민회의가 최고주권기관으로 행정부·사법부 등 국가기관을 조직하는 권한을 갖고 있고, 국가기관들은 최고인민회의에 대하여 책임을 지게 되어 있는 등 최고인민회의에 권력이 집중되었다는 점에서 인민주권에 해당한다. 그런데 최고인민회의의 헌법상 권한을 실제로 행사하는 것은 노동당이다. 노동당이 '인민 이익의 충실한 대변자'임을 자임하면서 최고인민회의 대의원 선거에서부터 국가 경영 등 주권에 관한 모든 권한을 행사하는 것이다. 또 헌법 조문 7조도 실제로는 거의 이행되지 않고 있다. 결국 북한은 국민주권은 물론, 인민주권도 실제로는 행사되지 않는 '일당독재' 국가인 셈이다.

　한편 북한을 포함한 사회주의 국가들이 따르는 당·국가기구의 조직원리는 인민주권론에 기초를 둔 '민주주의 중앙집권제'다. 여기서

'민주주의'는 근로대중의 의사와 요구를 수용해 이들이 창발성을 발휘하도록 하는 것을 의미한다. '중앙집권'은 최고인민회의 등 '중앙'에 권력을 집중하는 것을 의미한다. 중앙집권은 구체적으로 두 가지 측면에서 구현된다. 첫째, 다른 모든 국가기관들이 주권기관(최고인민회의)에 의해 조직되며 주권기관 앞에 책임진다는 것이다. 둘째, '개인은 조직에, 소수는 다수에, 하부는 상부에, 모든 성원과 조직은 중앙에 복종'한다는 것이다.

02

—

북한의 헌법 개정 1

〈인공사ᅕ 헌법〉에서 〈사회주의 헌법〉으로

북한은 당이 국가기구를 지도하는 당-국가 체제이다. 현 북한 헌법 11조는 "조선민주주의인민공화국은 조선로동당의 령도 밑에 모든 활동을 진행한다"고 명시한다. 이렇게 당이 국가를 영도하므로 당 규약이 헌법에 우선한다. 그러나 헌법은 '북한'이라는 국가가 나아가야 할 방향, 최고인민회의 등 각 국가기관의 위상 및 권한 등을 규정했다는 점에서 나름대로 중요하다. 북한에선 1948년 첫 헌법 제정 이후 2019년까지 총 9차에 걸쳐 제정·개정이 있었다. '헌법 제정·개정'을 북한식 용어로는 '채택'·'수정보충'·'수정'이라 한다. '채택'은 헌법을 사실상 새로 만들 정도로 내용상에 급격한 변화가 있을 경우이고, '수정보충'은 실질적인 변화가 있을 경우이며, '수정'은 일부 변화나 자구 조정에 그친 경우를 말한다. 1972년 〈사회주의 헌법〉은 〈조선민주주의인민공화국 헌법〉을 폐지하고 새로 제정한 수준이어서 '채택'이라 한다. 1992·1998·2009·2012·2013·2016·2019년의 헌법 개정은 내용이 상당히 바뀌어 '수정보충'이었다. 2010년 헌법 개정은 '중앙검찰소'를 '최고검찰소'로, '중앙재판소'를 '최고재판소'로 자구(字句)를 고친 정도에

■ 북한 헌법 개정 내용 1

1948	1972
〈조선민주주의인민공화국 헌법〉 • 내각 수상 • 일부 생산수단의 개인소유 인정 • 개인 소상공 허용	〈조선민주주의인민공화국 사회주의 헌법〉 • 수상직 폐지, 주석제 신설 • 생산수단 개인소유 불허 • 개인 소상공의 협동조합화

그쳤기에 '수정'이었다.

북한에서 헌법이 처음으로 채택된 것은 1948년 9월 8일 최고인민회의 제1차 회의에서였다. 〈조선민주주의인민공화국 헌법〉(〈인공 헌법〉)으로 명명된 이 헌법은 1946년 북조선임시인민위원회가 추진했던 토지개혁 등 이른바 '민주개혁'의 성과를 반영한 것이었다. 그래서 북한은 이 헌법을 '반제반봉건 민주주의 헌법'이라고 그 성격을 규정한다. 이 헌법은 일본 제국주의와 봉건제도를 타파하고 친일분자·매판자본가·악덕지주를 제외한 모든 인민이 주인이 된다는 '인민민주주의 국가'의 정치, 경제, 사회제도를 규정했다. 그 내용은 ① 개인이 일부 생산수단을 소유하는 것을 허용했고, ② 개인의 중소 산업·상업의 경영을 허용했으며, ③ 토지 소유의 상한선도 이미 실시했던 토지개혁보다 탄력적인 5정보 또는 20정보로 했고, ④ 신앙의 자유와 종교의식 거행의 자유도 인정했다. 프롤레타리아독재를 핵심으로 하는 사회주의와는 거리가 먼 '인민민주주의'의 내용이 포함된 것이다('인민민주주의'는 2장 2절 참조).

그러나 1972년 12월 27일 최고인민회의 제5기 제1차 회의에서 채택된 〈조선민주주의인민공화국 사회주의 헌법〉은 〈인공 헌법〉과 그 차원이 달랐다. 1958년 사회주의 제도 수립 이후 추진해 온 사회주의 건설의 성과와 목표를 제1조부터 헌법 내용에 담았다. 제1조는 "조선민주주의인민공화국은 전체 조선인민의 리익을 대표하는 자주적인 사회주의 국가"라고 명시한다. 이렇게 '사회주의 국가'라는 점을 명백히 함으로써 "우리나라는 조선민주주의인민공화국"이라고만 규정한 〈인공 헌법〉을 유지할 수 없게 된 것이다. 〈사회주의 헌법〉 5조에서는 "조선민주주의인민공화국은 북반부에서 사회주의의 완전한 승리를 이룩하며 전국적 범위에서 외세를 물리치고 민주주의적 기초 우에서 조국을 평화적으로 통일하며…"라고 규정해 1961년 제4차 당대회 때부터 강조해 온 '사회주의의 완전한 승리'를 헌법에도 반영했다. 10조에서는 "조선민주주의인민공화국은 프롤레타리아독재를 실시하며 계급로선과 군중로선을 관철한다"고 선언하여 사회주의의 핵심인 프롤레타리아독재를 헌법에 명문화했다.

〈사회주의 헌법〉에서는 권력구조에 중대한 변화가 있었다. 〈인공 헌법〉에서 김일성이 맡았던 '내각 수상'은 '조선민주주의인민공화국 정부의 수석'으로 규정됐다. 정부에는 여러 요인들이 있는데, 그 중에 수석이 수상일 뿐이라는 것이다. 그러나 〈사회주의 헌법〉에서는 '조선민주주의인민공화국 주석'이라는 직책이 신설됐고, 김일성이 주석으로 취임했다. 여기서 주석의 지위와 권한은 "국가의 수반이고 조선민주주의인민공화국 국가주권을 대표하며, 조선민주주의인민공화국 전반적 무력의 최고사령관이자 조선민주주의인민공화국 국방위원장의 지위를 지니며 국가의 일체 무력을 지휘통솔한다"로 규정됐다. 내각 수상과는 비교가 되지 않을 정도의 막강한 권한을 보유하게 된 것이다. 〈사회주의 헌법〉은 이와 함께 국가의 대내외 정책을 세우고 정무원을 지도하는 등 실질적으로 북한을 통치하는 기관으로 '중앙인민위원회'를 신설했고, 그 산하에 '국방위원회' 등 4개 부문별 위원회를 설치했다.

국가주석 제도의 신설은 북한의 정치사에서 몇 가지 의미를 지닌다. 첫째, 당의 수반인 총비서가 조선민주주의인민공화국의 국가수반을 맡도록 함으로써 당-국가기구의 최고지도자를 일체화했다는 점이다. 북한은 1960년대 말부터 김일성 유일체제 정립과 권력세습을 위해 '수령제'를 검토하고 있었는데, 총비서와 국가주석이라는 막강한 지위를 김일성에게 부여함으로써 수령제를 현실 권력구조에서 제도화한 것이다. 둘째, 국제정세의 급변에 따른 국가적 대응책의 일환이라는 점이다. 1960년대 말 미국과 중국의 급격한 화해 움직임과 이에 따른 남한과의 대화, 비동맹국가들의 국제사회에서의 지위 향상 등은 '당'보다는 '국가' 차원에서 대처할 수밖에 없는 사안들이었다. 또 1966년 이후, 소련과 중국의 갈등에서 어느 편도 들지 않으려는 '주체노선'의 견지도 국가 차원의 업무였다. 김일성은 이런 상황변화를 의식하여 당보다는 국가 차원에서의 대내외적 활동이 보다 중요하다고 판단하고, 다른 국가의 대통령이나 총리직을 염두에 두고 국가주석직을 신설한 것으로 분석된다. 북한이 1958년 사회주의 제도 수립 이후 14년이 지난 1972년에 〈사회주의 헌법〉을 채택한 것도 이런 복잡한 사정에서 연유했다.

한편 〈사회주의 헌법〉 18조에서는 생산수단의 소유 주체를 '국가 및 협동단체'로 국한해 개인이 생산수단을 소유하지 못하도록 했다. 또한 〈인공 헌법〉에서 허용했던 개인 소상공도 모두 협동조합화했다. 이는 1958년 완료된 사회주의 제도의 수립에 따른 것이다.

03

___

북한의 헌법 개정 2
주석제 폐지

북한은 1972년 〈사회주의 헌법〉을 채택한 지 꼭 20년 후인 1992년 이 헌법을 처음으로 개정했다. 수정 내용 중 핵심은 "마르크스-레닌주의"라는 표현을 삭제한 것이다. 즉, 1972년 헌법에서는 국가 활동의 지도적 지침인 주체사상 앞에 "마르크스-레닌주의를 우리나라 현실에 창조적으로 적용한"이라는 수식어가 붙어 있었으나, 이를 삭제하였다. 이는 동유럽 사회주의 국가 붕괴가 체제유지에 미칠 악영향을 차단하기 위해 천명한 '우리식 사회주의'의 기반을 강화하는 차원에서 단행됐다. 소련을 비롯한 동유럽 사회주의 국가들이 '혁명에서 주체를 강조하지 못한' 마르크스-레닌주의에 집착하다 붕괴됐다는 점을 부각하기 위한 조치였다.

1994년 김일성 사망 후 3년간의 '유훈통치'가 끝나고 출범한 김정일 체제에서 북한 헌법은 세 번 개정됐다. 그 중 첫 번째인 1998년 개정 헌법은 기존 헌법을 상당한 수준에서 수정했다. 첫째, '서문'을 처음으로 제정하면서 사망한 김일성을 찬양하는 내용으로 채웠다. 대표적인

■ 북한의 헌법 개정 내용 2

1992	• 지도사상에서 '마르크스-레닌주의' 삭제 • 주석제 유지
1998	• '김일성 헌법' • 주석제 폐지, 국방위원장이 사실상 영도자 - 국방위원장 · 최고인민회의 상임위원장 · 내각총리 간 권력의 형식적 분산
2009	• 국방위원장이 명실상부한 영도자 • '공산주의' 삭제 • '지도적 지침'에 '선군사상' 추가

문구는 "조선민주주의인민공화국은 위대한 수령 김일성 동지의 사상과 령도를 구현한 주체의 사회주의 조국"이라는 첫 문장을 비롯해 "위대한 수령 김일성 동지는 조선민주주의인민공화국 창건자이시며 사회주의 조선의 시조이시다", "조선민주주의인민공화국과 조선인민은 조선로동당의 령도 밑에 위대한 수령 김일성 동지를 공화국의 영원한 주석으로 높이 모시며…" 등이다. 그래서 북한은 이 헌법을 '위대한 수령 김일성 동지의 주체적인 국가건설 사상과 국가건설 업적을 법화한 김일성 헌법'이라고 스스로 규정했다.

둘째, 국가주석제를 폐지하고 국가주석의 권한을 국방위원회 · 내각 · 최고인민회의 상임위원회로 분산했다. 최고인민회의 상임위원장이 국가를 대표하면서, 조약의 비준 및 체결권 등도 함께 가져갔다. 내각총리는 정부를 대표하면서 경제사령관으로서의 역할을 부여받았다. 물론 실질적인 최고지도자는 국방위원장인 김정일이다. 다만 당시 악화일로를 걸었던 북한의 경제난에 따른 '책임'을 의식해 권력을 형식적으로나마 분산한 것이다.

330

셋째, 소유의 주체로 기존 협동단체·개인에 '사회단체'(법인체)를 추가하면서 이들 모두의 소유 범위를 확대했다. 한 예로 이전에 국가만이 소유할 수 있었던 농기계를 협동단체도 소유할 수 있게 했다. 또 이전에는 개인소유의 주체를 '근로자'로 했으나, 이를 '공민'으로 수정, 가정주부도 소유 주체에 포함시켰다. 이와 함께 경제관리에서 원가, 가격, 수익성 등을 고려하는 등 경제의 자율성과 채산성을 중시하는 내용을 포함시켰는데, 이는 2002년 〈7·1 경제관리개선조치〉로 이어졌다.

두 번째 2009년 개정 헌법은 1998년 헌법보다도 개정의 폭이 컸다. 1998년 헌법까지 '국방위원장'의 지위와 권한은 '국방위원회'에 관한 절(節) 산하의 한 조항으로 규정됐다. 그러나 2009년 헌법에서는 제6장인 '국가기구'에 국방위원장에 관한 조항들을 모두 담아 제2절로 신설하면서 국방위원장을 '조선민주주의인민공화국의 최고령도자'로 규정했다. 이전까지는 '실질적인 최고지도자'였으나, 2009년 헌법 개정을 계기로 김정일이 북한을 통치하는 최고지도자임을 헌법적으로 확인한 것이다. 이 밖에 주요 개정 내용으로는 ① '공산주의'라는 용어를 삭제했고, ② '조선민주주의인민공화국'이 자기활동의 지침으로 삼는 지도사상에 '선군사상'을 추가했으며, ③ '국가가 인권을 존중한다'는 표현을 삽입했고, ④ 주권의 소유 주체에 '군인'을 포함시켰다. 결국 2009년 헌법은 '국방위원장'의 위상과 권한을 대폭 강화해, 김정일의 후계자가 국방위원장에 취임하면 권력을 그대로 행사할 수 있게 하는 것이 기본적인 개정 목적이었다.

04

북한의 헌법 개정 3
국방위원회 · 국방위원장 폐지

북한은 2011년 12월 17일 김정일이 사망하고 김정은이 정권을 이어받은 후, 2012년 4월 최고인민회의에서 수정된 헌법을 '김일성-김정일 헌법'으로 명명했다. 헌법 서문은 "조선민주주의공화국 사회주의 헌법은 위대한 수령 김일성 동지와 위대한 령도자 김정일 동지의 주체적인 국가건설 사상과 국가건설 업적을 법화한 김일성-김정일 헌법"이라고 규정했다. 이는 권력세습이 이루어지는 북한체제를 감안하면, 당연한 수순이라고 볼 수 있다. 1998년의 헌법이 '김일성 헌법'이라면, 김정일의 사망 이후 헌법은 '김일성-김정일 헌법'일 수밖에 없다. 만약 김정은이 사망한다면 북한 헌법은 '김일성-김정일-김정은 헌법'이 될 가능성이 높다. 헌법 서문에 따르면 김일성은 "영원한 주석"이자 "사회주의 조선의 시조"이고, 김정일은 "영원한 국방위원장"이자 "사회주의 조선의 수호자"라고 각각 규정되었다.

2012년 헌법 개정의 또 다른 특징은 서문에 자국(自國)을 '핵보유국'으로 처음 표기했다는 점이다. 서문은 "김정일 동지께서는… 우리 조

■ 북한의 헌법 개정 내용 3

2012 헌법	2016 헌법
• 김일성-김정일 헌법 - 서문에 '핵보유국' 명시	• 국방위원회·국방위원장 폐지, • 국무위원회·국무위원장 제도 도입 - 선군정치 탈피 의도

국을 불패의 정치사상강국, 핵보유국, 무적의 군사강국으로 전변시키시셨다"고 규정한다. 북한이 이처럼 핵보유를 헌법에 명시함으로써 '북한의 비핵화'는 물 건너간 것으로 여겨졌다. 북한은 실제로 이 헌법 개정 1년 후인 2013년 2월 기존보다 훨씬 정교하고 위력 있는 3차 핵실험을 하는 등 지금까지 핵보유의 길을 거침없이 달려오고 있다.

2016년 헌법 개정의 핵심은 국가의 최고영도자의 직책으로 '국무위원회 위원장'과 최고 정책적 지도기관으로 '국무위원회'를 각각 신설했다는 점이다. 이로써 1972년 국가기구로 등장했던 '국방위원회'와 '국방위원장'은 역사 속으로 사라지게 됐다. 국무위원회와 국무위원장 신설은 김정일 시대를 상징하는 군대·군사 중시의 '선군정치'를 끝내고 사회주의체제의 원형인 당-국가체제로 전환하겠다는 김정은의 의지가 반영된 것으로 볼 수 있다. 북한이 1980년 제6차 당대회가 개최된 이후 36년 만인 2016년에 제7차 당대회를 개최했다는 사실 자체도 '정상적인 사회주의 국가'로 가겠다는 김정은의 뜻이 표출된 것이다.

한편 '국무위원회'와 '국무위원장'의 기능은 이전 '국방위원회'와 '국방위원장'의 기능을 거의 그대로 이어받았다. 다만 이전 국방위원회는 '국가주권의 최고국방지도기관'으로 규정됐으나, 국무위원회는 '국가주권의 최고 정책적 지도기관'으로 수정됐다. 여기서도 선군정치의 색

채를 지우고 당-국가체제를 유지하려는 김정은의 의도가 보인다. '국방지도기관'이 아니라 '국방'을 포함한 '정책'의 지도기관으로 국무위원회의 성격을 규정지었기 때문이다.

05

국방위원회의 지위와 권한 1

국방위원회는 1972년 〈사회주의 헌법〉에서 주권의 최고지도기관인 '중앙인민위원회'1 산하의 한 위원회로 출범했다. 즉, 대내정책위원회, 대외정책위원회, 국방위원회, 사법안전위원회 등 4개 위원회 중의 하나였으며, 주석이 국방위원회 위원장을 겸직했다. 이런 직제는 '연방인민위원회' 산하에 '노동국방위원회'가 설치됐던 소련의 사례를 본뜬 것이다. 당시 국방위원회의 권한에 대해선 구체적으로 명시되지 않았다. 다만 중앙인민위원회의 권한 중 중요 군사간부 임명 및 해임 등 군사 부문과 관련하여 권한을 가질 것으로 관측됐다. 그러나 이때까지 '국방위원회' 명의로 군사 간부들에 대한 인사가 발표된 적은 없었다. 1972년 〈사회주의 헌법〉은 정무원에도 '인민 무력 건설에 대한 사업'

---

1 중앙인민위원회는 1972년 〈사회주의 헌법〉에서 신설된 '주석'과 함께 만들어진 기구로 이전의 내각과 같은 권한을 갖고 있었다. 중앙인민위원회는 '국가주권의 최고지도기관'으로, 이 중앙인민위원회의 수위(首位, 가장 높은 자리)가 바로 주석이다.

■ 국방위원회의 지위와 권한 변화 1

1972 헌법	1992 헌법
• 지위: 중앙인민위원회 산하 위원회 • 권한: 명시되지 않음	• 지위: 국가주권의 최고군사지도기관 • 권한: 국가의 전반적 무력과 　　　국방 건설사업 지도 등

을 할 수 있는 권한을 부여해, 국방위원회의 지위와 권한은 더욱 미미했을 것으로 관측된다.

김일성은 1980년대 말부터 동유럽 사회주의체제가 붕괴되자 국방위원회의 지위와 권한을 강화하기 시작했다. 동시에 국방위원회를 통해 권력세습을 위한 제도적 정비를 모색했다. 김일성은 1990년 최고인민회의 제 9기 1차 회의에서 '중앙인민위원회' 산하기관인 '국방위원회'의 지위를 중앙인민위원회와 동격으로 상승시키면서 아들 김정일을 제 1부위원장으로 임명했다. 1992년 헌법 개정에서 국방위원회의 지위와 권한은 더욱 상승됐다. 국방위원회를 최고인민회의와 같은 '국가기구' 중의 하나로 승격하면서 위치를 '주석'과 '중앙인민위원회' 사이에 두었기 때문이다. 원래 중앙인민위원회 산하기관이었던 국방위원회가 중앙인민위원회보다 위상이 커진 것이다. 국방위원회의 지위는 '국가주권의 최고군사지도기관'이었으며, 권한은 다음과 같았다.

- 국가의 전반적 무력과 국방건설 사업을 지도한다.
- 중요 군사간부를 임명 또는 해임한다.
- 군사칭호를 제정하며 장령 이상의 군사칭호를 수여한다.
- 유사시 전시상태와 동원령을 선포한다.

1972년 헌법에서 중앙인민위원회가 갖고 있던 권한 중 군사에 관한 부분이 모두 국방위원회로 이관되었다고 볼 수 있다. 특히 중요 군사 간부에 대한 인사권과 유사시 전시상태 선포권을 보유한다는 것은 국방위원회가 사실상 군사에 관한 모든 권한을 갖게 되었다는 사실을 의미한다. 헌법이 이렇게 수정된 후 김정일이 1993년 4월 7일 국방위원회 위원장에 취임함으로써, 김정일은 주석 김일성이 군사에 대해 가지고 있던 모든 권한을 보유하게 됐다.

06

—

국방위원회의 지위와 권한 2

국방위원회는 1998년 헌법에서 지위와 권한이 더욱 강화됐다. '국가주권의 최고군사지도기관'이라는 기존의 지위에 '전반적 국방관리기관'이라는 지위가 추가되었기 때문이다. 이는 국방위원회가 '군사적인 측면'뿐만 아니라 나라의 방위사업인 '국방'까지 책임진다는 의미이다. 구체적인 권한에서도 1992년 헌법에서 규정한 내용 이외에 "국방 부문의 중앙기관을 내오거나(새로 조직하거나 꾸려놓다) 없앤다"는 조항이 추가됐다. 예를 들어 핵과 미사일 개발과 관련 있는 부서를 설치할 권한이 있다는 것이다. 1998년 헌법에 명시된 국방위원회의 권한은 이렇다.

- 국가의 전반적 무력과 국방건설 사업을 지도한다.
- 국방부문의 중앙기관을 내오거나 없앤다.
- 중요 군사간부를 임명 또는 해임한다.
- 군사칭호를 제정하며 장령 이상의 군사칭호를 수여한다.
- 나라의 전시상태와 동원령을 선포한다.

■ 국방위원회의 지위와 권한 변화 2

1998 헌법	2009 헌법
• 지위: '국가주권의 최고군사지도기관'에 • '전반적 국방관리기관' 추가 • 권한 강화	• 지위: '국가주권의 최고국방지도기관' • 권한 약화

　그런데 2009년 헌법 개정 때 국방위원회의 권한은 약화되었다. "중요 군사간부를 임명 또는 해임한다"는 등 국방위원회의 주요 권한들이 국방위원장에게 이관됐기 때문이다(구체적인 내용은 7절에서 설명). 물론 "국가의 전반적 무력과 국방건설 사업을 지도한다"는 등 나머지 권한은 그대로 유지됐으나, 이들 권한은 "중요 군사간부를 임명 또는 해임한다"와 "나라의 전시상태와 동원령을 선포한다"에 비해 그 중요도가 떨어진다. 어느 조직에서나 인사권을 누가 갖느냐가 핵심 권한인데, 북한 같은 군사국가에서는 두말할 필요가 없다. 다만 국방위원회에 "선군혁명로선을 관철하기 위한 국가의 중요 정책을 세운다"는 등의 권한이 새로 부여됐다. 그러나 이것도 선언적 차원에서 국방위원회의 권한을 보충하기 위한 조치에 불과하다.

　국방위원회의 지위도 약화되었다. 2009년 헌법에서 국방위원회의 지위는 이전의 '국가주권의 최고군사지도기관이며 전반적 국방관리기관'에서 '국가주권의 최고국방지도기관'으로 변화됐다. 물론 '최고군사지도기관'과 '전반적 국방관리기관'을 통합한 압축된 표현으로 이해되지만, 두 기관을 통합한 정확한 배경이 무엇인지는 알기 어렵다. 다만 북한이 '국방위원회 강화' 차원에서 이런 표현을 썼다고는 보이지 않는다. 이렇게 '국방위원회'의 위상을 낮추려는 북한의 움직임은 2016년 6

월 헌법 개정에서 '국방위원회' 제도의 폐지와 '국무위원회'라는 새로운 국가기구의 신설로 이어졌다.

07

국방위원장의 지위와 권한
최고영도자로 등극

1972년 헌법에서 처음 국가기구로 등장한 국방위원회의 지위와 권한은 5절과 6절에서 설명한 대로 부침을 겪었다. 그러나 국방위원회의 수장(首長)인 국방위원장의 지위와 권한은 2009년 헌법 개정 때까지 계속 상승했다. 국방위원장의 권한이 명시적으로 드러난 것은 1992년 헌법 개정에서였다. 제113조는 "조선민주주의인민공화국 국방위원회 위원장은 일체의 무력을 지휘통솔한다"고 규정하였다. 이 조항을 헌법에 포함시킨 데에는 피치 못할 사정이 있었다. 북한은 1991년 12월 24일 당중앙위원회 제6기 19차 전원회의에서 김정일에게 최고사령관 직책을 부여했다. 그러나 이는 헌법 위반이었다. 전반적 무력의 최고사령관이라는 직책은 '주석'이 갖고 있는 권한인데, 당시에는 주석이 아니었던 김정일에게 이를 주었기 때문이다. 주석은 전반적 무력의 최고사령관이자 국방위원장의 지위와 일체 무력 지휘통솔권을 보유하고 있었다. 결국 북한은 다음 해인 1992년 헌법 개정을 통해 '일체 무력 지휘통솔권'을 국방위원장에게 부여하고, 주석은 '국가의 수반'이라는 직책만 갖도록 해 헌법 충돌을 해소했다.

■ 헌법에 따른 국방위원장의 지위, 권한 변화

1992 헌법	1998 헌법	2009 헌법
• '일체 무력 지휘통솔'	• '일체의 무력 지휘통솔하며 국방사업 전반을 지도'	• 최고영도자 • 전반적 무력을 지닌 최고사령관이자 일체 무력을 지휘통솔하며 국가의 전반 사업 지도

　1998년 개정된 헌법에서 국방위원장의 권한은 "일체 무력을 지휘통솔하며 국방사업 전반을 지도한다"(102조)라고 규정됐다. 이를 1992년 헌법과 비교하면 "국방사업 전반을 지도한다"가 추가된 것이다. 군대에 대한 지휘통솔권 이외에 나라의 방위력 증강에 관한 사안도 지도하는 권한이 추가된 것이다. 다만 국방위원장의 권한은 강화됐으나, 국방위원장에 관한 규정은 조문 1개(102조)에 불과했다. 그래서 북한은 헌법 개정이 이루어진 최고인민회의 제10기 1차 회의에서 김영남 당시 최고인민회의 상임위원장의 발언을 통해 '국방위원장이 사실상 북한의 최고영도자'임을 외부에 알렸다. 김영남은 "국방위원회 위원장은 나라의 정치, 군사, 경제 역량의 총체를 통솔 지휘하여 사회주의 조국의 국가체제와 인민의 운명을 수호하며 나라의 방위력과 전반적 국력을 강화 발전시키는 사업을 조직령도하는 국가의 최고 직책"이라고 설명했다.

　국방위원장의 지위 및 권한은 2009년 개정 헌법에서 비약적으로 강화됐다. 개정 헌법은 '조선민주주의인민공화국 국방위원회 위원장'이라는 절(節)을 별도로 신설하고 100조에서 "국방위원회 위원장은 조선민주주의인민공화국의 최고령도자"라고 명시했다. 2009년 개정 헌법은 102조에서 "국방위원장은 전반적 무력의 최고사령관으로 되며 국가의 일체 무력을 지휘통솔한다"고 규정했다. 1972년 주석이 가지고 있던 군사에 대한 권한을 이제는 국방위원장이 보유하게 된 것이다.

2009년 헌법은 1998년 헌법에서 국방위원회가 갖고 있던 권한을 국방위원장에게 이관하는 방식으로 국방위원장의 권한을 강화했다. 1998년 개정 헌법에서 규정한 국방위원회의 권한은 이러했다.

- 국가의 전반적 무력과 국방건설 사업을 지도한다.
- 국방 부문의 중앙기관을 내오거나 없앤다.
- 중요 군사간부를 임명 또는 해임한다.
- 군사칭호를 제정하며 장령 이상의 군사칭호를 수여한다.
- 나라의 전시상태와 동원령을 선포한다.

그런데 2009년 개정 헌법에서 명시한 국방위원장의 권한은 다음과 같았다.

- 국가의 전반 사업을 지도한다.
- 국방위원회 사업을 직접 지도한다.
- 국방부문의 중요 간부를 임명 또는 해임한다.
- 다른 나라와 맺은 중요 조약을 비준 또는 폐기한다.
- 특사권을 행사한다.
- 나라의 비상사태와 전시상태, 동원령을 선포한다.

1998년 헌법과 2009년 헌법을 비교하면 몇 가지 특징을 발견할 수

있다. 첫째, "국가의 전반적 무력과 국방건설 사업을 지도한다"는 1998
년 헌법에서의 국방위원회 권한을 '무력'과 '국방'에 국한하지 않고 '국
가의 전반 사업 지도'로 확대한 후 이를 국방위원장에게 넘겼다.

둘째, 1998년 헌법에서 국방위원회가 갖고 있던 "중요 군사간부를
임명 또는 해임한다"는 내용의 인사권과 "나라의 전시상태, 동원령을
선포한다"는 내용의 안보 관련 권한이 국방위원장에게 넘어갔다. 이에
따라 2009년 헌법에서 국방위원회는 "국방 부문의 중앙기관을 내오거
나 없앤다"와 "군사칭호를 제정하며 장령 이상의 군사칭호를 수여한다"
는 권한만 갖게 되었다. 한편 국방위원장은 최고인민회의 상임위원회
가 갖고 있던 "다른 나라와 맺은 중요 조약을 비준 또는 폐기한다"와 "특
사권을 행사한다"는 내용의 권한도 이관받았다. 결국 2009년 개정 헌
법에서 국방위원장의 지위와 권한은 "일체 무력을 지휘통솔하며 국방
사업 전반을 지도한다"고 규정한 1998년 개정 헌법에 비해 훨씬 상승한
셈이다. 한마디로 국가를 경영하는 데 가장 핵심적인 권한들이 모두 국
방위원장에게로 집중되었다.

2009년 당시 김정일이 이 같은 조치를 취한 것은 권력승계와 밀접한
관계가 있었다고 분석된다. 2008년 8월 뇌졸중으로 쓰러져 자신이 오
래 살지 못할 것임을 직감한 김정일이 집단지도체제인 국방위원회보다
아들 김정은이 단독으로 그런 권한들을 보유토록 해야 권력승계를 원
만하게 할 수 있다고 판단한 듯하다. 2009년 헌법이 개정된 지 불과 2
년여 만인 2011년 12월 17일 김정일이 사망했어도 김정은으로의 권력
승계에 차질이 없었던 데에는 2009년의 개정 내용이 상당한 역할을 했
다고 분석된다.

08

국무위원장의 지위와 권한
'국가 대표'로서의 최고영도자

2009년 헌법에서 확정된 국방위원장의 지위와 권한은 김정일이 사망한 이후인 2012년 4월에 개정된 헌법에서 거의 그대로 유지됐다. 다만 '국방위원장'의 표기를 '국방위원회 제1위원장'으로 변경했다. 여기에는 아버지 김정일이 갖고 있던 '국방위원회 위원장'이라는 직책을 당장 이어받기가 여의치 않다는 김정은의 판단이 깔린 것으로 분석된다. 국방위원회 위원장인 아버지와 국방위원회 제1위원장인 자신을 대비시킴으로써 효성 있는 후계자라는 이미지를 주민들에게 보여 주려고 했다고 볼 수 있다.

북한은 2016년 개정 헌법에서 국방위원장을 폐지하고 '국무위원장' 제도를 신설했다. 북한은 국무위원장이라는 제도 신설과 관련해 2012년 헌법의 서문 일부를 수정했다. 2012년 헌법 서문에는 "조선민주주의인민공화국과 조선인민은 조선로동당의 령도 밑에 위대한 수령 김일성 동지를 공화국의 영원한 주석으로, 위대한 령도자 김정일 동지를 공화국의 영원한 국방위원회 위원장으로 높이 모시어…"라는 대목이

■ 헌법에 따른 국무위원장 지위 및 권한의 변화

	2016 헌법	2019 헌법
지위	'조선민주주의인민공화국의 최고령도자'	'국가를 대표하는 조선민주주의 인민공화국의 최고령도자'
권한	'국가의 전반 사업 지도' 등 7개	2016년 헌법에 명시된 권한 이외에 '최고인민회의 법령, 국무위원회 중요 정령과 결정 공포' 등 2개 권한 추가

있다. 이 부분을 2016년 헌법 서문에서는 "조선민주주의인민공화국과 조선인민은 위대한 김일성 동지와 김정일 동지를 주체조선의 영원한 수령으로 높이 모시고…"로 수정했다. 즉, "공화국의 영원한 주석"과 "공화국의 영원한 국방위원회 위원장"이라는 표현이 삭제된 것이다. 북한은 동시에 헌법 6장 '국가기구'의 2절 '조선민주주의인민공화국 국 방위원회 제1위원장'을 삭제하고 '조선민주주의인민공화국 국무위원 회 위원장'으로 대체했다. 결국 국무위원장 제도는 할아버지 김일성의 상징적 직책이었던 '주석'과 아버지 김정일의 상징적 직책이었던 '국방 위원장'이라는 제도를 폐지하고, '국무위원장'으로서 새로운 출발을 하 겠다는 김정은의 의지가 반영되었다고 볼 수 있다.

2016년 개정 헌법에서 국무위원장의 지위는 2012년 헌법에서의 국 방위원회 제1위원장과 같이 조선민주주의인민공화국의 최고영도자였 다. 국무위원장의 권한도 2012년 헌법에서 국방위원회 제1위원장이 갖고 있던 권한과 거의 동일했다. 다만 "국방 부문의 중요 간부를 임명 또는 해임한다"에서 '국방 부문'을 '국가'로 확대했고, "전시에 국가방위 위원회를 조직 지도한다"는 내용이 추가됐다.

    2019년 헌법 개정 시에도 국무위원장의 지위와 권한에 변화가 있었다. 우선 국무위원장의 지위는 "국가를 대표하는 조선민주주의인민공화국의 최고령도자"라고 규정됐다. 2016년 헌법과 비교하면 '국가를 대표하는'이라는 수식어가 들어간 것이 차이다. 이는 김정은 국무위원장이 북한을 대표하는 국가수반임을 헌법에서 처음으로 공식화했다는 점에서 의미가 있다. 2019년 헌법 개정 전까지 북한을 대표하는 명목상의 국가수반은 최고인민회의 상임위원장이었다. 그러나 북한은 이번에 실제 권력자와 국가수반을 일치시킴으로써 정상국가로 향하겠다는 의지를 표시한 것으로 분석된다. 이런 점으로 미루어보아 "국가를 대표하여 다른 나라 사신의 신임장, 소환장을 접수한다"는 최고인민위원회 상임위원장의 권한을 명시한 조항에서 "국가를 대표하여"는 의례적인 의미로 쓰였다고 해석된다. 2016년 헌법에 명시된 국무위원장의 군대 내 지위 중 하나인 "조선민주주의인민공화국 전반적 무력의 최고사령관"이라는 표현이 2019년 헌법에서는 "조선민주주의인민공화국 무력 총사령관"으로 바뀌었는데, 내용상으로는 같은 의미이다. 이 밖에 2019년 헌법에서 국무위원장의 권한으로 ① 최고인민회의 법령 및 국무위원회 중요 정령과 결정을 공포한다, ② 다른 나라에 주재하는 외교 대표를 임명 또는 소환한다는 내용이 추가됐다.

09

지방 정권기관 변화
인민위원회에서 인민회의로

1948년 9월 '조선민주주의인민공화국' 수립 이후 북한의 최고주권기관은 줄곧 '최고인민회의'였으며, 최고인민회의가 휴회 중에는 '최고인민회의 상임위원회'가 이를 대행했다. 또 최고주권의 행정적 집행기관은 1948년 첫 헌법부터 '내각'(혹은 정무원)이었다. 물론 실질적인 통치기관은 최고인민회의나 내각이 아니라 노동당이었다. 중앙 차원에서는 이렇게 노동당을 중심으로 최고인민회의와 내각이 핵심 통치기관으로 기능했다. 중앙 차원에서의 행정조직의 설립은 비교적 간단하게 이루어졌다.

그러나 중앙과는 달리, 지방행정체계가 정착하기까지는 복잡한 과정을 거쳤다. 주권기관인 '인민회의'와 그 집행기관인 '인민위원회'가 상당한 수준에서 변화해 왔기 때문이다. 1948년 첫 헌법에서 지방주권기관의 명칭은 '인민위원회'였고, '인민위원회 상무위원회'가 행정집행기관이었다. 주권기관과 행정집행기관이 분리되지 않았다. 그러다 1954년 공포된 〈지방주권기관 구성법〉에 따라 지방주권기관으로 '인

■ 지방 정권기관의 명칭 · 기능 변화

	지방주권기관	상설주권기관	행정집행기관
1948. 9.	인민위원회	·	인민위원회 상무위원회
1954. 10.	인민위원회 대신 '인민회의' 설립	·	인민위원회
1972. 12.	인민회의	인민위원회 (인민회의 휴회중)	행정위원회
1998. 9.	인민회의	인민위원회 (인민회의 휴회중)	인민위원회
2019. 8.	인민회의	인민위원회 (인민회의 휴회중)	인민위원회

민회의'가 새로 설립되고, 그 집행기관으로 '인민위원회'가 설치됐다. 인민위원회는 이전에는 주권기관이었으나 이때 집행기관으로 바뀌었다. 1972년 12월 〈사회주의 헌법〉이 채택되면서 상황은 더욱 복잡해졌다. 지방주권기관으로 인민회의는 그대로 유지하되, 별도로 상설주권기관으로 인민위원회를, 행정집행기관으로 '행정위원회'[2]를 각각 설립한 것이다. 그러다 1998년 헌법 개정 시 행정위원회 같은 기관을 모두 폐지하고 인민위원회가 상설주권기관과 행정집행기관을 겸임토록 했다. 즉, 지방주권기관은 인민회의에 맡기고 상설주권기관과 행정집행기관은 인민위원회로 단순화한 것이다.

그렇다면 지방주권기관이나 행정적 집행기관이 탄생한 배경은 무엇

---

2 행정위원회는 1981년 9월엔 '경제지도위원회'로, 1985년 5월엔 '행정경제지도위원회'로, 1992년 4월엔 '행정경제위원회'로 각각 명칭이 변경됐다.

일까. 바로 건국 이후 강력한 중앙집권제에서 벗어나 지방에 독자성을 부여할 필요성이 생겼다는 북한 지도부의 판단이었다. 북한은 건국 이후 생산수단의 국유화와 생필품의 배급제를 실시했다. 이로 인해 지방의 자율성은 극히 약화됐다. 물론 첫 헌법에서 지방주권기관으로 도, 시, 군, 면, 리 등에 인민위원회를 설립했으나 유명무실한 기관이었다. 여기에 시간이 갈수록 강력한 중앙집권제의 그림자가 드리우기 시작했다. 중앙의 지시가 제대로 전달되지 않거나 왜곡되는 경우가 생겨 중앙의 통제에 장애가 생긴 것이다.

결국 앞에서 설명한 대로 1954년 지방의 주권기관으로 인민회의를, 집행기관으로 인민위원회를 각각 신설한 것을 계기로 중앙 당국이 점차적으로 지방에 권한을 위임하기 시작했다. 다만 위임받는 대상은 농업, 건설, 경공업 등 경제 부문에 국한됐다. 북한은 지방으로 권한을 위임하는 과정에서 특히 군(郡)의 역할을 강조했다.3 한편 리(里)는 1972년 〈사회주의 헌법〉 채택을 계기로 주권기관에서 제외되고, 협동농장관리위원회로 변경하여 행정 및 생산단위의 기능만을 수행토록 했다.

---

3 김일성은 지방의 잠재력을 최대한 활용하기 위해서는 지방 공업의 발전이 필수적임을 역설하고, 원산지와 소비지에 가까운 군이 도시와 농촌을 연결하는 거점으로서 가장 적합한 발전 단위라고 강조했다.

10

특별지방행정기관의 구성과 기능

북한에는 지방에 각급 인민위원회와는 별도로 설치, 운영되는 '특별지방행정기관'들이 있다. 여기에는 '지구계획위원회', '농촌경리위원회', '협동농장경영위원회', '건설위원회', '통계국', '협동수산경리위원회', '지방철도국' 등이 있다. 이 절에서는 지구계획위원회와 국가계획부, 농촌경리위원회와 협동농장경영위원회의 지위와 권한을 알아본다.

북한 내각에는 43개의 성(省)과 위원회가 있다. 그 중에서 국가계획위원회와 농업성은 자신들이 지도하는 지방행정기관을 별도로 갖고 있다. 국가계획위원회는 도(道) 단위에 몇 개 지역별로 '지구계획위원회', 시·군 단위로 '국가계획부'를 각각 두고 있다. 북한의 경제계획은 '계획의 일원화'와 '계획의 세부화'로 구성되는데, 국가계획위원회가 '지구계획위원회'와 '국가계획부' 등의 지방행정기관을 두게 된 배경은 이들 방침과 연관이 있다. '계획의 일원화'란 북한의 모든 중앙·지방 행정기관과 공장·기업소에 '계획부서'를 두고 이를 내각의 '국가계획위원회'가 유일적으로 지도하고 통제하는 방식을 의미한다. '계획의

█ 도 · 군별 계획경제 보완기관

도(道)	군(郡)
• 지구계획위원회 • 농촌경리위원회	• 군내 공장 및 기업소에 국가계획부 설치 • 협동농장경영위원회

세부화'란 경제 각 부문과 생산단위의 계획이 상호 정확하게 맞물리도록 보장하는 체계를 의미한다. 이를 위해 계획당국은 말단 공정에 이르기까지 모든 생산단위들이 수행해야 할 계획지표를 구체적으로 세밀하게 수립해 내려보낸다.

도(道)별로 몇 개씩 설치되는 '지구계획위원회'는 해당 지역 내에 있는 행정기관, 공장·기업소, 협동농장들이 당 정책에 입각해 계획을 제대로 세우고 집행하는지 살펴보고 과학적으로 계획을 세우도록 지원해 주는 역할을 맡고 있다. 지구계획위원회는 평소에 도당위원회나 도인민위원회에게서 통상적인 지시는 받지 않는다. 김일성은 "도당위원회는 지구계획위원회에서 계획화 사업을 잘하지 못할 때에는 제때에 비판해 바로잡어 주어야 한다"면서 "그러나 도당위원회들이 계획 문제를 가지고 지구계획위원회에 이래라 저래라 하고 지시해서는 안 된다"고 말했다. 즉, '지구계획위원회'는 도당위원회와는 별도로 중앙의 국가계획위원회의 직속기구로서 '계획'을 중점적으로 관리하고 지도하는 조직인 것이다.

북한은 1969년 시·군에 있는 공장과 기업소에 기존의 '계획부'와는 별도로 '국가계획부'를 설치했다. 국가계획부의 역할에 대해 김일성은 다음과 같이 설명했다.

지금 있는 공장, 기업소 계획부는 행정적으로 기업소에 매달려 있습니다. 그러다 보니 공장, 기업소 계획부는 형식적으로는 일원화·계획화 체계의 세포로 되어 있으나 실질적으로는 일원화·계획화 체계에 들어가 있지 않습니다. 당과 국가의 의도가 생산자 대중 속에 깊이 들어가지 못하고 공장, 기업소들의 기관본위주의가 완전히 없어지지 못하고 있습니다. 그러므로 공장, 기업소들에, 지구계획위원회에 복종하고 그의 세포로서 움직일 수 있는 국가계획부를 따로 내오는 것이 필요하다고 생각합니다.

김일성의 이 같은 언급은 당장의 생산계획을 완수하기 위한 '계획부'와, 중장기 생산계획 등을 담당하는 '국가계획부'가 공장과 기업소에 설치되어야 한다는 점을 강조한 것이다.[4] 결국 중앙의 국가계획위원회 직속기구로 도에는 '지구계획위원회', 군에는 공장, 기업소별로 '국가계획부'가 있는 것이다. '국가계획부'가 설치되는 기업소는 특급부터 3급까지이다.

'농촌경리위원회'와 '협동농장경영위원회'는 농업 분야에서의 특별행정기관이다. 내각에 농업위원회가 있고, 그 아래로는 도(道)에 '농촌경리위원회', 군(郡)에 '협동농장경영위원회'가 설치돼 있다. 이들 기구들은 1961년 12월 18일 평안남도 숙천군을 현지지도한 김일성의 지시로 새로 조직됐다. '도 농촌경리위원회'는 내각으로부터 대폭적으로

---

4 북한은 김정은 시대 들어 사회주의기업 책임관리제가 정착되고 〈기업소법〉이 수정됨에 따라 '국가계획부'가 폐지된 것으로 알려졌다.

권한을 이양받아 과거 농업성이 담당했던 농업생산지도와 관련한 일체의 업무를 수행하고 있다. 즉, 군 협동농장경영위원회나 협동농장 등의 생산계획과 농기구와 관련된 운영 실태를 전반적으로 지도한다.

군 협동농장경영위원회는 지방농업기관에서 가장 핵심적인 기관이다. 이는 김일성이 중앙의 권한을 지방으로 이양하는 과정에서 가장 중시한 지방단위가 군(郡)이라는 점과 맞물려 있다. 군(郡) 협동농장경영위원회는 군(郡)의 농업생산과 협동농장의 관리운영 전반을 지도한다. 구성은 위원장 밑에 기사장과 2명의 부위원장(업무 부위원장·행정 부위원장)이 있다. 기사장은 전적으로 농업생산에 대한 기술지도를 맡고 있으며, 기사장 산하에는 계획부, 생산지도부 등의 부서가 있다. 업무 부위원장 산하에는 협동농장지도부 등이, 행정 부위원장 산하에는 노동부 등이 각각 있다. 협동농장경영위원회가 설치되면서 리(里) 협동농장관리위원회 위원장은 생산책임자로서 협동농장에 관련된 업무만 담당하고, 행정업무는 협동농장관리위원회 서기장이 군 인민위원장의 지시에 따라 처리토록 했다.

7장

북한군,
정치군인 대 야전군인

서언

북한체제의 여러 분야 중 가장 베일에 싸여 있는 곳은 군대이다. 국내에서 발간된 북한 연구서 간에 가장 상충하는 부분이 많은 곳이 북한군이며, 국내외 연구자도 연구하는 데 상당히 제한을 받는다. 북한군에서 근무했던 탈북민들의 설명도 일관성이 없는 경우가 적지 않다. 언론보도에서도 내용이 상충하는 경우가 많다는 점을 필자도 잘 알고 있다. 이 같은 현상은 현실적으로 북한이 북한군에 대한 자료 접근을 철저히 차단하고 있는 데서 비롯된다. 이 부분은 쉽게 해결될 사안이 아니어서 북한 관련 연구에서 가장 큰 걸림돌로 작용해 왔다. 그럼에도 시간이 갈수록 연구 결과가 축적되면서 베일이 조금씩 벗겨지고 있어 다행이다.

북한 군대의 조직과 운영, 연혁 등에서 이해하기가 까다로운 대목은 크게 보면 세 가지인 듯하다. 첫째, 군대 내 '정치조직' 및 '야전조직' 간의 위계구조다. 7장에서는 북한 군대에 정치조직이 언제 도입됐으며, 어떤 과정을 거쳐 야전조직보다 우위에 서게 됐는지 알아본다. 즉, 북한 군대가 '당의 군대'가 되는 과정을 역사적으로 추적한다. 같은 정치조직 내에서도 '정치부'와 '정치위원' 간의 관계도 애매모호하다. 정치위원은 노동당에서 파견한 '정치군인'으로 원래 군대 내에서 정치활동을 하던 정치부 소속 정치군인들보다는 훨씬 막강한 권한을 가진 것으로 파악됐으나, 구체적인 관계는 밝혀지지 않고 있는데, 이 부분도 조금 더 깊이 파헤쳐 본다.

둘째, 북한 군대는 실제로 어디서, 누가 지휘하느냐다. 북한 헌법에 따르면 당중앙군사위원회와 국방위원회(현 국무위원회) 모두가 군대를 지휘할 권한을 지닌다는 조항이 있는데다, 이 조항이 당규나 헌법 개정 과정에서 여러 차례 수정을 겪다 보니 누가 북한 군대를 지휘하는지 애매한 상태로 지금까지 이어지고 있다. 최고사령부라는 명의로 성명이나 명

356

령이 수시로 나오는데, 이 최고사령부와 당중앙군사위원회 및 국방위원회는 어떤 관계를 맺고 있는지 이해하기 까다롭다. 특히 평시와 비상시에 따라 최고사령부의 위상이 달라진다는 점도 이런 측면을 심화시키고 있다.

셋째, 북한군 조직의 핵심인 인민무력부(현 국방성), 총정치국, 총참모부 간의 위계구조다. 1948년 2월 북한군이 창건된 후 상당 기간은 인민무력부가 총정치국과 총참모부를 지도하는 것으로 되어 있었다. 1958년부터 시작된 당군화(黨軍化) 추세에 따라 총정치국의 위상이 오르고 인민무력부의 위상은 낮아졌다. 1998년 김정일 시대가 출범하면서부터는 군권(軍權)이 3자에게 나누어졌다. 이 3자 간 역학관계를 역사적으로 살펴본다. 남북관계가 군사적으로 악화될 때 대남 성명을 전담하는 총참모부가 인민무력부와 최고사령부 중 누구의 지휘를 받는지도 명확히 규명되지 않고 있다.

이렇게 북한 군대에 대해서는 여러 궁금증들이 많다. 북한 당규약과 헌법을 비롯해 김일성 · 김정일 어록, 북한 언론보도와 국내 연구서들 중에서 공통적인 부분들을 묶어 정리함으로써 이런 궁금증들을 풀어 보려 한다.

01

—

북한군 창건

1945년 8월 15일 해방 직후 북한에는 다양한 정치 파벌이 있었다. 그 중 소련파는 노동당의 창당과 육성에 힘을 기울였다. 소련파의 핵심에는 허가이 등 당 전문가들이 많이 포진되어 있었기 때문이다. 반면 중국에서 항일무장투쟁을 벌였던 만주파와 연안파는 군대 창건 및 육성에 전념했는데, 주로 만주파가 주도했다. 만주파의 김일성을 비롯한 북한 지도부가 북한군을 창설하는 과정에서 먼저 추진한 사업은 '도(道) 보안대' 창설이었다. 당시 북한에는 민족주의 계열의 '자위대', 국내파 공산주의들이 자율적으로 조직한 '치안대' 등의 무장 세력이 있었다. 북한에 진주한 소련군은 1945년 10월 12일 이들 무장단체를 해산하고 새로운 보안대를 조직하겠다고 천명했다.

같은 해 10월 21일 진남포에서 첫 보안대가 창설된 이후 각 도 인민위원회에 보안대가 설립됐다. 같은 해 11월, 소련군 사령부 주도로 세워진 중앙행정기관인 5도 행정국이 창설될 때 각 도의 보안대를 관할하는 '보안국'이라는 직책이 생겼고, 만주파의 최용건이 제 1대 보안국

▌해방 이후 북한군 창건 과정

해방~1946년 초	1946. 6~8.	1947. 5~1948. 2.
• 도(道) 보안대 • 철도보안대 • 평양학원	• 보안훈련소, 분소 • 북조선 철도경비대 • 북조선 중앙보안간부학교 • 보안간부훈련대대부	• 북조선인민집단군 사령부 • 민족보위국 • 조선인민군 창설

장으로 취임했다. 이와 함께 북한 지도부는 당시 핵심 수송수단으로 전국에 깔려 있는 철도를 경비하기에는 도 보안대만으로는 부족하다고 판단하고 소련군 사령부와 협의하여 1946년 1월 11일 '철도보안대'를 별도로 창설했다. 특히 북한 지도부는 당과 인민위원회 간부들을 대상으로 한 정치사상교육이 필요하다는 판단하에 이를 위한 학교를 설립키로 하고 1946년 2월 8일 진남포에 '평양학원'을 설립했다.[1] 평양학원은 당·정부 간부 양성을 위한 '정치반'과 군사 간부를 양성하기 위한 '군사반'으로 구성되었다.

북한군 창건의 2단계는 1946년 6~8월 즈음에 추진됐다. 보안대원과 철도보안대원의 충원과 훈련을 위해 각종 훈련소가 설치되고, 이를 총괄하는 지휘부가 형성된 것이다. 1946년 6월 평안남도 개천에 '보안훈련소'가 개소한 데 이어 신의주에 '보안훈련소 제1분소', 정주에 '보안훈련소 제2분소', 강계에 '보안훈련소 제3분소'가 각각 설치되었다. 1946년 7월엔 '철도보안대'가 '북조선 철도경비대'로 확대됐고, 이와

1　평양학원의 개원 일자에 대해선 학자마다 주장이 다르다. 장준익은 1946년 2월 8일, 고(故)서동만은 1946년 2월 23일, 김광운은 1945년 11월 17일이라고 각각 주장한다.

별도로 '철도경비 훈련소'가 나남(羅南)과 개천(价川)에 설치됐다. 북한은 1946년 7월 8일 군 초급간부 양성기관인 '북조선 중앙보안간부학교'를 개설했다.[2] 이어 평양학원, 북조선 중앙보안간부학교, 철도경비대 등 군사와 관련된 기관을 통합해 1946년 8월 15일 '보안간부훈련대대부'를 창설했다. 그런데 이때 북한 지도부는 '보안간부훈련소'라는 간판을 사용했다. 이는 외부에 보안간부훈련대대부가 군대라는 인상을 주지 않기 위한 조치였다. 보안간부훈련대대부는 보안훈련소(제1, 2, 3 분소 포함)와 철도경비훈련소 등 훈련소도 통합해, 그 규모도 확대되고, 군사 수준도 높아졌다. 통합 결과 '보안간부 훈련 제1소', '보안간부 훈련 제2소', '보안간부 훈련 제3소'가 창설됐는데, 이 3개 훈련소는 북한 정규군 사단 창설의 기반이 됐다.

북한군 창건의 3단계는 1947년 5월부터 시작되었다. 만주파를 비롯한 북한 지도부는 소련군의 군사 지원이 본격화하는 데 힘입어 기존 무장기관들이 군대로서의 모습을 갖추도록 했다. 그 일환으로 5월 17일 '보안간부훈련대대부'를 '북조선인민집단군 사령부'로 개칭했다. 또 이날 모든 장병에게 소련군 계급장을 모방한 계급장을 수여하고, 각 부대에는 각기 고유 명칭을 부여했다. 예를 들어 '보안간부훈련 제1소'는 '인민집단군 제1경보병사단'으로 개칭됐다. 그러나 '인민집단군'이라는 용어는 외부에는 드러내지 않고 내부적으로만 사용했다. 북한이

---

2 이 학교의 개설과정에 대해서도 견해가 다르다. 김광운은 평양학원의 군사반과 보안훈련소가 통합됐다고 주장한다. 장준익은 만주파가 평양학원 단기과정 출신 10여 명과 함께 만들었다고 주장한다. 고(故) 서동만은 평양학원 군사반은 '정치장교 양성 학교'로 개편되었다고 주장한다.

내부적으로 '인민집단군', '경보병사단' 등 정규군 명칭을 쓴 것은 당시 열린 미소 공동위원회가 결렬되리라 예상하고, 무장력을 체계적으로 강화하자는 차원에서였다. 북한은 1948년 2월 북한군의 행정적 통제 부서로서 '민족보위국'을 창설했다. 이는 당시 중앙행정부서인 북조선 인민위원회 내에 군대를 통제할 부서가 없었기 때문으로 보인다. 이 같은 준비 끝에 북한은 1948년 2월 8일 '조선인민군' 창설을 공식 선포했다. 김일성은 창건식 연설을 통해 "오늘 우리가 인민군대를 가지게 된 것은 우리 조국의 민주주의 조선 완전 자주독립을 일층 촉진시키기 위한 것"이라고 말했다.

02

북한군, '인민의 군대'에서 '당의 군대'로

1948년 2월 8일 북한군이 창군될 때 그 성격은 '인민의 군대'였다. 김일성은 창군 기념 연설에서 "오늘 우리가 창건하는 군대는 조선의 로동자, 농민을 비롯한 근로인민의 아들과 딸들로서 조직되었으며 조선민족의 해방과 독립을 위하여, 인민대중의 행복을 위하여 외래 제국주의 침략세력과 국내 반동세력을 반대하여 싸우는 진정한 군대"라고 말했다. 노동자, 농민, 근로인민이 뭉친 '인민의 군대'라는 점을 강조한 것이다. 북한은 이에 앞서 1946년 10월에도 이 같은 구상을 발표한 적이 있다. 김일성의 북조선공산당과 김두봉[3]의 조선신민당이 1946년 8월 합당해 출범한 북조선로동당은 중앙상무위원회를 열고 "보안훈련소, 철도경비대는 북조선 인민의 민주개혁을 보장하는 전 인민의 군대"라

---

[3] 김두봉(1889~1960)은 공산주의 독립운동가이자 한글학자다. 1919년 중국으로 간 김두봉은 항일무장투쟁과 함께 학자로서도 다채로운 활동을 벌였다. 1942년 중국에서 '조선독립동맹'과 '조선의용군'의 책임자가 됐으며, 해방 후에는 '조선독립동맹'을 기반으로 한 조선신민당의 위원장, 최고인민회의 상임위원장 등을 역임했다.

■ 북한군의 성격 변화 과정

창건	제4차 당대회	제3차 당대표자회	제7차 당대회	제8차 당대회
• '인민의 군대'	• '당의 군대'	• '수령의 군대'	• '수령의 군대' • '당의 군대' • '인민의 군대'	• '당의 군대'

고 밝혔다.

　김일성을 비롯한 북한군 창건의 핵심 세력이 북한군의 성격을 '인민의 군대'로 규정한 것은 향후 창건될 국가의 성격과 연관 있었다. 이들은 북한에 '소련식 소비에트'가 아니라 '전 인민의 국가'를 창건할 생각을 갖고 있었다. 소련식 소비에트란 노동계급이 주도하는 노농(勞農) 연대를 기반으로 노동자, 농민, 병사들이 각각 대표자회(소비에트)를 만들어 권력을 장악하는 것을 의미한다. 그러나 당시 김일성은 친일파와 매판자본가, 악덕지주는 제외하되 자본가(중소 상업인)와 지주도 포함된 전체 민족이 다 같이 단결하는 통일전선을 관철해 '인민민주주의 국가'를 수립하려고 했던 것이다. 이에 따라 군대가 노동계급이 주도하는 특정 당(노동당)에 소속된 듯이 보이는 것은 바람직하지 않다는 판단 아래 군대의 당군화(黨軍化)를 추진하지 않고, 군대도 '전체 인민의 군대'로 규정했던 것이다. 그 결과 군사학교(평양학원, 북조선보안간부학교)와 일부 부대를 제외하고는 군대에 당 차원의 단체(당조직)가 설치되지 않았다. 다만 국가기구인 민족보위성 산하에 '문화훈련국'을, 중대 이상의 각급 부대에는 '문화부'를 각각 설치한 후, 문화훈련국 소속 장병들을 각급 부대의 문화부에 파견하여, 군인들에게 문화교양 사업을 실시하고 당생활을 지도하는 정도였다.

그러나 김일성은 6·25전쟁과 1956년 8월 종파사건 등으로 역경을 겪으면서 인민군에 대한 인식을 바꾸었다. 즉, 군의 전력을 강화하고 군이 자신의 권력에 도전하지 않도록 통제하기 위해서는 북한군을 '인민의 군대'에서 '당의 군대'로 전환시켜야 한다고 판단한 것이다. 이를 위해 북한은 먼저 1956년 제3차 당대회에서 규약을 개정하여 민족보위성을 비롯해 내무성 등 특수기관에 당사업을 전문적으로 수행하는 '정치국'이라는 기관을 신설키로 했다. 이는 군사단일제에 의해 운영되던 기존의 군대 내에 정치기관을 최초로 설치했다는 의미가 있다. 이어 김일성은 1958년 2월 북한군 324부대를 방문한 자리에서 "인민군은 노동당에 의해 조직된 당의 혁명적 무장력"이라고 천명했다. 김일성은 "현재에는 자산계급의 군대와 노동계급의 군대밖에 없으며 이 사이에 어떤 중간 (계급의) 군대란 있을 수 없으며, 인민군은 오로지 노동당에 의해서만 영도된다"고 강조했다. 이어 북한은 1961년에 열린 제4차 당대회에서 북한군이 '당의 혁명적 무장력'임을 당규약에 처음으로 포함시켰다.

김일성의 이 같은 결정에는 두 가지 배경이 있다. 첫째, 군사규율의 강화다. 6·25전쟁 초반 무질서하게 퇴각하는 북한군의 모습을 본 김일성은 군대의 기율을 강화하기 위해서는 군대에 대한 노동당의 통제가 요구된다고 판단했다. 둘째, 군대에 대한 김일성파(만주파)의 장악력을 높이기 위함이다. 1956년 연안파 및 소련파와의 권력투쟁이었던 8월 종파사건을 간신히 수습한 김일성으로선 자파(自派) 권력 유지를 위한 무장력의 확보가 핵심 과업이었고, 이를 위해서는 당이 군에 대한 통제력을 확보하는 일이 시급하다고 판단했다. 즉, 군대 내에 당조직을 설치하여 이른바 '정치장교'를 통해 부대 지휘관을 통제하게 하는 등 군대 전체를 보다 효율적으로 장악하려고 한 것이다. 이렇게 북한군이 당의 군대가 되면서 북한군 내 당조직은 이전과는 비교할 수 없게 그 권한이 높아졌다. 정치장교들이 군사훈련 계획 및 지도, 군수물자 확보, 군 인사 등에도 관여할 수 있게 된 것이다.

북한군의 성격은 2010년 9월 제3차 당대표자회에서 채택된 규약에서 다시 바뀌었다. 이번엔 '수령의 군대'가 된 것이다. 당규약은 북한군을 "위대한 수령 김일성 동지께서 항일혁명투쟁의 불길 속에서 몸소 창건하신 혁명적 무장력"으로 규정했다. 이어 "조선인민군은 당의 위업, 주체혁명 위업을 무장으로 옹호 보위하는 수령의 군대, 당의 선군혁명령도를 맨 앞장에서 받들어 나가는 혁명의 핵심 부대, 주력군"으로 규정했다. 이는 북한군을 "항일무장투쟁의 영광스러운 혁명 전통을 계승한 조선로동당의 혁명적 무장력"이라고 규정한 이전 당규약과 비교하면 북한군의 성격이 '당의 군대'에서 '수령의 군대'로 바뀌었다고 볼 수 있다.

북한군의 성격은 2016년 제7차 당대회에서 또다시 변경됐다. 개정된 당규약은 "조선인민군은 당의 위업, 주체혁명 위업을 무장으로 옹호 보위하는 수령의 군대, 당의 군대, 인민의 군대"라고 규정했다. 이는 1980년 제6차 당대회 이후 36년 만에 열렸다는 점에서, 북한이 기존 북한군의 성격을 종합하여 '수령·당·인민대중으로 구성된 사회정치적 생명체를 보위하는 군대'라는 의미를 반영하여 내린 결정이라고 해석된다. 2021년 제8차 당대회 때 개정된 당규약에서는 북한군이 다시 당의 군대로 회귀했다. 당규약에 따르면 북한군은 ① 국가 방위의 기본 역량, ② 혁명의 주력군, ③ 사회주의 조국과 당과 혁명을 무장으로 옹호 보위, ④ 당의 령도를 앞장에서 받들어 나가는 조선로동당의 혁명적 무장력으로 규정되어 있다. '조선로동당의 혁명적 무장력'이라는 표현만 보면 1961년 당규약으로 돌아갔다고 볼 수 있다. 이는 김정은 국무위원장이 2012년 집권한 이후 추진해 온 '노동당 중시' 노선의 한 단면으로 분석된다.

03

총정치국의 위상 변화

6·25전쟁 중 군대 내 당생활을 지도하는 정치기관이 필요하다고 판단한 북한은 1950년 11월 29일 당중앙위원회를 개최하고 〈조선인민군 내 당단체 사업규정〉을 비준, 북한군 내 당단체(당조직)와 정치기관 설치의 근거를 마련했다. 종전의 민족보위성 문화훈련국을 총정치국으로, 각급 부대에 있던 문화부는 정치부로 각각 개편하고, 총정치국장과 정치부장을 임명했다. 또 중대, 대대, 연대, 사단 등 각급 단위 부대에는 당위원회를 설치하기 시작했다. 초대 총정치국장에 당의 2인자이자 당중앙위원회 부위원장이었던 박헌영이 임명된 것으로 미루어 보아 북한 지도부 내에서 총정치국의 지위가 높았다고 볼 수 있다.

그러나 이 당시 군단·사단 당위원회는 비(非)상설로 운영되는 등 군대 내 당위원회와 정치부가 체계적으로 돌아가지 않았다. 당시 노동당은 허가이 등 소련파가 주도권을 잡고 있었고, 총정치국도 국장을 비롯한 간부 자리를 소련파나 연안파 등 비만주파 인사들이 차지했는데, 이들이 본격적인 당군화에 반대했기 때문이다. 연안파인 김을규

1950년 11월	총정치국 발족
1961년 규약	총정치국 설치 첫 포함
2010년 규약	'당중앙위원회 부서와 같은 권능 보유' 포함
2016년 규약	상동(上同)
2021년 규약	'당중앙위원회 부서와 같은 권능 보유' 삭제

당시 총정치국 부국장은 "인민군은 항일유격대의 혁명 전통이 아니라 길주, 명천 농민운동을 계승해야 하며 '노동당의 군대'가 아니고 '통일전선의 군대'"라고 주장했다. 이런 주장을 수용할 수 없었던 김일성은 우선적으로 총정치국장이 독단으로 권한을 행사할 수 없게 하는 것이 시급하다고 판단하고 이를 위해 군대 내 당위원회 설치에 힘을 기울였다. 김일성은 1958년 3월 전체 인민군 차원의 '조선인민군 당위원회'를 설립하고, '조선인민군 당위원회' 밑으로 ① 군단 당위원회, ② 사단 당위원회, ③ 연대 당위원회, ④ 대대 초급당위원회, ⑤ 중대 세포위원회를 조직토록 했다. 요는 총정치국에서 군단 정치부, 사단 정치부로 이어지던 등의 정치기관 계통 대신 각급 당위원회 중심으로 당사업을 운영토록 하고, 각급 정치기관들은 각급 당위원회의 결정을 집행할 의무만 갖도록 한 것이다.

김일성의 만주파는 1958년 말까지 군대 내 연안파와 소련파를 완전 숙청한 후 인민군의 당군화를 본격 추진했다. 1961년 제4차 당대회는 "조선인민군 내 당조직"이라는 장(章)을 별도로 두면서, '조선인민군 당위원회'와 '총정치국'을 당규약에 처음으로 포함시켰다. 이처럼 총정치국에 관한 내용이 당규약에 포함되었다는 것은 총정치국의 위상이 그 이전보다 올라간 증거라고 평가할 수 있다. 총정치국의 권한이 가장 높아진 것은 2010년 당규약 개정에서였다. 이 규약은 "총정치국은 인민군 당위원회의 집행부서로서 당중앙위원회 부서와 같은 권능을 가지고 사업한다"고 규정했다. 총정치국은 1956년 제3차 당대회 규약부터 당중앙위원회 직속으로 그 지도하에 사업을 수행토록 되어 있었다. 여기서 '당중앙위원회의 지도'는 구체적으로 비서국 조직지도부의 지도4를 의미한다. 그런데 총정치국이 "당중앙위원회 부서와 같은 권능을 가지고 사업한다"는 개정 내용은 총정치국의 권한을 이전보다 강화한 것으로 보인다. 비서국 조직지도부의 지도는 받지만, "당중앙위원회의 어느 한 부서만큼의 역할이 있다"고 명확히 규정했기 때문이다. 2016년 당규약 개정 당시 총정치국의 위상은 2010년 때와 같았다.

그러나 총정치국의 위상은 2021년 규약에서 이전보다 약화되었다. 이 규약에 따르면 "조선인민군 총정치국과 그 아래 각급 정치부들은 해당 당위원회의 집행부서로서 당 정치사업을 조직 집행한다"고만 규정하고 "당중앙위원회 부서와 같은 권능을 가지고 사업한다"는 대목이 삭제됐기 때문이다. 이는 김정은 시대에 들어서 나타난 '선군정치의 약화' 움직임과 관련이 있는 것으로 분석된다.

---

4 조직지도부에는 ① 중앙행정기관, ② 지방행정기관, ③ 총정치국, ④ 보위기관을 담당하는 담당 과(科)가 있는 것으로 알려졌다.

04

군사지휘관 대^對 정치지휘관
정치위원의 득세

1958년 북한군의 성격이 당의 군대로 전환된 이후 각급 부대에는 당위원회와 이를 운영하는 정치기관이 본격적으로 설치됐다. 당위원회의 명칭은 중대에서는 '세포위원회', 대대에서는 '초급당위원회', 연대·사단·군단에서는 '당위원회'로 설정되었다. 해군과 공군도 각 제대(梯隊)별로 육군과 비슷하게 구성되어 있다. 그리고 육·해·공군을 통합한 '인민군 당위원회'가 있다. 중대의 세포위원회부터 인민군 당위원회에는 각각 실무를 총괄하는 정치기관을 두고 있다. 중대와 대대는 '정치지도원', 연대·사단·군단은 '정치부', 인민군 전체는 '총정치국'이라고 불린다.

1950년 11월 이후 북한군 내에 당조직과 정치기관이 설립되면서부터 각급 부대 지휘관과 정치지휘관 사이에 권한을 둘러싼 갈등이 생겨났다. 총정치국이 설립되고, 각급 부대의 문화부가 정치부로 전환되면서 정치장교들의 위상이 높아졌다. 그러나 소련파 및 연안파 군인들이 숙청당한 1956년 8월 종파사건 이전에는 군사지휘관의 권한이 정치

1948~	'인민의 군대'로 창군 이후 군사지휘관 우위
1958~	'당의 군대'로 규정된 이후 정치지휘관 우위

지휘관보다 위에 있었다. 비록 정치지휘관들의 도전은 받았지만, 군사지휘관들은 부대의 최고책임자였고, 당조직을 중시하지도 않았다. 당위원회가 제대로 운영되지 못했고, 사단·군단의 당위원회는 대리체제였다. 김일성도 이 당시에는 "정치일군(정치일꾼)들은 군사지휘관들이 명령을 하달하는 데 간섭할 것이 아니라 명령을 정확히 하달하고 철저히 집행하도록 그들을 도와주어야 한다"고 언급했다.

그러나 1958년 인민군 당위원회를 비롯한 각급 당위원회와 정치기관이 본격적으로 설립되면서부터는 '정치지휘관 우위'로 돌아섰다. 1960년 9월 8일 개최된 당 인민군 당위원회 전원회의에서 김일성은 군대 내 당위원회가 군사지휘관보다 위상이 높다는 점을 강조했다. 김일성은 당위원회가 단순한 협의기관이 아니라 집체적 군사정치적 영도기관으로 군대 내 최고 조직이라고 규정했다. 이에 따라 당위원회는 당원들의 당생활 정도를 지도하던 역할에서 벗어나 군사계획 작성, 인사권 행사 등 그 권한이 확대됐고, 군지휘관은 당위원회가 결정한 내용을 실행에 옮기는 집행자 정도로 권한이 약화됐다. 김일성은 1970년 노동당 제5차 당대회 보고를 통해 군지휘관과 정치지휘관의 관계에 대해 보다 상세하게 언급했다.

우리는 군대 안에서 당의 령도적 역할을 약화시키고 정치사업을 소홀히 하며 군사훈련도 제대로 하지 못하게 하고 군벌관료주의를 부식시키려던 경향을 제때에 극복하고 군대에 대한당의 령도와 군대 내 당 정치사업을 강화함으로써 인민군대의 전투력을 더욱 높일 수 있게 하였습니다. 우리는 앞으로도 군대 안에서 당위원회 사업을 결정적으로 강화하며 인민군대의 모든 사업이 당위원회의 지도 밑에 조직 집행되도록 하여야 하겠습니다. 군대 안에서 나서는 모든 군사, 정치적 문제들은 다 해당 단위의 당위원회에서 집체적으로 토의 결정하여야 하며 당위원회의 결정에 따라 군사일군들은 군사사업을 하고 정치일군들은 정치사업을 하며 후방일군들은 후방사업을 하는 사업체계를 철저히 세워야 할 것입니다. 군대 안의 당위원회들은 특히 군사 지휘관들이 언제나 당위원회에 의거하여 사업하며 당조직 생활에 충실히 참가하도록 당적 통제를 강화하여야 하겠습니다.

김일성의 이 같은 언급에는 북한군 운영에 대한 핵심적인 내용이 담겨 있다. 첫째, 군대에 대한 당의 영도와 군대 내 당 정치사업을 강화해야만 북한군의 전투력을 더욱 높일 수 있다는 것이다. 이는 정치장교들이 장병들의 사상교양을 강화해야만 군대 내 규율이 확립되고 전투력도 높일 수 있다는 의미다. 둘째, 군사지휘관 단독이 아닌 군대 내 당위원회를 통해 모든 결정이 이루어진 후 군사지휘관·정치군관·후방 군관 간의 업무 영역을 분명하게 나눈 것이다. 즉, 해당 부대 당위원회의 집체적 지도하에 부대 운영이 이루어진다는 것이다. 셋째, 당위원회가 군사지휘관들이 당위원회에 의거해 일을 하는지 살펴보며 당적 통제를 강화해야 한다는 것이다. 김일성의 이 같은 언급은 결국 정치지휘관이 군사지휘관보다 권한이 높다는 점을 단적으로 보여준 것이다.

그런데 김일성이 1970년에 이런 발언을 하기 전에 군사지휘관에 대한 정치지휘관의 위상을 한층 끌어올린 제도가 도입됐다. 바로 '정치위원제'이다. 북한은 1960년대 들어 쿠바 사태, 한국군 월남 파병, 문화대혁명으로 인한 중국과의 관계 악화 등 자국의 안보를 위협하는 사건들이 벌어지자 국방력 강화에 매진한다. 이런 분위기에 편승해 일부 군 고위 장성들이 당을 경시하거나 무시하는 언행을 보였다. 이에 김일성은 1969년 1월 인민군 당위원회 제4기 제4차 회의에서 이들을 숙청하고, 정치위원제를 도입하여 군사 지휘관들이 당에 정치적 영향력을 행사하지 못하게 쐐기를 박았다. 정치위원에 대해선 김정일이 1969년 발표한 "인민군대 당조직과 정치기관들의 역할을 높일 데 대하여"라는 담화에 자세하게 설명되어 있다.

수령님께서는 당중앙위원회 조직지도부에서 인민군대안의 당조직과 정치기관들에 대한 지도를 잘하여야 하겠다고 교시하시였습니다. … 수령님께서는 이번에 인민군대 안의 당 정치사업을 강화하기 위하여 련대에까지 정치위원제를 내오도록 하셨습니다. … 인민군대에 정치위원제도를 전반적으로 내오도록 하신 것은 정치기관들의 권위를 높이고 당 정치사업을 강화하여 당의 군사로선과 방침들을 정확히 관찰할 수 있게 하는 매우 정당한 조치입니다. 정치부장, 정치부 련대장은 당일군(당의 일꾼)이고 정치일군이지만 당의 대표는 아닙니다. 그러나 정치위원은 부대에 파견된 당의 대표입니다. 정치위원은 해당 부대의 당 및 정치 책임자로서 지휘관의 사업을 당적으로, 정치적으로 보장할 임무를 지니고 있습니다. 이와 함께 정치위원은 군사지휘관이 당의 로선과 정책에 어긋나는 결론을 하거나 명령을 내릴 때에는 그것을 거부하고 저지시킬 수 있는 권한도 가지게 됩니다. 이것이 정치위원제의 중요한 특징이라고 말할 수 있습니다.

　김정일의 이 발언을 통해 정치위원이 기존 정치부와는 전혀 다른 직책임이 명확하게 드러났다. 군대 내에는 기존의 정치지도원, 정치부장 등 정치장교들이 있었는데, 1969년부터 연대 이상에는 '정치위원제도'가 추가로 도입된 것이다. 정치위원은 당의 대표지만 기존 정치장교들은 당의 대표가 아니고, 각급 부대에서 정치사상 업무를 담당하고 있는 것이다. 이러한 점에서 연대 이상에서 정치위원은 정치부를 지도하는 역할을 맡았다고 분석된다. 정치위원제는 2010년 당 규약 개정에 포함됐고, 이는 2021년 당 규약 개정에서도 유지되고 있다. 다만 '조선인민군 각급 부대에 정치위원을 둔다'고 규정해 기존의 연대 이상에 두는 것에서 변화가 있었는데, 구체적 변화 내용은 확인되지 않고 있다.

　한편 정치위원은 육군 이외에 해군과 공군에도 똑같이 도입되었는데, 해군·공군은 해군사령부와 공군사령부에만 '정치위원'이 있다고 알려져 있다.

인민무력부 · 총정치국 · 총참모부 관계 변화
인민무력부의 쇠퇴

이번 절에서는 북한군에서 인민무력부('인민무력성'으로 표기되다가 현재는 '국방성'으로 개칭), 총정치국, 총참모부 간에 지위와 권한이 어떻게 규정되어 왔는지를 알아본다. 인민무력부의 전신(前身)은 북한군이 창설되기 직전인 1948년 2월 북조선인민위원회에 설치된 '민족보위국'이다. 초대 국장으로는 북조선인민위원회 부위원장이었던 김책이 임명됐다. 민족보위국은 1948년 조선민주주의인민공화국이 창건되면서 '민족보위성'으로 명칭이 바뀌었고, 1972년 〈사회주의 헌법〉이 채택되면서 '인민무력부'로 개칭됐다. 민족보위성이 창설될 때 총참모부는 민족보위성의 산하 부서로 출발했고, 초대 총참모장에는 강건이 임명됐다. 인민보위성의 책임자인 인민보위상은 최용건, 김광협, 김창봉의 순서로 군의 최고 선임자가 맡았다. 이런 사정들로 인해 북한군이 창군된 이후 인민보위성은 김창봉이 숙청된 1969년까지 총참모부와 총정치국보다 그 위상이 월등히 높았다. 즉, 인민보위성이 총참모부는 물론 총정치국도 지도했다고 볼 수 있다.

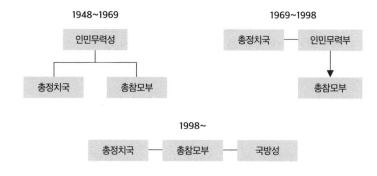

■ 인민무력부 · 총정치국 · 총참모부 개편 연혁

1948~1969

인민무력성

총정치국   총참모부

1969~1998

총정치국 ── 인민무력부

총참모부

1998~

총정치국 ── 총참모부 ── 국방성

인민무력부의 절대적 위상은 김일성과 김정일 모두의 신임을 받는 실세였던 오진우가 인민무력부장으로 근무하던 1976년부터 1995년 2월까지 거의 그대로 유지됐다. 그러다가 당군화가 심화되면서 총정치국의 위상도 더욱 높아진다. 특히 오진우가 1980년부터 1995년까지 총정치국장을 겸직한 것도 총정치국의 위상 향상에 기여했다고 볼 수 있다. 이에 따라 이 당시는 총정치국이 인민무력부의 지도를 받는 대신 당중앙위원회의 지도하에 독자적 활동을 펼친 것으로 보인다. 다만 인민무력부가 총참모부를 지도하는 구조는 유지되었다고 관측된다.

오진우가 1995년 2월 사망하고 김정일이 1998년 국방위원장으로서 최고지도자에 등극한 이후 군권(軍權)은 총정치국 · 총참모부 · 인민무력부로 분할됐다. 그러나 실제로는 총정치국이 부상하고, 인민무력부는 형식상의 군령기관으로 그 위상이 떨어졌다. 2000년 남북 국방장관 회담 당시 제주도에 온 김일철 북한 인민무력부장은 우리 측 고(故) 조성태 국방장관에게 "인민무력부는 대외적인 군사외교 분야를 담당하고 있다"고 말했다고 한다. 이처럼 인민무력부는 대외적으로 군을 대표하면서 군수, 재정 등 군의 행정 및 지원 업무와 군사외교 등 군정권 일부를 가지고 있고, 군 간부 인사 등 핵심 군정권은 총정치국이 행사하는 것으로 파악된다. 1998년 김정일 시대가 출범한 이후 주석단 서열 등에서 조명록 총정치국장은 김일철 인민무력부장이나 김영춘 총참모장보다 항상 앞섰다. 총정치국은 당중앙위원회의 지도, 구체적으로는 조직지도부 당생활지도 13과의 지도를 받고 있다. 그래서 북한군을 '당의 군대'라고 부르는 것이다. 한편 2020년도 《한국 국방백서》에 따르면 북한군 최고사령관 휘하에 총정치국·총참모부·국방성이 동열로 설정되어 있으며, 총참모부가 군령권, 국방성은 군정권을 각각 행사한다고 되어 있다.

06

최고사령관 연혁

1950년 6·25전쟁이 발발하자 북한은 다음 날인 26일 최고인민회의 상임위원회 정령을 통해 김일성을 위원장으로 하는 '군사위원회'를 조직한다고 발표했다. 군사위원회는 자국 내 주권 일체를 집중시킨 기관으로, 북한 내 모든 공민과 주권기관, 정당, 사회단체, 군사기관은 '군사위원회'의 명령과 지시에 절대적으로 복종해야 했다. 미군의 참전으로 전쟁이 장기화될 것으로 보이자, 북한은 같은 해 7월 4일 '전반적 무력을 통일적으로 장악, 지휘하는 기구'로서 '조선인민군 최고사령부'를 새로 조직하면서 '최고사령관'에 내각의 김일성 수상을 임명했다. 최고사령부 창설을 계기로 북한군의 운영은 좀 더 체계화됐다. 당중앙위원회 정치위원회(현 정치국)는 전쟁의 전체 전략 구상 및 대외관계를, 기존 군사위원회는 군민 관계 및 군수지원 분야를 각각 맡고, 최고사령부는 정규군을 포함한 북한군 무력 일체에 대한 지휘통솔을 담당했다.

1953년 7월 휴전이 되자 군사위원회는 1954년 12월 폐지됐다. 그러나 최고사령관은 그대로 존속했다. 김일성은 최고사령관 자격으로

	1950. 7.	1972 헌법	2009 헌법	2016 헌법~
담당	내각 수상	주석	국방위원장	국무위원장
지위	최고사령관	공화국 전반적 무력의 최고사령관	좌동(左同)	좌동(左同)
역할	전시 전반적 무력의 통일적 장악 지휘	국가 일체 무력의 지휘통솔	좌동(左同)	좌동(左同)

1955년 5·1절 기념 연설을 하기도 했다. 그러나 그 이후부터 1972년 12월 〈사회주의 헌법〉이 공포되기 전까지 최고사령부에 대한 언급이 나오지 않았다. 실제로 김일성은 연설이나 축하문에 '당중앙위원회'나 '공화국 정부'라는 용어는 썼어도, '최고사령부'나 '최고사령관'이라는 호칭을 사용하지 않았으며, 북한군에 대한 일반적인 교육이나 훈련 명령은 민족 보위상의 명령에 의해 이루어졌다.

그러다 1972년 〈사회주의 헌법〉이 채택되면서 이 헌법 93조에 "주석은 전반적 무력의 최고사령관"이라는 조항이 포함되면서부터 최고사령관의 개념이 부활했다. 93조에는 "주석은 조선민주주의인민공화국 전반적 무력의 최고사령관, 국방위원회 위원장으로 되며 국가의 일체 무력을 지휘통솔한다"고 되어 있다. 최고사령관이 헌법에 규정되었다는 것은 그가 비상시뿐만 아니라 평상시에도 일정 부분 역할이 있다는 의미로, 이는 대규모 부대 이동, 군장성 진급 등에서 나타났다. 그런데 북한이 1992년 국방위원회와 국방위원장 제도를 확대하면서 '최고사령관'이라는 용어는 사라진다. 1992년 헌법에는 "국방위원회 위원장은 일체 무력을 지휘통솔한다"라고, 1998년 헌법에는 "국방위원회 위원장은 일체 무력을 지휘통솔하며 국방사업 전반을 지도한다"라고 각각 규정됐다. 이렇게 국방위원장에게 따라붙지 않았던 '최고사령관'이라는 용어는 2009년 헌법에서 부활했다. 즉, "국방위원장은 전반적 무력의 최고사령관으로 되며 국가의 일체 무력을 지휘통솔한다"는 조항이 포함된 것이다.

2016년 헌법에선 "국방위원장"이 "국무위원장"으로 바뀜에 따라 국무위원장이 최고사령관의 지위와 역할을 수행토록 했다. 2019년 헌법에선 "조선민주주의인민공화국 전반적 무력의 최고사령관"이 "조선민주주의인민공화국 무력 총사령관"으로 변경됐다. '최고사령관'과 '총사령관'은 같은 개념이지만, '최고사령관'은 정규군에 붙이는 직책으로 하고, 민간 무력까지 포함해 모든 '무력'을 지휘하는 인물을 '총사령관'으로 정의했다고 분석된다.

07

최고사령관 대^對 국방위원장

북한 국방위원장이 군대와 관련하여 가지는 지위에 대해 2009년 헌법은 "조선민주주의인민공화국 전반적 무력의 최고사령관으로 되며 국가의 일체 무력을 지휘통솔한다"고 규정했다. 2016년 헌법에선 '국방위원장'이 '국무위원장'으로 바뀌었을 뿐 그 내용이 동일하다. 2019년 헌법에선 "전반적 무력의 최고사령관"이 "무력 총사령관"으로 변경됐다. 여기서 주목해야 할 점은 국방위원장(현 국무위원장)이 최고사령관인데, 역대 북한의 군 관련 명령이나 결정 중에서 어떤 경우에는 국방위원장 명의로, 어떤 경우에는 최고사령관 명의로 나오게 된 배경이다. 이런 측면에서 지휘통솔과 관련된 최고사령관과 국방위원장의 권한 차이를 살펴본다.

지휘통솔과 관련한 국방위원장과 최고사령관의 권한은 평시와 비상시에 따라 달랐다. 우선 평시에 국방위원장은 정규군과 노농적위군·붉은청년근위대 등 민간 무력에 대해 지휘통솔권을 행사했다. 그러나 군사 작전을 지휘하기 위해서가 아니라, 국방경제 건설이나 국방 행정

■ 최고사령관 · 국방위원장의 평시 및 비상시 권한

	최고사령관	국방위원장
평시	• 정규군 대상 지휘 - 군 장성 인사 등 • 민간무력 포함 '군의 대표'	• 정규군, 민간무력 대상 지휘 - '작전지휘' 아닌 국방경제 건설, 군사행정 관련 지휘
비상시	• '일체 무력' 대상 지휘 - 군 장성인사 확대(원수급 포함) • 국방경제 건설 명령	• 주민동원, 민간경제의 군수용 전환 명령

에 관해서였다. 예를 들면 1995년 11월 금강산발전소 1단계 공사를 1996년까지 완공하라는 명령, 1998년 10월 인민무력부를 인민무력성으로 개칭하라는 명령, 1999년 주민대피호 건설 명령 등이 국방위원장의 이름으로 나왔다.

반면, 평시에 최고사령관은 북한군 정규군에 한해 지휘통솔권을 행사했다. 그 중 하나는 군 장성급 인사권이다. 김정일은 1991년 12월 최고사령관으로 추대된 다음 해인 1992년 4월 인민군 창건 60주년을 기념해 장령급 인사 600여 명의 승진을 최고사령관 명령으로 단행한 적이 있다. 그 이후 2010년 4월까지 18회에 걸쳐 연인원 1,536명에 대해 장성급 승진 인사를 했다. 다른 하나는 대규모 부대 이동으로, 이는 최고사령관의 명령이 있어야 가능했다. 이와 함께 최고사령관은 정규군을 포함한 일체 무력을 '대표'하는 지위에 있다. 1996년에 '군 복무기간 연장'·'군대 내 일부 경례법 수정'이라는 명령을 최고사령관 이름으로 내린 것이 그 사례였다. 노동적위대 등 민간 무력에 친필 서한이나 감사문을 보낼 때, 군사 원호에 우수한 모범 군(郡)에 대한 감사 명령을 내릴 때 최고사령관 명의로 한 것도 같은 맥락이었다.

비상시가 되면 지휘통솔과 관련된 최고사령관과 국무위원장의 역할은 완전히 달라진다. 최고사령관은 정규군, 비정규군, 민간 무력 등 국가의 무력 일체에 대해 작전 지휘를 포함해 완벽한 지휘통제권을 가졌다. 대표적인 사례는 1993년 NPT 탈퇴를 앞두고 3월 8일 최고사령관 명의로 '준전시상태'를 선포한 일이었다. 최고사령관은 이와 함께 평시에는 국무위원장의 주요 권한인 국방경제 건설 명령도 내렸다. 실제로 김정일은 1994년 김일성 사망을 '비상시기'로 간주하고 최고사령관 명의로 〈청류다리 1단계와 금릉동굴 2단계 공사의 기간 내 완공할 데 대한 명령〉(051호)을 내린 적이 있다. 1995년 〈인민군대 연합부대들이 금강산 발전소를 각각 하나씩 해제낄 때 대한 최고사령관 명령〉도 마찬가지였다. 또 평시에는 국방위원회와 당중앙군사위원회가 공동으로 결정 내리는 사안인 북한군 차수·원수급의 승진 인사를 최고사령관 단독으로 행사했다. 실제로 김정일 최고사령관은 1997년 4월 13일 전재산, 김일철, 리기서, 리종산 등 당시 4명의 군 대장들에게 당과 국방위원회 공동 결정 형식이 아닌 최고사령관 단독 명령으로 차수 군사칭호를 수여한 바 있다.

2013년 2월 북한의 3차 핵실험과 유엔의 대북 제제 결의안 통과로 긴장이 고조됐을 때, 북한 〈노동신문〉(3월 14일 자)은 "김정은 최고사령관이 연평도와 백령도를 겨냥한 포사격 훈련을 지도했다"고 보도한 바 있다. 또 같은 해 3월 26일 자 보도에 따르면 최고사령부 명의로 성명을 발표하여 "지금 이 시각부터 미국 본토와 하와이, 괌도를 비롯한 태평양 군 작전 군구(軍區) 안의 미제 침략군 기지들과 남조선과 그 주변 지역의 모든 적 대상물들을 타격하게 된 전략 로케트 부대들과 장거리 포병 부대들을 포함한 모든 야전 포병군 집단들을 1호 전투 근무태세에 진입시키게 된다"고 밝혔다. 이처럼 최고사령관과 최고사령부는 비상시 북한의 무력 일체를 지휘통솔한다. 한편 비상시에는 모든 군권이 최고사령관 명의로 행사되므로 국방위원장은 주민 동원, 민간경제의 군수경제 전환, 국방건설 지원 등에 국한된 명령을 내린다.

08

김정일과 김정은의 군권 장악

북한의 권력세습에서 가장 핵심적인 관건은 후계자가 어떻게 군권(軍權)을 원만하게 승계하느냐다. 김정일은 1974년 2월 아버지 김일성의 후계자로 내정된 후 1994년 김일성이 사망하면서 권력을 실제로 이어받기까지 20년이 걸렸다. 김일성은 김정일을 후계자로 내정한 후 김정일을 북한군 요직들에 하나씩 임명하는 한편, 김정일과 함께 각종 부대를 현지지도해 북한군에 대한 김정일의 지도력을 강화했다. 김정일도 후계자로 내정된 다음 해인 1975년부터 군대를 장악해 나가기 시작했다. 김정일은 1975년 1월 '전군 주체사상화'를 선포한 이후 군대의 당조직을 통해 군대의 모든 보고를 직접 받았다. 특히 김일성은 김정일이 군권을 장악하도록 하는 과정에서 '국방위원회'를 핵심 도구로 활용했다.

김일성은 1972년 제정한 〈사회주의 헌법〉을 통해 내각을 폐지하고 '중앙인민위원회'를 창설했다. 중앙인민위원회는 '국가주권의 최고지도기관'으로 그 수위(首位)가 김일성이고, 북한을 실질적으로 통치하

▌김정일 · 김정은 군권 장악 과정 비교

김정일	김정은
국방위원회 부위원장(1990. 5.) ⇓ 최고사령관(1991. 12.) ⇓ 국방위원장(1993. 4.)	당중앙군사위원회 부위원장(2010. 9.) (당중앙군사위원회 권한 대폭 확대) ⇓ 최고사령관(2011. 12.) ⇓ 당중앙군사위원회 위원장(2012. 4~)

는 중앙행정기관이었다. 이때 김일성은 중앙인민위원회의 사업을 돕는 하부기관으로 ① 대내정책위원회, ② 대외정책위원회, ③ 국방위원회, ④ 사법안전위원회를 설치했다. 국방위원회는 이 시기 처음 등장한 기관으로 주어진 권한은 별로 없었다. 그러나 1990년대 들어 김일성은 국방위원회의 권한을 강화하기 시작했다. 1990년 5월 제9기 1차 최고인민회의에서 국방위원회를 중앙인민위원회와 동격으로 승격한 후 자신은 위원장으로 올라서고 김정일을 제1부위원장에 임명했다.

김정일은 이어 1991년 12월 24일 최고사령관이 된 후 1993년 4월 국방위원장에 취임했다. 이로써 군권이 김일성에서 김정일로 완전히 이관되었다(6장 7절 참조). 한편 국방위원장의 권한은 1998년 헌법 개정에서 "국방사업 전반을 지도한다"는 부분이 추가되면서 더욱 강해졌다. 군사적인 측면뿐만 아니라 나라의 방위사업인 '국방'까지 관장하게 되었기 때문이다. 한편 통일부에 따르면 김정일이 언제 당중앙군사위원장이 되었는지는 알려지지 않았으며, 2004년에 그가 당중앙군사위원장이 되었다는 사실만 확인됐다.

김정은의 군권 장악은 김정일에 비해 훨씬 짧은 기간 내에 전격적으로 이루어졌다. 김정일의 경우는 후계자로 내정된 이후 19년이 걸렸으나, 김정은은 3년여 만에 군권을 확보했다. 김정은이 후계자로 내정된 것은 2009년 1월 8일이었다. 김정일이 2008년 8월 뇌졸중으로 쓰러진 지 불과 5개월 만이었다. 김정은은 후계자가 되고 1년 9개월 동안 아버지 김정일과 함께 군부대를 방문하면서 군대 내 기반을 다지다가, 2010년 9월 말 열린 노동당 제3차 대표자회에서 공개적으로 군권 장악에 나섰다. 김정일은 3차 당대표자회가 열리기 전날인 9월 27일 김정은을 포함한 6명에게 '대장'의 군사칭호를 부여했다. 이는 김정은에게 군권을 넘기는 신호탄이었다. 29일에는 김정은에게 '당중앙군사위원회 부위원장'이라는 직책이 부여됐다. 김정일은 이 직책을 신설하면서 김정은과 함께 총참모장 이영호도 이에 포함시켜 이영호가 김정은 지근거리에서 군에 관한 업무를 보좌하도록 했다. 김정은이 대장이라는 군사칭호를 받고 군사 정책을 총괄하는 당중앙군사위원회의 부위원장에 임명됨으로써 김정은의 군권 장악은 상당한 수준으로 진척되었다. 김정은의 군권 장악은 김정일이 사망한 2011년 12월 17일 이후인 12월 30일 김정은이 당중앙위원회에서 최고사령관으로 추대되고, 이어 2012년 4월 제4차 당대표자회에서 당중앙군사위원회 위원장에 추대되면서 최종적으로 완료되었다.

09

―

건군절과 선군절

1절에서 설명했듯이, 북한군은 1948년 2월 8일 창건되었다. 김일성은 이날 평양역전에서 40만 인파의 환호 속에 열린 열병식에서 조선인민군의 창설을 공식 선포했다. 김일성은 "오늘 우리가 인민군대를 가지게 되는 것은 우리 조국의 민주주의 조선 완전 자주독립을 일층 촉진시키기 위하여서입니다"라며 "어떠한 국가를 물론(막론)하고 자주 독립국가는 자기의 군대를 반드시 가지고 있는 것입니다"라고 말했다. 김일성은 "반일무장투쟁에 일생을 바쳐 온 진정한 조선의 애국자들을 골간으로 하여 창설된 것"이라고 말해 처음부터 북한군이 항일유격대의 전통을 이어받았음을 천명했다.

30년간 2월 8일을 '건군절'로 기념해 온 북한은 1978년부터 건군절을 4월 25일로 변경했다. 북한은 1977년 12월 12일 노동당 중앙위원회 비서국 회의를 열고 "1932년 4월 25일이 김일성 수령이 조선인민혁명군5을 창건한 날"이라면서 "혁명무력의 정통성을 더욱 뚜렷이 하기 위해 이날을 창건기념일로 한다"고 밝혔다. 북한의 이 같은 정책 전환은

■ 건군절 · 선군절 비교

건군절	선군절
• 1948. 2. 8: 제정 • 1977. 12. 12: 1978년부터 4월 25일로 　　　　　　　변경 결정 　- 항일유격대 창설(1932) 기념 • 2018. 1: 2월 8일로 환원	• 2010. 8. 25: 제정 　- 김정일 '선군혁명영도' 50주년 기념 • 2013. 8. 26: 국가명절 지정

김일성이 백두산에서 주도했다는 항일유격대인 '조선인민혁명군'을 매년 상기하게 함으로써 김일성의 '위대함'을 부각하기 위한 조치로 분석되었다. 그러나 김일성이 실제로 조선인민혁명군을 창건했는지 여부에 대해서는 논란이 많다. 한 예로 서대숙은 그의 저서 《북한의 지도자 김일성》에서 "김일성 유격대는 동북 항일연군에서 대략 1932년부터 1941년까지 만주 일대의 일본군과 싸웠으나 이 부대는 분명히 공산군이었고 한인 부대는 아니었다"면서 "김일성은 한인이 아닌 중국인의 지휘를 받고 만주에서 일본과 싸운 것"이라고 밝혔다.

북한은 이렇게 4월 25일을 건군절로 기념해 오다 2015년부터 비공식적으로 2월 8일에 건군절 행사를 치르기 시작했고, 2018년 1월 23일 〈2월 8일을 조선인민군 창건일로 의의 있게 기념할 데 대하여〉라는 정치국 결정서를 통해 '건군절'을 2월 8일로 공식 복귀시켰다. 이는 '과거의 유격대'에 큰 의미를 두기보다는 김정은 시대에 강조되는 '당이 통치하는 사회주의 국가로의 정상화' 작업의 일환으로 볼 수 있다. 건군절이 복원된 후 북한은 조선인민혁명군 창건일인 4월 25일에는 의미를

5　1979년에 발간된 〈조선로동사당략사〉 등 북한의 다른 자료에는 '조선인민혁명군'이 '반일인민유격대'로 표기됐다.

두지 않다가, 2020년 5월에 4월 25일을 국가 명절이자 공휴일로 지정했다.

특히 북한은 조선인민군 창건 90주년을 맞는 2022년 4월 25일에는 성대하게 기념식을 거행했다. 흰색 원수복을 입은 김정은과 2만여 명의 병력이 참석한 가운데 야간 열병식을 갖고 대륙간탄도미사일(화성-17형), 신형 SLBM(잠수함 발사 탄도미사일), 극초음속미사일 등 각종 전략무기를 선보였다. 이렇게 90주년 기념식을 성대하게 치른 것은 남쪽에서 대북 원칙론을 강조하는 윤석열 정부가 등장한 데다, 북한의 핵고도화를 둘러싸고 국제사회와 대치하는 국면에서 북한군의 무력을 과시하고 군 내부의 사기를 진작시키기 위한 조치로 보인다.

선군절의 내력은 건군절보다 다소 복잡하다. 3장 9절에서 설명한 대로, 북한은 김정일이 선군정치를 실시한 시기를 소급했다. 처음에는 김정일이 다박솔 초소를 현지지도한 1995년 1월 1일부터 "선군정치의 첫 포성이 울렸다"고 2001년쯤 밝힌 바 있다. 그러다 2005년 8월 24일 인민무력부 중앙보고대회에서 김영춘 당시 총참모장의 보고를 통해 김정일의 '선군정치'를 '선군혁명영도'라는 용어로 바꾸면서 1960년 8월 25일로 소급했다.

북한은 이렇게 8월 25일을 김정일의 선군혁명영도와 관련한 기념행사를 해오다 2010년에 8월 25일을 선군절로 제정했다. 공식적인 발표는 아니었으나, 북한이 내부 행사로 기념하던 날짜를 선군절로 제정한 것은 군대를 앞장세워 체제를 결속시킴과 동시에 김정은으로의 후계 구도를 안정화하기 위한 포석이라고 볼 수 있다. 북한은 3년 후인 2013년 8월 26일 최고인민회의 상임위원회 정령을 통해 선군절을 국가적

명절이자 휴식일로 정했다. 정령은 또 선군절에는 각 부대에서 '최고사령관기'를, 국가기관·기업소·단체와 가정들에서는 '공화국기'를 각각 게양한다고 밝혔다.

10

북한군의 지휘체계

한국의 국방부는 내각의 일원이고 합참의장이 군령권을, 각 군 총장이 군정권을 갖고 있다. 국방부장관의 위상과 역할은 ① 대통령의 국군 통수 보좌, ② 군정 및 군령에 관한 사무 관장, ③ 합참의장과 각 군 참모총장 감독이다. 즉, 합참의장과 각 군 총장에게 직접적인 명령을 내리는 위치는 아니지만, 대통령의 국군 통수 보좌 차원에서 이들에게 일정 부분 영향력을 가진다. 예를 들어 장군 진급을 두고 각 군 총장이 주도적으로 진급 대상자를 결정하나, 국방부장관의 의견에 따라 몇 명 정도는 변경된다. 결국 한국군의 지휘통솔체계는 비교적 간단하다. 그러나 북한군의 당적 지도나 지휘체계는 매우 복잡하다. 노동당의 당중앙위원회와 당중앙군사위원회, 국가기구인 국무위원장, 군대 내 당기구인 총정치국이 지도와 지휘로 얽혀 있다. 여기에 최고사령부의 지위와 역할까지 감안하면 더욱 복잡해진다. 이를 파악하기 위해 북한군 지휘통솔에 관한 주체 간 상호관계를 알아본다.

먼저 당중앙군사위원회와 국무위원장과의 관계를 살펴본다. 2021년

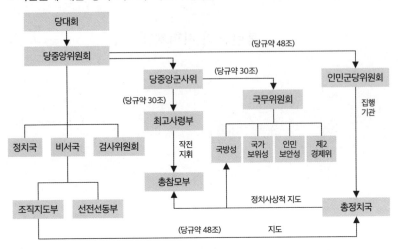

■ 북한군에 대한 당적 지도와 작전지휘계통

당규약에 따르면 당중앙군사위원회의 역할은 "당의 군사로선과 정책을 관철하기 위한 대책을 토의 결정하며 공화국 무력을 지휘하고 군수공업을 발전시키기 위한 사업을 비롯하여 국방사업 전반을 당적으로 지도한다"고 규정됐다. 2019년 헌법은 국무위원장에 대해 "조선민주주의인민공화국 무력의 총사령관으로 되며 국가의 일체 무력을 지휘통솔한다"고 규정했다. 외견상으로 '국가의 무력을 지휘한다'는 대목이 중첩된다. 그러나 7절에서 검토했듯이, 국무위원장의 군 지휘에 대한 권한은 매우 제한적이며, 당중앙군사위원회가 실질적으로 '군에 대한 지휘권'을 갖고 있다.

다음은 당중앙군사위원회와 최고사령부 간의 관계다. 최고사령부가 당과 국가기구 중 어디에 속하는지에 대한 문제는 논란의 여지가 있으나, 1991년 12월 김정일이 최고사령관이 되었을 때와 2011년 12월 김정은이 최고사령관이 되었을 때 모두 당중앙위원회를 거쳤다는 점에서 당에 소속된 기구로 보는 것이 합당하다. 또 북한은 당이 국가를 지도하는 '당-국가체제'다. 북한 헌법 11조는 "조선민주주의인민공화국은 조선로동당의 령도 밑에 모든 활동을 진행한다"고 되어 있다. 특히 당중앙군사위원회는 2021년 당규약에 "당대회와 당대회 사이의 당의 최고군사지도기관"으로 규정되어 있다. 따라서 당중앙군사위원회가 최고사령부를 지도하는 것으로 분석된다. 결국 당중앙군사위원장인 최고사령관이 총참모부를 통해 북한군을 지휘하고 통제하는 것이다. 2022년 11월 남북 간 군사적 대치가 고조됐을 당시 북한은 총참모부를 통해 대응책을 표명했다. 한 예로 총참모부는 2022년 11월 7일 "미국 남조선 연합 공중훈련 비질런트 스톰(Vigilant Storm, 한미 대규모 연합 공중훈련)에 대응한 인민군의 군사 작전 진행에 대한 총참모부 보도"를 통해 한미 연합훈련이 "사실상 지역의 긴장을 의도적으로 고조시키는 공공연한 도발 행위이며 특히 우리 국가를 직접적인 목표로 겨눈 침략적 성격이 매우 짙은 위험한 전쟁 연습"이라며 "묵과하거나 용납할 수 없는 행위"라고 주장했다.

북한에선 당중앙군사위원회 위원장·최고사령관·국무위원장이라는 직책 모두를 김정은이 차지하고 있다. 따라서 실제적으로는 김정은이 북한군을 지휘통제하는 것이다. 김정은이 상황에 따라 어떤 경우는 '당중앙군사위원장'으로서, 어떤 경우는 '최고사령관'으로서, 또 어떤 경우는 '국무위원장'으로서 군에 대한 지휘통제를 하고 있다고 볼 수 있다. 이는 마치 한국에 근무 중인 미군 대장이 주한미군 사령관·한미연합 사령관·유엔군 사령관이라는 세 가지 직책을 상황에 따라 수행하는 것에 비유할 수 있다.

그렇다면 김정은은 집권 이후 군대를 지휘통솔할 때 어떤 자격을 내세우길 선호하는 것일까. 김정은의 할아버지 김일성은 최고사령관이라는 직책을 더 많이 사용했다고 보인다. 이는 김정일이 최고사령관으로 추대되고 난 다음 날인 1991년 12월 25일, 김일성이 한 발언에서 유추할 수 있다.

내가 이제는 팔십 고령이므로 최고사령관으로서 밤을 지새우며 전군을 지휘하고 통솔하기 곤란하다. 이제부터 나는 당중앙위원회 군사위원장으로서 고문의 역할을 할 것이다. 전체 인민군 장병들이 김정일 최고사령관의 명령을 나의 명령과 같이 여기고 그의 명령에 절대 복종하며 최고사령관의 령도를 충성으로 받들어 나갈 것을 기대한다.

김일성은 이 발언에서 당중앙위원장을 '고문'으로 간주하고, 자신과 김정일의 직책 중 최고사령관을 유독 강조했다. 즉, 군대를 지휘하고 통솔할 때에는 당중앙군사위원장보다 최고사령관이 더 중요하다고 판단한 셈이다.

반면 김정은은 당중앙군사위원회를 더 선호하는 것으로 보인다. 북한은 2013년 2월 3차 핵실험을 앞두고 '당중앙군사위원회 확대회의'를 개최하여 "군력 강화에서 일대 전환을 일으킬 데 대한 문제와 조직 문제가 토의됐다"고 밝혔다. 특히 2015년 8월 비무장지대에서 북한군의 지뢰 매설 폭발 사태로 남북관계가 악화될 당시 북한은 '당중앙군사위원회 비상 확대회의'를 긴급 소집해 전선지대에 '준전시상태'를 선포하고 군인들에게 '완전무장'을 명령한 적이 있다.

다음으로는 북한군에 대한 당적 지도체계를 살펴본다. 북한군에 대한 사상교육은 최정점에서 인민군 당위원회와 그 집행기관인 총정치국이 담당한다. 당규약에 따르면 인민군당위원회는 당중앙위원회 지도하에 사업을 하도록 되어 있다. 따라서 총정치국을 비롯한 각급 부대 정치부들도 당의 통제를 받아야 한다. 이는 구체적으로 당 비서국 내 조직지도부 당생활 지도13과의 통제를 통해 이루어진다고 알려져 있다. 여기서 주목되는 것은 북한이 2020년 당 내에 신설한 '군정지도부'(부장 오일정)의 역할이다. 조직지도부에서 군대 지도를 담당하는 부서들을 묶어 신설한 조직으로 보인다. 한편 총정치국은 국무위원회 산하기관 중 국방성에 대해서만 당적 지도를 하고, 국가안전보위부, 인민보안성, 제2경제위원회는 자체 정치기관에서 이를 담당한다.

보론

—

북한체제 이해의 기반,
사회주의의 변천

서언

1945년 해방 이후 김일성을 수반으로 형성된 북한체제는 소련의 지도자 이오시프 스탈린의 절대적 후원하에 탄생했다. 북한체제는 소련의 지시에 따라 '인민민주주의' 노선을 거쳐 1950년대 중반 이후 '마르크스-레닌주의'가 핵심인 소련식 사회주의 국가로서의 길을 걸어갔다. '마르크스-레닌주의'는 1956년 제 3차 노동당 대회에서 채택된 당규약에서 노동당의 지도이념이 됐다. 그러나 24년 후인 1980년 제 6차 당대회에서 마르크스-레닌주의는 삭제되고 주체사상만이 유일한 지도이념이 됐다. 헌법에서는 1992년 개정 때 마르크스-레닌주의라는 용어가 삭제됐다. 이는 북한이 수령유일체제의 정착과 심화되는 체제위기 극복을 위해 '우리식 사회주의'를 내건 데 따른 결정이다. 즉, 북한에서의 사회주의는 소련식 사회주의에서 벗어나 인민대중 중심의 사회주의라는 독자적 형태를 띠게 된 것이다.

그렇다면 1992년 이후 북한에서는 마르크스-레닌주의가 완전히 사라진 것인가? 아니다. 생산수단의 국유화, 일당독재, 계급투쟁, 폭력혁명, 전체주의, 민주주의 중앙집권제 등 마르크스-레닌주의의 핵심 내용은 여전히 북한의 정치 · 경제 · 사회 분야에 적용되고 있다. 따라서 북한체제를 전반적으로 파악하기 위해서는 주체사상의 최신판인 '김일성-김정일주의'와 함께 마르크스-레닌주의를 비롯한 스탈린의 이론과 주장에 대한 이해도 필요하다. 이와 함께 집권 후 스탈린 격하운동을 벌여 북한 역사에 심대한 영향을 끼친 니키타 흐루쇼프의 주장을 스탈린의 주장과 비교해 알아본다.

01
—

마르크스와 레닌 1
자본주의는 필망할 것인가?

자본주의는 자체 모순으로 반드시 붕괴하고 새로운 사회인 공산주의 사회가 나타난다고 주장한 독일 철학자 카를 마르크스(1818~1883)의 사상과 학설을 총체적으로 '마르크스주의'라고 부른다. 마르크스주의는 소수의 자본가 계급(부르주아)이 다수의 노동자 계급(프롤레타리아, PT)을 착취하는 등 자본주의의 여러 가지 모순들이 극대화되면, 자본주의는 필연적으로 붕괴되고 사적(私的) 재산 폐지와 계급 철폐 등을 주요 내용으로 하는 공산주의로 이행된다는 내용이 그 핵심이다. 마르크스는 1848년 《공산당 선언》을 통해 당시의 사회적 모순과 갈등 해소는 계급투쟁을 통한 새로운 사회가 나타나야 가능하다면서 자본주의에 대항하는 이데올로기로 공산주의를 제시했다. 마르크스는 당시 자본주의의 틀 내에서 개혁을 주장한 영국의 사상가 로버트 오언(1771~1858) 등을 '공상적 사회주의자'로 비판하면서 자신의 이론을 '과학적 사회주의'라고 명명했다. 자신의 주장은 '변증법적 유물론', '잉여가치설', '계급투쟁론' 등 과학적 이론을 포함했기 때문이라는 것이다.

■ '자본주의 붕괴' 등을 둘러싼 마르크스와 레닌의 주장 비교

분류	마르크스	레닌	비고
자본주의 붕괴	• 내적 모순 의한 필연적 붕괴	• 필연적 붕괴 불가능 • 폭력에 의한 타도	차이점
혁명 단계	• 부르주아 혁명 거쳐 사회주의 혁명	• 부르주아 혁명 거쳐 사회주의 혁명	공통점
혁명 방식	• 영속 혁명 • 세계 동시 혁명	• 계속 혁명 • 일국 혁명	차이점
정당 설립	• 국제공산당 추구	• 일국에서 정당 필요	차이점

마르크스 사후(死後) 블라디미르 레닌(1870~1924)은 마르크스의 이론을 토대로 하되 이를 수정 및 보완했다. 그 내용은 제국주의론, 전위당(前衛黨)론, 노농(勞農)동맹, 소비에트 공화제 등인데, 이를 총체적으로 '레닌주의'라고 부른다. 레닌은 마르크스주의에 대해 다음과 같이 평가했다.

우리들은 마르크스의 이론을 결코 완성된, 불가침의 것이라고는 생각하지 않는다. 반대로 이 이론은 사회주의자가 실생활에 뒤떨어지지 않기를 원한다면 모든 방향으로 더욱 전진시키지 않으면 안 되는 하나의 과학적 토대를 마련한 데 불과하다고 우리들은 확신한다.

레닌에게 마르크스주의는 보완해야 할 사항이 많은 이론이었던 것이다. 그러면서도 레닌은 마르크스주의를 내걸고 1917년 러시아 혁명을 성공시켰다는 점을 의식하여 '레닌주의가 마르크스주의에서 벗어나지 않았다'라는 점도 주지시키고자 했다. 자신이 정통 마르크스주의자라는 지위를 확보하겠다는 의도였으며, 이를 위해 마르크스주의를 수정하고 보완하는 작업을 마르크스주의의 '창조적 적용'이라고 주장했다. 레닌이 시도했던 이 같은 마르크스주의의 창조적 적용은 그 후 중국 공산당, '조선로동당' 등에서 공통적으로 나타났다.

마르크스와 레닌은 자본주의체제는 붕괴되고 새로운 사회인 사회주의, 더 나아가 공산주의가 등장하리라는 데 견해를 같이했다. 그러나 레닌은 러시아 사회주의 혁명을 성공시키는 과정에서 마르크스의 주장을 전적으로 따르지 않았다. 레닌은 마르크스주의가 자본주의의 문제점을 이론적으로 설파하는 데 중점을 두었지, 새로운 세계를 어떻게 구현할지에 대해 실천적 대안을 제시하지 못했다고 진단했다. 레닌의 관심은 러시아에서 봉건왕조와 자본주의를 어떻게 타도하고, 공산주의 사회를 어떻게 건설할지에 집중됐다. 레닌은 이를 위해 마르크스의 주장에 얽매이지 않고 나름대로 새로운 이론과 전술을 고안해 냈다. 그 결과 마르크스주의와 레닌주의 사이에는 공통점이 있지만, 동시에 차이점도 보인다.

첫째, 자본주의체제의 붕괴와 관련해서다. 마르크스는 자본주의체제 붕괴에 내재한 '역사적 필연성'을 강조했다. 즉, 인류 역사가 흘러가는 노선은 어떤 법칙에 따라 객관적으로 결정되어 있다는 것이다. 구체적으로 인간 사회는 원시 공산사회에서 고대 노예사회, 노예사회에서 중세 봉건사회, 봉건사회에서 근대 자본주의 사회로 흘러왔고, 근대 자본주의 사회는 반드시 공산주의 사회로 넘어간다고 그는 생각했다. 이러한 역사적 흐름은 그 어떠한 힘으로도 가로막거나 변경할 수 없고, 만약 이러한 흐름에 인간이 순응하지 않는다면 파멸에 직면

할 것이라고 마르크스는 주장했다.

반면 레닌은 자본주의체제의 자동 붕괴를 부인했다. 그는 자본주의의 내부 모순이 심해지고 각종 범죄 등 사회악이 만연하면 사회주의로 넘어갈 수 있는 여지는 커지겠으나, '적당한 기회'를 놓치면 자본주의는 많은 약점에도 불구하고 영원히 유지될 수 있다고 보았다. 레닌은 마르크스가 주장한 계급투쟁을 통한 인류 역사의 변화는 인정했으나, '역사 그 자체'로는 변화를 유도할 수 없고, 인간이 어떤 '혁명적 조치'를 취하지 않으면 자본주의가 그대로 이어질 수 있다고 주장한 것이다.

둘째, 혁명의 추진 단계 및 방식에 관련해서다. 마르크스와 레닌은 봉건왕조를 타도하고 사회주의 사회로 이행하려면 두 단계의 혁명을 거쳐야 한다는 점에서는 견해를 같이했다. 두 단계 혁명이란 '부르주아 혁명'과 '사회주의 혁명'(프롤레타리아 혁명)이다. 당시 유럽의 정치사회적 상황을 보면, 봉건왕조(성직자 및 귀족 포함)와 부르주아, 노동자, 농민이 공존했다. 러시아에서도 자본주의가 도입되어 자본가를 중심으로 한 부르주아 세력과 지식인들을 중심으로 한 자유주의 세력이 등장했다. 이런 상황에서 사회주의를 달성하기 위해서는 봉건왕조를 타파하는 부르주아 혁명이 이루어진 후 프롤레타리아가 부르주아를 몰아내고 권력을 장악하는 사회주의 혁명의 순서로 이어진다는 것이 두 단계 혁명론이다. 인류 최초로 사회주의 국가가 성립된 러시아 혁명도 이런 과정을 거쳐 이루어졌다. 즉, 제정 러시아에 반대하는 사회주의자(볼셰비키, 멘셰비키) 세력[1]이 부르주아·자유주의 세력과 연합해 1917년 2월

---

1   19세기 말부터 20세기 초 러시아에서는 마르크스주의를 대변하는 당으로 '사회민주

제정러시아를 붕괴시키는 '부르주아 혁명'을 성공시킨 후, 레닌이 주도하는 볼셰비키가 1917년 10월 알렉산드르 케렌스키(1881~1970) 지휘하의 멘셰비키(자유주의 세력과 연계됨)를 타도하는 사회주의 혁명이 연이어 발생한 것이다.

마르크스와 레닌은 그러나 부르주아 혁명에서 프롤레타리아 혁명으로 어떻게 이어지느냐의 문제에 대해서는 견해를 달리했다. 첫 번째, 영속혁명론 대 계속혁명론의 구도를 보였다. 마르크스는 부르주아 혁명이 성공한 후 일정한 시기를 두고 프롤레타리아 혁명으로 이행해야 한다고 주장했다. 이른바 '영속혁명론'2으로, '일정한 시기' 동안 전 세계의 프롤레타리아가 힘을 충분히 키운 후 사회주의 혁명을 해야 성공할 수 있다는 것이다. 마르크스주의자였던 레온 트로츠키(1879~1940)는 그 일정한 시기를 50~100년으로 잡았다.

반면 레닌은 부르주아 혁명이 완료되면 이어서 사회주의 혁명이 일어나야 한다고 주장했다. 마르크스의 주장처럼 일정한 시차를 둘 필요가 없다는 것으로, 이를 '계속혁명론'이라 한다. 이는 '자본주의는 자동적으로 붕괴되지 않을 것'이라는 자신의 신조와 맥을 같이하는 것으로, '기회를 놓치면 혁명이 성공할 수 없다'는 생각에서 나온 발상으로 보인다. 레닌은 이어 각각의 혁명 후에는 이를 공고히 하기 위한 임시정부

노동당'이 있었다. '소련공산당'의 전신으로, 레닌이 강령을 만들었다. 이후 당의 노선을 놓고 레닌파와 마르토프파가 대립했다. 그 결과 레닌파가 다수를 얻자 다수파라는 의미의 '볼셰비키'로, 마르토프파는 소수파라는 뜻의 '멘셰비키'로 각각 불렸다. 사회민주노동당은 1918년 3월 제7차 당대회에서 '러시아공산당'으로 당명을 바꿨다.
2　영속혁명론은 '영구혁명론'으로도 불린다.

(부르주아 혁명 후에는 '노농 독재정권', 사회주의 혁명 후에는 '프롤레타리아 독재정권')가 각각 수립된다고 주장했다.

두 번째, 동시혁명 대 일국혁명 간의 대립이다. 마르크스는 대다수 자본주의 국가들에서 동시에 사회주의 혁명이 일어나야 그 혁명이 승리할 수 있다는 '동시혁명론'3을 주장했다. 자본가들이 국제적으로 연대하기 때문에, 설사 하나의 자본주의 국가에서 사회주의 혁명이 성공한다 해도 전 세계 자본가들의 반격을 받아 정권을 잃을 수 있다는 이유에서였다. 또 정권을 유지한다고 해도 이를 가능케 할 경제적 기초와 정치적 여건이 구비되지 않으면 다시 정권을 상실할 우려가 있다고 보았다. 따라서 사회주의 혁명이 성공하려면 주요 자본주의 국가들에서 동시에 혁명이 일어나야 한다고 마르크스는 주장했다.

반면 레닌은 자본주의 열강들 간의 식민지 경쟁이 치열해지고, 착취를 당하는 식민지 국가가 생겨난 '제국주의 시대'는 마르크스가 생존해 있을 당시와 상황이 달라졌다고 진단했다. 즉, 자본주의 국가들 간의 극심한 식민지 경쟁은 전쟁으로 이어질 수밖에 없고, 이 과정에서 착취를 당하는 식민지 국가나 주변 국가가 '약한 고리'가 되어 혁명의 진원지가 될 수 있다는 주장이다. 그래서 레닌은 이런 국가들 중 한 국가에서 사회주의 혁명이 일어나도 자본주의 국가들이 공동으로 간섭하기가 어려워져 일국에서의 사회주의 혁명이 성공할 수 있다고 보았다. 이것이 '일국혁명론'이다.

물론 레닌도 러시아에서 사회주의 혁명의 성공이 쉽지 않을 것으로

---

3 동시혁명론은 '세계혁명론'으로도 불린다.

보았다. 레닌은 마르크스처럼 경제적 조건이 성숙된 후에야 혁명 등의 정치활동이 일어날 수 있다고 보았다. 그래서 제국주의로 인해 한 국가에서 사회주의 혁명이 일어날 가능성은 생겼으나, 러시아의 경제적 조건이 뒤떨어져 있기 때문에 사회주의 혁명의 성공이 여의치 않다고 본 것이다. 그럼에도 레닌은 1차 세계대전에서 러시아가 맞은 군사적 패배와 극심해지는 경제적 곤궁에 염증을 느낀 러시아 국민의 불만을 전술적으로 활용하여 경제적 후진국이었던 러시아에서 사회주의 혁명을 성공시켰다. 결국 러시아에서 사회주의 혁명의 성공은 마르크스의 이론(자본주의 필망론, 영속혁명, 동시혁명)에 의거하여 실현된 것이 아니라, 레닌의 탁월한 정치적·군사적 지략에 의해 이루어진 것이다.

세 번째, 당(黨)의 조직에 관련해서도 입장 차이를 보였다. 마르크스는 공산당이라는 조직이 국가 차원에서는 필요하지 않고, 국제적인 규모에서만 필요하다고 주장했다. 자본가들이 국제적으로 강력하게 뭉쳐 있어 어느 한 국가에서 노동자들이 주축이 된 조직이 혁명을 일으켜 봐야 전 세계적으로 자본가들의 공격을 받아 성공할 수 없기 때문에, 노동자들도 전 세계적으로 뭉쳐야 하고 이를 위해 '국제공산당'이 요구된다는 것이다. 비록 마르크스가 1848년 2월 《공산당 선언》이라는 제목의 역사적인 책자를 발간했지만, 그 내용은 노동자 계급을 국제적으로 조직해야 한다는 필요성을 강조했을 뿐이지, 공산당 조직에 관한 구체적인 의견은 담지 않았다. 노동자들은 이미 노동쟁의 등 세상 돌아가는 사정에 대해 잘 알기 때문에 구태여 '당'이라는 조직을 만들어 이들을 지도할 필요는 없다고 마르크스는 주장했다.

반면, 레닌은 마르크스의 그러한 주장은 산업자본주의 시기에는 타당하다고 볼 수 있으나, 자본주의 국가들의 독점력이 비대해진 '제국주의' 시기에는 맞지 않는다고 주장했다. 레닌은 앞에서 설명한 일국혁명의 논리에 따라 한 국가에서 노동자 계급의 사회주의 혁명 운동을 지도할 혁명의 참모부로서 당이 필요하다고 강조했다. 레닌은 1902년 발표한 〈무엇을 할 것인가〉라는 논문에서 '마르크스주의적 당조직'의 필요성을 언급했다. 이어 1904년 발간한 〈1보 전진 2보 후퇴〉라는 논문에서는 당조직의 원칙을 정식화했다. 4 특히 레닌은 당을 만들 때에는 혁명 활동에 전념할 수 있고, 투쟁 방법을 잘 알고 있는 '직업적 혁명가'가 주도해야 한다고 주장했다.

---

4 당조직 원칙의 내용은 5가지다. 첫째, 당은 노동계급의 선봉적 부대이다. 레닌은 노동계급에서 우수하고 자각적이며 자기희생적인 사람들을 선발해 당을 조직해야 한다고 주장했다. 둘째, 당은 노동계급의 조직적 부대이다. 레닌은 당은 의지·행동·규율의 통일로 뭉친 노동계급의 단일적인 부대라고 주장했다. 셋째, 당은 중앙집권적 원칙에 의해 조직되어야 한다. 중앙집권적 원칙이란 당이 단일한 규약과 단일한 규율하에 운영되며, 소수자는 다수자에, 하급조직은 상급조직에 각각 복종하는 것을 의미한다. 넷째, 당은 당원이 아닌 근로자 대중과의 연계도 잘 실현해야 한다. 다섯째, 당은 프롤레타리아의 모든 조직의 최고 형태이다. 이는 앞의 4가지 원칙에 따른 결과적 개념이라고 볼 수 있다. 즉, 당이 노동자 중 우수한 인물들로 구성되고 조직이 잘 단결해 있기 때문에 투쟁전술이 가장 능숙할 수밖에 없다는 것이다.

02
—
마르크스와 레닌 2
혁명의 주체는 누구인가?

마르크스와 레닌의 주장 사이에는 1절에서 언급한 내용 외에도 몇 가지 차이점이 더 있다. 첫째, 부르주아 혁명의 주체와 관련해서다. 봉건왕조를 타도하는 부르주아 혁명에서는 부르주아가 주역이 되어야 한다고 마르크스는 주장했다. 반면 레닌은 부르주아 혁명에서도 부르주아는 봉건왕조와 타협할 여지가 크기 때문에 이때에도 노동자들이 주도권을 쥐고 혁명을 해야 봉건왕조를 철저히 타도할 수 있다고 강조했다.[5] 이와 함께 레닌은 부르주아 혁명을 성공시키려면 지주들의 토지소유에 의해 손해를 보고 있는 농민들을 노동자 편으로 끌어들여야 한다고 강조했다. 즉, 레닌은 봉건왕조를 타도하기 위해선 노농(勞農) 동맹이 요구된다고 주장한 것이다. 이는 마르크스가 제기하지 않았던 대목이다. 레닌이 러시아 인구의 80%에 이르고, 군인들의 상당 부분을

---

5 부르주아 혁명에서 노동자들이 다수 참가하고 혁명의 주도권을 잡을 경우 이를 '부르주아 민주주의 혁명'이라고 레닌은 규정했다.

▌혁명 주체 등을 둘러싼 마르크스와 레닌 주장 비교

구분	마르크스	레닌
부르주아 혁명 주체	• 부르주아	• 노동자와 농민
사회주의 혁명 주체	• 노동자	• 노동자와 빈농
혁명 실현 방법	• 폭력 위주 - '민주주의적 요소' 가미	• 폭력 위주 - 상황 따라 평화적 수단 가미

차지하는 농민들을 자신의 적대 계층으로 만들지 않기 위해 노농동맹을 추진한 것은 효과적인 혁명전술이었다는 평가를 받는다.

둘째, 사회주의 혁명(프롤레타리아 혁명)의 주체와 관련해서다. 사회주의 혁명에서 마르크스는 노동자를 혁명의 주체로 보았다. 그가 작성한 《공산당 선언》에는 "프롤레타리아가 잃을 것은 속박의 사슬밖에 없다. 그들은 세계를 얻을 것이다. 만국의 노동자여 단결하라"라는 문장이 나온다. 이처럼 마르크스는 부르주아 자본주의 정권을 타도하는 혁명에서 노동자가 핵심적인 역할을 해야 한다고 주장했다. 반면 레닌은 사회주의 혁명에서 노동자와 빈농(貧農)의 연합을 강조했다. 즉, 부르주아 혁명에서는 노동자와 농민의 연합이 필요하지만, 사회주의 혁명에서는 노동자와 농민 전체가 아니라 농민 중에서도 가난한 빈농과 연합해야 한다는 것이다. 이때는 빈농만이 사회주의 변혁으로 이익을 얻기 때문이라는 이유에서였다.

셋째, 혁명의 수단에 관해서 입장 차이를 보였다. 마르크스는 사회주의와 공산주의를 실현하는 데 폭력이 필요하다고 보았지만, 모든 것을 폭력에 의존해야 한다는 입장은 아니었다. 마르크스는 1848년 발표한 《공산당 선언》 제4장 '공산주의자들의 각종 반대당파에 대한 입장'

에서 "현 자본주의 제도를 오직 강제력으로 타도해야 한다"고 주장했다. 그러나 마르크스는 인도주의적·민주주의적 요소들에도 관심을 가졌다. 예를 들어 집회의 자유, 평등 및 비밀 선거, 인신 및 가옥의 불가침성, 언론출판의 자유 등을 혁명의 수단에 포함했다. 이는 1867년 영국에서의 선거법 개정을 계기로 여러 나라에서 보통선거가 실시되고, 1890년에는 독일에서 〈사회주의 진압법〉이 폐지되어 사회민주당의 활동 범위가 확대되면서 마르크스주의자들이 폭력혁명만을 고집하기 어려워진 상황이 반영된 것이었다.

반면 레닌은 유럽의 강대국들이 무력으로 식민지 경쟁을 벌이는 제국주의 시대에 혁명이 성공하려면 폭력이 필요하다고 주장했다. 다만 제정러시아를 붕괴시킨 1917년 2월 혁명 이후, 레닌은 멘셰비키의 임시정부(총리에 케렌스키)와 벌인 투쟁에서 '평화적 수단'을 강조한 적이 있다. 그러나 임시정부가 7월 4일부터 볼셰비키 검거령을 내리자 레닌은 평화적 수단을 거두어들이고 폭력적 방법에 의거하여 정권타도에 나섰다. 결국 1917년 10월 24일(舊曆, 양력으로는 11월 6일) 레닌은 볼셰비키에게 폭동을 일으키라고 지시를 내렸고, 이 폭동이 성공해 25일 임시정부가 붕괴하면서 모든 권력을 볼셰비키가 장악했다. 러시아에서 인류 최초로 폭력에 의한 사회주의 혁명이 성공하는 순간이었다.

03

공산주의 사상가 3인과 프롤레타리아독재

프롤레타리아독재는 마르크스가 1875년 펴낸 《고타 강령 비판》(*Kritik des Gothaer Programms*)에서 자본주의 정권이 무너진 뒤 들어선 새 정권의 성격으로 제시한 정치적 개념이다. 마르크스는 자본주의 정권이 무너진 후 공산주의 사회가 들어서기 전까지 "국가는 오로지 혁명적 프롤레타리아독재 형태 그 이상 아무 형태도 취할 수 없다"고 주장했다. 다소 애매한 표현인데, 이는 자본주의 정권이 무너진 이후의 공백을, 아직 온전한 국가 형태의 권력 체계는 아니더라도 프롤레타리아들이 그 나름대로 보유하고 있는 '정치적 지배 권력'으로 볼 수 있다는 뜻이다. 그런데 마르크스 저작에는 프롤레타리아독재에 대해 이런 언급 외에 구체적인 설명이 들어 있지 않았다.

레닌은 마르크스의 모호한 프롤레타리아독재 개념을 구체화했다. 레닌은 노동자들 자체로서는 통치 능력이 떨어지기 때문에 우수한 노동자들로 구성된 당이 통치의 전면에 나서야 한다고 주장했다. 즉, 프롤레타리아독재를 실천하는 하나의 방안으로서 '당의 지도'를 천명한

■ 프롤레타리아(PT)독재를 둘러싼 공산주의자 3인의 주장 비교

	마르크스	레닌	스탈린
개념	• 프롤레타리아가 정권 장악 후 보유하는 정치적 지배 권력	• PT독재의 당의 독재화 - '소수 엘리트로 구성된 전위당'의 절대적 지도	• 당의 독재 강화 ⇒ 국가기구 독재 ⇒ 스탈린 1인 독재
행사 방법	• 제시하지 않음	• 폭력 포함해 다양한 방식 존재	• 폭력 일변도
국가 형태	• 파리코뮌	• '소비에트 공화제' 제시 • '소비에트 사회주의 공화국 연방'(소련) 탄생(1922)	• '소련 연방' 완성 (1940)

것이다. 프롤레타리아의 정예분자들로 구성된 당이 프롤레타리아 혁명의 참모부로서 정권을 장악한 후 사회주의 건설의 조직자가 되어야 한다는 것이 레닌의 지론이었다. 레닌은 이와 함께 프롤레타리아독재라는 개념에서 '독재'에 대해 다소 모호한 입장을 취했다. 레닌은 프롤레타리아독재가 '부르주아들을 억압하기 위한 폭력'이라는 점을 인정했다. 다만 레닌은 이런 독재는 프롤레타리아 '개인'이 아닌, 마르크스주의에 정통한 소수의 직업혁명가들로 구성된 '당'만이 행사할 수 있다고 보았다. 레닌은 더불어 "다양한 역사적 시기들에 따라 그에 맞는 다양한 프롤레타리아독재 형태가 필요하다"고 주장했다. 즉, 폭력 이외에도 다른 수단이 있음을 시사한 것이다.

반면 스탈린은 프롤레타리아독재를 전적으로 '폭력혁명'으로 간주하고 당과 국가기구를 통한 '소련 사회주의' 건설과 저항계층 숙청에 전력투구했다. 스탈린은 레닌보다 당의 역할을 더욱 강화하여 모든 사회조

직과 인민들이 당의 지시에 절대 복종해야 하는 '일당독재'를 확립했다. 스탈린은 "소련에는 자본가, 지주, 부농 등과 같은 계급이 더 이상 존재하지 않는다"면서 "소련에는 당이 몇 개씩이나 되고 그들을 위한 자유가 존재해야 할 하등의 근거가 없다"고 주장했다. 이어 스탈린은 당의 독재를 '국가의 독재'로 바꾸었다. 경찰을 비롯한 국가의 모든 조직이 독재의 손과 발의 기능을 맡게 된 것이다. 이는 '당의 독재'를 표방하는 것보다는 프롤레타리아의 정권 형태로 선전되는 '소비에트'가 기반인 국가기구를 통한 독재가 유리하다는 스탈린의 판단에 따른 것이다. 스탈린은 국가기구 중에서도 '내무인민위원회(NKVD)' 같은 비밀경찰기구를 통한 독재를 실시했고, 이는 결국 비밀경찰기구를 통한 스탈린의 1인 독재로 귀결됐다. 이때에는 당의 역할도 비밀경찰기구의 위력 앞에 유명무실해졌다.

마르크스는 프롤레타리아독재라는 개념을 처음으로 제시했으나, 그 '독재 형태'가 구체적으로 어떤 국가 형태인지에 대해 설명은 하지 않았다. 다만 마르크스는 프롤레타리아독재를 실시하는 국가 형태로 1871년 파리에서 노동자들이 주동하여 국가 형태로 성립되었다가 얼마 안 되어 해체된 '파리 코뮌'을 제시했다. 레닌은 프롤레타리아독재가 적용되는 국가 형태로서 '소비에트 공화제'를 제시했다. 노동자・농민・군인들이 각각 선출한 대표(대의원)들로 구성된 평의회, 즉 '소비에트'가 국정을 수행하는 것이다. 이 소비에트는 1917년 10월 혁명이 성공한 직후 국가로서의 형태를 갖추면서 '러시아 소비에트 공화국'으로 재탄생했다. 이를 계기로 구(舊) 제정러시아 지역 이외에서 '우크라이나 소비에트 사회주의 공화국' 등의 '소비에트 사회주의 공화국'이 수립됐다. 이후 러시아 소비에트 공화국은 1918년에 이르러 '러시아 소비에트 연방 사회주의 공화국'으로 바뀌었다. 이 공화국은 레닌의 주도하에 '자캅카스 소비에트 연방 사회주의 공화국'6 · '우크라이나 소비에트 사회주의 공화국' · '벨로루시(벨라루스) 소비에트 사회주의 공화국'과 통합되어 1922년 12월 30일 '소비에트 사회주의 공화국 연방'(소련)으로 거듭났다. 스탈린은 러시아 주위의 사회주의 공화국들을 계속 합병하며 소련연방의 규모를 확대해 나갔다. 스탈린은 1940년 발트 3국과 몰다비아를 병합하여 1991년 해체되기 이전의 '소련 연방'을 완성했다.

---

6 이 공화국은 1936년 '그루지야(조지아) 소비에트 사회주의 공화국', '아르메니아 소비에트 사회주의 공화국', '아제르바이잔 소비에트 사회주의 공화국'으로 분리됐다.

04

—

스탈린과 세계 공산주의화

이번 절에서는 스탈린이 전 세계의 적화(赤化)를 위해 어떤 이론과 정책을 구사했는지 알아본다. 스탈린의 이론과 정책은 세 개의 축으로 구성되는데, 첫 번째가 '제국주의론'이다. 스탈린은 레닌과 마찬가지로 자본주의가 고도화되는 제국주의 시절에는 자본주의 국가들 간의 갈등이 심화될 것으로 보았다. 산업자본주의 시절에는 자본주의 국가들이 서로 협력해 봉건군주들과 투쟁을 벌였기 때문에 큰 갈등이 없었으나, 독점자본주의인 제국주의 시절에는 전 세계의 경제적 이권을 놓고 자본주의 국가들 간의 경쟁이 심해진다는 것이다. 이 경쟁이 급기야 전쟁으로 이어지면, 이 와중에 제국주의의 고리가 가장 약한 곳(러시아를 지칭함)에서 사회주의가 승리할 수 있다고 스탈린은 주장했다.

두 번째는 '양(兩) 진영론'이다. 스탈린은 사회주의 혁명이 성공한 소련은 자국(自國)의 안전과 번영을 위해 다른 국가들의 혁명 운동을 지원하여 이들 국가들에서 사회주의 정권을 탄생시켜야 한다고 주장했다. 즉, 제국주의 간 전쟁으로 사회주의 정권이 탄생한 국가끼리 '사회

❙ 스탈린의 제국주의론 · 진영론 · 전쟁론 내용

분류	내용
제국주의론	제국주의 열강 간 치열한 경쟁 ⇒ 전쟁 비화 ⇒ 사회주의 혁명 성공
진영론	소련의 타국 혁명운동 간섭 ⇒ 자본주의 진영 대 사회주의 진영 대치
전쟁론	'공산주의 평화세력'의 '제국주의 세력' 타도 ⇒ 평화 도래

주의 진영'을 이루고, 이 진영은 기존의 '자본주의 진영'과 대치하게 된다는 것이다. 스탈린은 사회주의 진영에 식민지 국가들을 포함시켰는데, 이는 이들 국가의 탈식민지 투쟁을 세계 적화에 활용하겠다는 의도에서 나온 발상이다. 스탈린은 자본주의 진영과 사회주의 진영 간의 대치도 전쟁으로 이어질 것이며, 결국 사회주의 진영의 승리로 종결되리라고 주장했다. 스탈린의 진영론은 마르크스의 자본가와 노동자 간의 '계급투쟁론'을 국가 관계에 단순 적용한 측면도 없지 않으나, 실제로 2차 세계대전 이후 미국과 소련 간 냉전이 발생했다는 점에서 이론적 적실성은 있었다. 다만 사회주의 진영의 대표인 소련이 1991년 해체됨으로써 그 결과가 정반대로 도출되었을 뿐이다.

세 번째는 '정의'의 전쟁 대 '부정의'의 전쟁론이다. 레닌을 비롯한 사회주의자들은 자신들의 궁극적 목표에 '국가와 계급이 없는 사회'와 함께 '세계 평화'를 포함시켰다. 그런데 스탈린은 세계 평화에 대해 독특한 견해를 제시했다. 스탈린에 따르면 세계 평화는 스스로 찾아오는 것이 아니고, 사회주의 진영이 제국주의 진영을 붕괴시켜야 이룩할 수 있는 상태다. 이런 논리를 통해 사회주의 진영은 '평화애호 세력'을 자청하면서, 제국주의 진영을 '침략 세력'으로 낙인찍고자 했다. 스탈린은 더 나아가 제국주의자들이 수행했던 침략 전쟁은 '부정의'의 전쟁이고, 사회주의 진영이 수행하는 전쟁은 제국주의 침략으로부터 인민을 보호하며 식민지를 해방하는 '정의'의 전쟁이라고 주장했다. 이 주장의 단적인 사례로는 제2차 세계대전이 끝난 후 소련이 동유럽 국가들에 군사적으로 개입하여 위성정권을 세운 일을 들 수 있다.

한편 스탈린은 세계 혁명을 위한 6개 항의 전략을 발표했는데, 그 내용은 다음과 같다. ① 각국의 노자(勞資) 간 항쟁 조장, ② 식민지 및 후진국의 내란 조성, ③ 각국 공산당 조직의 선동·선전에 의한 혁명 준비, ④ 소련 영도하 각국 공산당의 통일, ⑤ 각 노동조합·학교·신문사 및 기타 민주기관에 비밀간첩 배치, ⑥ 공산당원과 간첩을 이용한 선전 및 지하운동에 의한 입헌정부 파괴다. 이들은 북한의 대남 적화 전략 골격과 유사하다.

05

흐루쇼프, '전 인민의 국가'를 말하다

1953년 3월 5일 스탈린이 사망한 후 소련의 권력은 니키타 흐루쇼프 (1894~1971)가 차지했다. 흐루쇼프는 스탈린이 신뢰하는 측근 중 한 명이었다. 2차 세계대전 중 공군 조종사로 근무하다 전사한 아들을 처리하는 문제를 둘러싸고 흐루쇼프가 스탈린에게 섭섭함을 품는 등 다소간의 불화는 있었으나, 흐루쇼프는 스탈린을 정치적 스승으로 대했다. 이런 흐루쇼프가 스탈린이 사망한 뒤 불과 3년여 만에 스탈린 격하 운동을 강력히 벌여 소련은 물론 전 세계를 놀라게 했다. 흐루쇼프는 1956년 소련 공산당 제20차 전당대회에서 권력 남용, 개인 우상화, 피의 숙청 등 스탈린의 여러 비행(非行)을 나열하면서 그를 신랄하게 비판했다. 따라서 두 사람 간에는 노선이나 정책에서 상당한 차이가 나타날 수밖에 없는데, 그 중에서 프롤레타리아독재 유무와 '소련의 국가 성격'과 관련해 알아본다.

마르크스·레닌·스탈린은 프롤레타리아독재의 옹호자들이다. 프롤레타리아독재란 프롤레타리아 계급이 부르주아 정권을 타도한 후 보

▌스탈린과 흐루쇼프 주장 비교

스탈린	흐루쇼프
• 프롤레타리아독재 유지 • 스탈린 1인 독재 국가	• 프롤레타리아독재 철폐 • '전 인민의 국가'

유하게 되는 정치권력으로, 노동자와 우호세력인 농민과 인텔리 계층에게는 민주주의를 실시하나, 지주와 자본가 계급에게는 독재나 폭력을 실시한다는 것이다. 스탈린은 프롤레타리아독재를 자신의 1인 독재로 변질시켰고, 1인 독재의 밑바탕에는 프롤레타리아독재가 깔려 있었다. 스탈린은 프롤레타리아독재라는 미명하에 수많은 정적(政敵)과 지주, 자본가, 군 고위장교 등을 숙청했다.

그러나 흐루쇼프는 1956년 제20차 당대회에서 스탈린 1인 독재를 격렬하게 비판했다. 따라서 스탈린 1인 독재의 기반인 프롤레타리아독재에 대해서도 스탈린식의 태도를 유지할 수 없었고, '엉거주춤한 자세'를 보였다. 그는 프롤레타리아독재에 수정을 가하면서 스탈린 시절과는 상반되는 정책들을 추진해 나갔다. 무엇보다 '피의 숙청'이 사라졌다. 말렌코프, 불가닌 등 정적들이 당에서 추방만 당했을 뿐 처형되지 않았고, 많은 정치범들이 석방됐다.

흐루쇼프는 1959년 제21차 당대회에서 1936년 이미 달성된 사회주의가 '충만한 최후의 단계'에 도달했다고 선언했다.[7] 흐루쇼프는 1961년 제22차 당대회에서 "공산주의의 완전한 건설 단계에 돌입했다"면서

---

7   소련은 스탈린 시기인 1936년에 사회주의 제도가 수립됐고, 이로써 자본주의에서 사회주의에로의 과도기가 종료됐다고 보았다.

"1980년까지 공산주의의 물질적・기술적 토대가 형성될 것"이라고 전
망했다. 특히 흐루쇼프는 소련에서 사회주의가 실현되고 이제 공산주
의 건설로 돌입했기 때문에 40년 이상 유지해 오던 프롤레타리아독재
는 종료되고 소련은 '프롤레타리아독재 국가'에서 '전 인민의 국가'로
전환되었다고 선언했다. 즉, 노동자만을 위하는 것이 아니라 전체 인
민의 이익을 고려하는 국가가 되었다는 말이다. 여기서 흐루쇼프 주장
의 요체는 전 국민이 힘을 합쳐 완전한 평등 아래 물질적・문화적 복지
가 보장되고, 능력에 따라 일하고 필요에 따라 분배받는 공산주의 사
회의 건설에 매진하자는 데 있었다. 1959년 제21차 당대회에서 채택
된 결정서는 "공산당 주위로 단결한 소비에트 국민은 공산주의 사회의
완전한 건설 가능성을 제공할 수 있는 거대한 개혁의 정상에 도달했다"
면서 "인민들의 노동생산성이 가장 발전된 자본주의 사회를 따라잡고
추월하는 역사적 과제가 반드시 실현되어야 할 것"이라고 강조했다.
이처럼 흐루쇼프는 광기(狂氣)의 시절이었던 스탈린 시대를 종결하고
'평화스러운 소련'을 건설하는 첫 발자국을 역사에 남겼다. 그러나 흐
루쇼프 노선은 중국, 북한 등 일부 사회주의 국가들로부터 '미 제국주
의와 평화공존을 추구하는 수정주의'라는 비판을 받기도 했다.

책을 나가며

지금까지 1945년 해방 이후 북한 정권 담당자들이 정치, 경제, 군사적으로 어떤 일을 추진해 왔으며, 대남(對南) · 대미(對美) 관계에서 어떤 드라마를 연출했는지를 역사적 시각과 비교론적 관점에서 살펴보았다. 이들이 당 · 국가 · 군대를 어떻게 창건하고 발전시켜 왔으며, 한국과 미국에 대해서는 어떤 외교 · 국방 전략을 구사해 왔는지를, 전모는 아니더라도 상당 부분을 분석하고 검토했다. 물론 필자의 능력 부족으로 미흡한 부분이 많이 있다. 다만 역사상 그 유례를 찾기 어려운 북한 체제의 본질을 파악하는 것은 쉽지 않은 과제이기 때문이라고 스스로 위로해 본다. 독자 여러분들의 질정(叱正)을 받아 보완해 나가겠다.

이 책은 중국 만주(滿洲)에서 항일무장투쟁을 했던 김일성의 만주파가 어떤 과정을 거쳐 '조선민주주의인민공화국'을 창건했고, 사회주의 제도를 수립했는지를 알아보았다. 1990년대 초 사회주의 제도의 시조(始祖)인 소련의 붕괴에도 불구하고 김정일은 '우리식 사회주의'를, 김정은은 '사회주의 전면 발전론'을 각각 내세우면서 지금까지 유지하고 있는 북한 사회주의의 연혁을 검토했다. 이와 함께 사회주의 이론 자

체에 대한 이해를 깊이 하고자 '보론'을 추가하여 '사회주의'를 처음 창
시하고 제도화한 마르크스·레닌·스탈린·흐루쇼프의 이론과 주장
일부를 비교하고 설명했다. '주체노선'을 내세워 연안파 등 다른 정치
파벌을 숙청하고 유일체제를 구축한 김일성이 '주체노선'을 어떻게 '주
체사상'으로 만들었는지도 살펴보았다. 더 나아가 김일성과 김정일이
'김일성 유일체제'와 후계체제 구축을 위해 주체사상을 기반으로 만든,
독특한 통치이론인 '혁명적 수령관'과 '사회정치적 생명체론'의 내용과
특징을 알아보았다.

당이 국가를 통치하는 '당-국가체제'인 북한에서 권력의 핵인 노동당
의 구조, 성격, 목적 등을 역사적으로 살펴보았다. 1948년 '인민의 군
대'로 출범한 북한군이 '당의 군대', '수령의 군대'로 그 성격이 바뀌는
과정과 정치군인과 야전군인 간 권력관계를 짚어 보았다. 노동당과 인
민대중을 연결하면서 실제로 국정을 집행하는 국방위원회, 국무위원회
등 국가기구의 구조와 내용, 변천과정을 점검했다. 김일성·김정일·
김정은이 북한 경제를 어떤 시각에서 접근했으며, 경제위기를 극복하
기 위해 공업과 농업에서 어떤 정책들을 구사했는지도 검토했다.

남과 북은 1953년 7월 27일 정전협정을 체결한 이후에도 대결국면에
서 벗어나지 못했으나, 1970년대 초 미국과 중국의 관계개선 움직임을
계기로 대화에 나섰다. 하지만 이 1기 남북대화는 '진정성이 결여되어'
약 1년 만에 중지되고 다시 10여 년간 대치상태에 들어갔다. 남과 북은
1980년대 중반부터 1990년대 초반까지 2기 남북대화 시대를 열었다.
국제적 고립과 경제난에서 벗어나기 위해 북한이 남한과의 대화를 선택
했기 때문이다. 1992년 〈남북 사이의 화해와 불가침 및 교류·협력에

관한 합의서〉가 발효된 것이 2기 남북대화의 대표적 성과였다. 그러나 북한이 1993년 핵확산금지조약(NPT)에서 탈퇴하고 핵무기 개발에 나서자, 미국이 가세한 남·북·미 3자 간 길고도 지루한 '북핵협상'이 벌어졌다. 30년이 걸린 협상의 결과물은 북한의 '핵무장 완성'이었다. 이는 중국을 등에 업은 북한의 교묘한 '치고 빠지기 전략'과 한미 간 '조율된 대응력의 결여'에 기인됐다. 이 책에서는 북핵협상과 남북대화 과정에서 '한반도 비핵화'(조선반도 비핵화)의 실상, '통일 3원칙' 등 요점정리가 필요하다고 판단된 대목들을 선정하여 소개했다.

6·25전쟁 이후 북한에 대한 외부세계의 이미지는 대개 '폭력', '주체', '독재'인 것 같다. 여기에 '이해하기 어려운 북한체제'라는 이미지가 추가된 것은 1980년 6차 당대회에서 김일성이 아들 김정일을 후계자로 공식 선포한 이후부터라고 생각된다. 북한이 1967년 김일성 유일체제를 완성한 후 김일성을 '수령'으로 신격화하는 작업을 벌인 데 이어, 권력세습마저 이루어지니 '북한은 도대체 어떤 체제인가' 하는 목소리가 외부세계에서 본격적으로 나오기 시작했다. 소련이나 중국 같은 사회주의 종주국에서도 공산당이 계속 집권하지만 사람 간 권력교체는 이루어지는데 어떻게 아들에게 권력을 넘겨주느냐는 의문이 생겨난 것이다.

이 같은 '이해 불가한 북한'이라는 이미지는 김일성 시대부터 있었다. 김일성과 후계자 김정일에 대한 지나친 우상화, 매우 낙후된 경제 상황에도 불구하고 북한을 '사회주의 낙원'이라고 선전하는 것, '중대 방송'이라고 전 세계에 예고했으나 실제로는 '김정일에게 원수 칭호를 부여한다'는 내용이었던 일 등이 그런 사례였다. '북한체제의 난해함'

이 본격적으로 외부세계에 각인된 것은 2010년 김정일에서 김정은으로의 3대 세습이 가시화되면서부터라고 생각한다. 김정일은 2010년 9월말 제4차 당대표자회에서 전격적으로 아들 김정은에게 대장 계급을 수여했다. 26세의 김정은과 함께 김경희(김정일의 여동생이자 노동당 부장), 최용해(김일성의 빨치산 동료 최현의 아들이자 전 황해북도 당 책임비서) 등 군 경력을 전혀 갖추지 못한 민간인에게 대장 칭호를 준 것이다. 이렇게 우스꽝스럽게 3대 세습체제가 가동되자 인터넷에서는 '상상을 초월하는 괴이한 체제'라는 식의 댓글이 나오기도 했다.

북한의 기이한 행태는 2022년 12월까지 심심치 않게 분출됐다. 김정은 노동당 총비서는 2013년 12월 자신의 고모부인 장성택 국방위원회 부위원장을, 2015년 4월에는 현영철 인민무력부장을 처형했다. 2015년 5월 반기문 유엔사무총장의 개성공단 방문을 허가했다가 방북 전날 돌연 철회했다. 2017년 2월에는 김정은의 이복형인 김정남을 말레이시아 쿠알라룸푸르 공항에서 살해했다. 2020년 10월 당 창건 75주년 열병식에서 김정은이 연설 도중 눈물을 보이자, 참석자들이 손수건으로 눈물을 훔치거나 얼굴이 붉어진 채 울음을 참는 모습을 보였다. 김성 유엔주재 북한 대사는 2022년 12월 "우리에게 인권이란 바로 국가주권을 의미한다"라면서 "사람들의 독립적인 권리가 제도적으로 보장되고 실제로 그 권리들을 향유하는 나라에서는 그런 것(인권 문제)이 존재할 수 없다"라고 말했다. 어떻게 인권이 국가주권이란 말인가.

이런 '기이한 행태' 중에서도 백미(白眉)는 김정은이 2022년 11월 18일 신형 대륙간탄도미사일(ICBM) '화성-17형' 발사 현장에 10살로 추정되는 둘째 딸 김주애를 데리고 나타난 것이다. 이에 대해선 여러 가지 관측이 나오고 있다. 첫째, 북한이 '김씨 백두혈통'으로 4대 권력세습을 염두에 두고 있다는 것이다. 즉, 북한에서 권력은 김씨 백두혈통만이 가질 수 있다는 김정은의 의중이 드러났다는 것이다. 둘째, 이 '백두혈통'이 핵무기 개발을 계속 하겠다는 김정은의 의지 표명이라는 것이다. 셋째, 김정은이 '나도 한 가정의 가장'이라는 이미지를 외부세계에 알렸다는 것이다. 김정은이 딸을 품에 안은 채 귀엣말을 나누는 모습이 특히 그렇다고 볼 수 있다는 뜻이다. 어떤 관측이 맞든지 간에, 한 국가의 지도자가 대량살상용 무기인 미사일 발사장에 어린 딸을 동행한다는 것은 자유민주주의국가에서는 물론 소련, 중국 등 구(舊)사회주의 국가에서도 보기 어려운 장면이 아닐 수 없다.

이렇게 독특한 북한체제를 이해하기 위해서는 몇 가지의 키워드(keyword)가 필요하다. 이는 '주체사상'·'수령제'·'군사 중시'이다. 기본적으로 대국의 간섭에 부정적 인식을 갖고 있는 김일성이 연안파·소련파 등 정적들을 숙청하고 노동자들의 근로의욕을 고취하기 위해 만든 것이 주체사상이다. 이는 구체적으로 정치·외교에서의 자주, 경제에서의 자립, 국방에서의 자립으로 나타났다. 수령제는 김일성 유일체제 확립과 권력세습을 위한 도구용으로 김정일이 주도해 만들었다. 수령제는 '혁명적 수령관'과 '사회정치적 생명체론'으로 구성됐고, 이는 '수령 권위의 절대화', '수령 사상과 교시의 신조화', '수령 교시 집행의 무조건화', '수령에 대한 끝없는 충성심 발휘' 등으로 나타났다. 김씨 가문에 의한 수령제를 수호하기 위해선 무엇보다 군사력이 강해야 한다는 것이 김일성·김정일·김정은의 신조다. 특히 2000년대 들어 이라크의 후세인과 리비아의 카다피가 미군의 첨단전력에 손 한번 못쓰고 패퇴하는 것을 본 후에는 군사력, 특히 핵무력 강화에 더욱 매진하는 모습이다. 북한이 민생경제보다 핵·미사일 개발에 30년이 넘도록 국력을 쏟아 붓는 배경이다.

이 세 가지 키워드를 염두에 두고 북한체제를 보면, '북한, 왜 이럴까?'하는 의문은 어느 정도는 해소되리라 본다. 북한은 역사적으로 소련이나 중국에 대해 '대등한 관계'라는 점을 부각해 왔다. 북한은 소련과 중국으로부터 막대한 지원을 받았으나, 그렇다고 그 영향력 아래 얽매이지는 않겠다는 입장을 취해 왔다. 북한은 1960년대 소련 및 중국과 심각한 수준에서 갈등을 빚었던 적이 있었고, 이런 갈등은 그 후에도 수시로 나타났다. 1990년대 초반 개혁·개방을 추진했던 소련이 한국과 수교를 맺자, 북한은 당시 소련 지도자였던 미하일 고르바초프(1931~2022)를 격렬하게 비난했다. 2010년대 중반 북한의 핵·미사일 실험에 대한 유엔의 제재에 중국이 동참하자, 같은 해 2017년 6월 10일 〈노동신문〉 정론을 통해 "원수는 누구이고, 벗은 누구냐"며 중국을 강력 비난했다. 이는 북한이 '주체'나 '자주'를 국정의 최우선 순위 정도가 아니라, '국가 운영의 근본 뼈대'로 삼고 있기 때문일 것이다.[1]

수령제 밑에서 북한은 '수령의, 수령에 의한, 수령을 위한 체제'로 굳어졌다. 무엇보다 수령의 권위에 도전하는 것은 용납되지 않는다. 여기에 도전한 장성택 국방위원회 부위원장은 비록 김정은의 고모부일지라도 처형을 피할 수 없었다. 수령제에서는 수령의 판단과 생각에

---

[1] 북한이 1990년대 중반 대기근 때 한국을 비롯한 국제사회로부터 막대한 식량지원을 받은 것은 '주체'에 부합되지 않는 정책이었음은 물론이다.

따라 모든 대내외 정책이 수립되고 수정된다. 유엔 사무총장은 국제적으로 최고 직위 중의 하나이지만, 북한의 수령에게는 '별것' 아니다. 개성공단 방문을 허락했다가 곧 철회할 수 있는 대상일 뿐이다. 수령제하에서 수령은 인민의 어버이다. 북한 인민들은 사람에게는 부모로부터 받은 '육체적 생명'과 함께 수령이 부여한 '사회정치적 생명'이 있다고 어려서부터 배운다. 그래서 수령이 울컥하면 인민들도 같이 눈물을 주룩주룩 흘린다. '수령'·'당'·'대중'이 하나의 생명체를 이루면서 혁명적 의리로 맺어져 있고, 뇌수인 수령의 지시에 따라 당과 대중이 일사불란하게 혁명을 추진한다는 '사회정치적 생명체론'은 어느 나라에서도 찾아볼 수 없는 이념이다. 2

김정은 시대에 들어선 이후 북한에서는 노동당이 정상화되고, 선군정치는 퇴색하고 있다. 2010년 당규약 개정 시 '사회주의 기본 정치방식'으로 처음 규정됐던 '선군정치'가 2021년 당규약 개정 시에는 삭제되고 대신 '인민대중제일주의 정치'로 바뀌었다. 그러나 군인들의 정치적 위상이 약화되고 있을 뿐, 군사력은 질과 양 모두 가공할 정도로 강화되고 있다. 북한은 2022년 12월 16일 '고출력고체 로켓 엔진' 시험에 성공했다고 밝혔다. 현재 액체 연료를 사용하는 대륙간탄도미사일(ICBM) 의

---

2 다만 최근 김정은이 '수령 무오류성'을 부인하는 태도를 보이는 것은 주목된다. 김정은은 미국과의 하노이 정상회담이 실패로 끝난 후인 2019년 3월 6일 제2차 조선노동당 초급선전일꾼대회에 보낸 서한을 통해 "만일 (수령의) 위대성을 부각시킨다고 하면서 수령의 혁명활동과 풍모를 신비화하면 진실을 가리우게 된다"고 말했다. 김정은은 2020년 8월 19일 노동당 중앙위 제7기 6차 전원회의에서 국가경제발전 5개년 전략의 실패를 인정했다.

발사 동력을 고체연료로 대체하겠다는 것이다. 북한은 2021년 1월 제8차 당대회에서 각종 신형 무기들을 개발하겠다고 공언했다. 불과 2년 만에 북한은 극초음속 미사일과 다탄두 유도기술에 이어 고체연료 ICBM까지 개발에 성공했다. 이제 핵추진잠수함과 정찰위성만 남았다고 한다. 남한을 대상으로 하여 핵탄두를 장착할 가능성이 있는 신형 전술미사일은 이미 실전배치된 것으로 알려졌다.

북한이 1990년대 많은 주민들이 아사(餓死)하는 체제위기를 겪을 당시, 북한 붕괴론이 많이 제기됐다. 그러나 30여 년의 세월이 흐른 현재 북한체제는 존속하면서 핵과 미사일로 무장한 군사국가가 됐다. 물론 여기에는 여러 요인이 있으나, 이 책의 주제가 아니므로 요인 분석은 생략한다. 다만 북한이 김일성-김정일-김정은으로 이어지는 3대 세습을 거치면서 여러 가지 기이한 모습을 보여줘 왔으나, 상황이 이쯤 되면 '기이한 모습'에 단순히 의아해 하기만 할 이유는 더 이상 없을 것 같다. 북한이 '독특한 체제'라는 것은 이제 변수가 아니라 상수가 된 것이다. 현 북한체제의 성격과 관련한 여러 주장 중에 '김일성 가문에 의한 수령제 사회주의', '사회주의적 군주제'라는 데에 필자는 동의한다. 김정은이 ICBM 발사장에 둘째 딸을 동행하고 나온 모습을 북한이 공개했다. 〈조선중앙통신〉은 김정은 위원장이 "사랑하는 자제분과 여사와 함께 몸소 나오시어 발사 과정을 지도했다"고 보도했다. '자제분'을 '여사'보다 앞세운 데 주목해야 한다. 북한에서 권력은 김일성 가문으로 이어질 것이라는 강력한 신호로 보인다. 다만 후계자가 둘째 딸이 될지, 다른 자녀로 될지는 지켜봐야 할 것이다. 수령제와 군사력 증강도 계속 유지될 것이라는 점은 불문가지(不問可知)다.

한국은 이제 '김일성 가문의 수령제 군사국가'인 북한을 상대로 자유민주주의체제를 수호해 나가야 한다. '북한, 왜 이럴까?'의 초점을 과거의 '괴이함'의 차원에서 벗어나 '군사력'에 맞추어야 한다. 1993년 1차 북핵 위기가 일어난 후 한국에서는 김영삼 정부 - 김대중 정부 - 노무현 정부 - 이명박 정부 - 박근혜 정부 - 문재인 정부 등 보수·진보 정권이 모두 이 문제를 다루었으나 북한 비핵화를 이끌어 내지 못했다. 현재 윤석열 정부가 담당하고 있으나, 북핵문제가 해결될 전망은 매우 불투명하다. 그렇다면 이제부터는 '북한은 왜 이렇게 군사력 증강에 매진할까'를 염두에 두고 우리의 안보태세를 재정비할 시점에 왔다. 수많은 국민이 굶어죽었던 1990년대 북한의 체제위기는 잊어버리고 북한의 군사력 위협에 정밀하면서도 담대한 대응책을 강구해 내야 한다. 남한이 북한보다 전체적인 국력에서는 월등하게 우위에 있으나, 북핵문제에서 지난 30년처럼 허송세월 보낸다면 미국과 북한 간에 핵 타결이 이루어질 가능성도 배제할 수 없다. 그때 우리 안보는 회복할 수 없는 치명상을 입는 사태를 맞을 것이다.

참고문헌

1장

강인덕·송종환 외 공저, 《남북회담: 7·4에서 6·15까지》, 극동문제연구소.

통일부 통일교육원(2011), 《남북관계 지식사전》.

_____(2014), 《2014 북한이해》.

김형기(2010), 《남북관계 변천사》, 연세대학교 출판부.

노중선(2000), 《남북대화 백서》, 한울아카데미.

돈 오버도퍼·로버트 칼린 저, 이종길·양은미 역(2014), 《두개의 한국》, 길산.

박세일(2013), 《선진통일전략》, 21세기북스.

송민순(2016), 《빙하는 움직인다》, 창비.

양영식(1997), 《통일정책론》, 박영사.

이동복(2007), 《손바닥으로 하늘을 가릴 수는 없다》, 경덕출판사.

임동원(2008), 《피스메이커》, 중앙북스.

조성렬(2021), 《김정은 시대 북한의 국가전략》, 백산서당.

크리스토퍼 힐 저, 이미숙 역(2015), 《크리스토퍼 힐 회고록: 미국 외교의
    최전선》, 메디치미디어.

후나바시 요이치 저, 오영환 역(2007), 《김정일 최후의 도박》, 중앙일보시사미디어.

2장

김광운(2003), 《북한 정치사연구 1》, 선인.

김일성(1979), "진보적 민주주의에 대하여", 《김일성 저작집 1》, 조선로동당출판사.

_____(1979), "남조선 신문기자단과 한 담화 1948년 4월 29일",

《김일성 저작집 4》, 조선로동당출판사.

_____(1980), "당의 조직적 사상적 강화는 우리 승리의 기초",
《김일성 저작집 7》, 조선로동당출판사.

_____(1980), "사회주의 혁명의 현계단에 있어서 당 및 국가사업의 몇 가지 문제들에 대하여", 《김일성 저작집 9》, 조선로동당출판사.

김학준(2008), 《북한의 역사 제1권》, 서울대학교 출판부.

박재규 편(2008), 《새로운 북한 읽기를 위하여》, 법문사.

백학순(2010), 《북한 권력의 역사》, 한울.

서대숙(1989), 《북한의 지도자 김일성》, 청계연구소.

서동만(2005), 《북조선 사회주의체제 성립사》, 선인.

와다 하루키 저, 서동만·남기정 역(2005), 《북조선》, 돌베개.

윤명현(2004), 《우리식 사회주의 100문 100답》, 평양출판사.

전미영(2001), 《김일성의 말, 그 대중설득의 전략》, 책세상.

체제통합연구회 편(2014), 《북한의 체제와 정책》, 명인문화사.

3장

강희봉(2008), 《선군정치문답》, 평양출판사.

고유환(1995), "김정일의 주체사상과 사회주의론", 〈북한연구〉, 제6권 제3호, 대륙연구소.

김일성(1982), "조선민주주의인민공화국에서의 사회주의 건설과 남조선 혁명에 대하여", 《김일성 저작집 19》, 조선로동당출판사.

_____(1983), "국가 활동의 모든 분야에서 자주, 자립, 자위의 혁명정신을 더욱 철저히 구현하자", 《김일성 저작집 21》, 조선로동당출판사.

김정일(1996), "주체사상에 대하여", 《김정일 선집 7》, 조선로동당출판사.

박경순(2022), 《김정은 시대 연구》, 민플러스.

신일철(1993), 《북한주체철학 연구》, 나남출판.

이종석(2011), 《현대북한의 이해》, 역사비평사.

정성장(2013), "통치 이데올로기", 장달중 편, 《현대 북한학 강의》, 사회평론.

정영철(2008), 《김정일 리더십 연구》, 선인.

진희관(2010), "김정일: 후계자에서 지도자로", 강성윤 편,
《김정일과 북한의 정치》, 선인.

황장엽(2006), 《북한의 진실과 허위》, 시대정신.
김정은(2013. 8. 25.), "김정일 동지의 위대한 선군혁명사상과 업적을 길이
　　빛내여 나가자", 〈노동신문〉.

4장

고려대 기초학문연구팀(2005), 《7·1조치와 북한》, 높이깊이.
고승효 저, 이태섭 역(1993), 《현대북한경제 입문》, 대동.
김연철(2002), 《북한의 산업화와 경제정책》, 역사비평사.
박순성(2003), 《북한경제와 한반도 통일》, 풀빛.
서동만(2005), 《북조선 사회주의체제 성립사》, 선인.
양문수(2001), 《북한경제의 구조》, 서울대학교출판부.
유영구(2020), 《김정은의 경제발전전략 1》, 경인문화사.
이석(2004), "북한의 경제: 변화와 지속", 체제통합연구원 편,
　　《북한의 체제와 정책》, 명인문화사.
이석기(2009), "북한 기업관리체계의 형성과 변화", 윤영관·양운철 편,
　　《7·1 경제관리개선조치 이후 북한경제와 사회》, 한울.
이종석·최은주(2019), 《제재 속의 북한경제》, 세종연구소.
이태섭(2009), 《북한의 경제위기와 체제변화》, 선인.
임수호(2008), 《계획과 시장의 공존》, 삼성경제연구소.
조성렬(2021), 《김정은 시대 북한의 국가전략》, 백산서당.

5장

곽인수(2003), 〈조선노동당의 당적 지도에 관한 연구〉, 경남대학교 북한대학원.
김동식(2013), 《북한 대남전략의 실체》, 기파랑.
백학순(2010), 《북한 권력의 역사》, 한울.
서대숙 저, 서주석 역(1989), 《북한의 지도자 김일성》, 청계연구소.
이상우(2012), 《북한정치 신정체제의 진화와 작동원리》, 나남.
이종석(2003), 《조선로동당연구》, 역사비평사.
＿＿＿＿(2011), 《현대북한의 이해》, 역사비평사.
정성장(2011), 《현대북한의 정치》, 한울.

한재덕(1965), 《공산주의이론과 현실 비판전서 5: 한국의 공산주의와
　　　　북한의 역사》, 내외문화사.
현성일(1999), 〈북한 노동당의 조직구조와 사회통제 체계에 관한 연구〉,
　　　　한국외국어대학교 정책과학대학원.

6장

고유환(1998), "북한의 권력구조 개편과 김정일 정권의 발전전략",
　　　　〈국제정치논총〉, 제38집 3호.
김봉철(2012), "위대한 수령 김일성 동지께서 창시하신 주체의 인민주권기관
　　　　건설에 관한 독창적인 사상이론", 〈사회과학원 학보〉, 2호.
김태일(2008), "강력한 중앙집권과 자력갱생의 지방" 박재규 편,
　　　　《새로운 북한읽기를 위하여》, 법문사.
사회과학원 편(1970), 《정치용어사전》, 사회과학출판사.
육군사관학교(2006), 《북한학》, 황금알.
윤명현 편저(2004), 《우리식 사회주의 100문 100답》, 평양출판사.
이종석(2011), 《현대북한의 이해》, 역사비평사.
정성장(2010), "김정일 시대 북한 국방위원회의 위상·역할·엘리트",
　　　　〈세종정책연구〉, 제6권 1호.
최진욱(2008), 《현대북한행정론》, 명인문화사.
한성국(1981), "민주주의중앙집권제는 사회주의 국가기관의 조직과 활동의
　　　　기본 원칙", 〈사회과학〉, 6호.

7장

경남대학교 북한대학원 편(2006), 《북한군사문제의 재조명》, 한울아카데미.
이대근(2009), 《북한 군부는 왜 쿠데타를 하지 않나》, 한울.
박명규 외(2011), 《북한 김정은 후계체제 구축과정·엘리트·정책·안정성》,
　　　　서울대 통일평화연구원.
장준익(1991), 《북한 인민군대사》, 서문당.
유용원·신범철·김진아(2013), 《북한군 시크릿 리포트》, 플래닛미디어.
정성장(2013), 《북한군 총정치국의 위상 및 역할과 권력승계 문제》, 세종연구소.

고재홍(2006), 《북한군 최고사령관 위상 연구》, 통일연구원.

국방부(2020), 《2020 국방백서》, 국방부.

함택영(2014), "핵무력과 경제 건설의 딜레마", 장달중 편, 《현대북한학강의》, 사회평론.

서주석(2014), "북한의 군사력과 국방정책", 체제통합연구회 편, 《북한의 체제와 정책》, 명인문화사

강희봉(2008), 《선군정치문답》, 평양출판사.

박광수(2000), "총대중시는 국사 중의 제일국사", 〈철학연구〉, 제2호.

보론

김정일(1996), "맑스-레닌주의와 주체사상의 기치를 높이 들고 나아가자", 《김정일 선집 7》

로버트 서비스 저, 윤길순 역(2010), 《스탈린》, 교양인.

서재진(2006), 《주체사상의 이반》, 박영사.

신일철(1994), 《북한주체철학연구》, 나남.

이건일(2021), 《공산당 선언》, 삼화.

이영형(2000), 《러시아정치사》, 엠애드.

최광석(1966), 《공산주의이론과 현실 비판전서 2: 공산주의의 역사적 변천》, 공산권문제연구소.

칼 마르크스 저, 김수행 역(2009), 《자본론: 정치경제학 비판-I(상)》, 비봉출판사.